云南省教育学一级博士学位建设学科

教育部人文社科重点研究基地西北少数民族教育发展研究中心

共同资助

教育部人文社会科学重点研究基地西北少数民族教育发展研究中心重大招标课题
"边境教育安全与社会稳定发展研究"（项目编号：11JJD880023）
教育部人文社会科学青年基金项目"'桥头堡'战略中云南省扩大对东南亚、
南亚教育交流平台建设研究"（项目编号：10YJC880112）
研究成果

云南省教育
国际交流与合作平台建设研究

——基于"桥头堡"战略背景

田静　著

人民出版社

图书在版编目（CIP）数据

云南省教育国际交流与合作平台建设研究：基于"桥头堡"战略背景/田静著 . —北京：人民出版社，2016.5

ISBN 978 - 7 - 01 - 016024 - 5

Ⅰ.①云… Ⅱ.①田… Ⅲ.①教育事业—国际交流—研究—云南省②教育事业—国际合作—研究—云南省 Ⅳ.①G527.7

中国版本图书馆 CIP 数据核字（2016）第 057287 号

云南省教育国际交流与合作平台建设研究——基于"桥头堡"战略背景

YUNNANSHENG JIAOYU GUOJI JIAOLIU YU HEZUO PINGTAI JIANSHE YANJIU——JIYU "QIAOTOUBAO" ZHANLÜE BEIJING

田静 著

责任编辑：苏向平

出版发行：人 民 出 版 社

地　　址：北京市东城区隆福寺街 99 号

邮　　编：100706

邮购电话：（010）65250042　65258589

印　　刷：北京京都六环印刷厂

经　　销：新华书店

版　　次：2016 年 5 月第 1 版　2016 年 5 月北京第 1 次印刷

开　　本：710 毫米×1000 毫米　1/16

印　　张：14

字　　数：250 千字

书　　号：ISBN 978 - 7 - 01 - 016024 - 5

定　　价：36.00 元

丛书序一

  传统安全问题本质上属于战争与和平的问题,主要是指在军事、政治和外交等方面的冲突。由于全球化进程内各种要素的加速流动,发展与和谐的问题成为世界各国关注的焦点,非传统安全问题如教育、经济、环境、生态、资源、网络和信息,以及社会中人的安全等,越来越受到人们的重视。从传统安全到非传统安全的发展,并非只是简单的影响安全状态和实现安全目标的问题领域的扩大,也不是单纯的安全研究对象的拓展,它包含了国际关系的时代变迁对安全问题的影响、安全状态和安全目标的延续与发展、安全研究的学术争论和学术进步,以及国际关系对安全问题的反应等一系列重大问题。非传统安全中教育安全问题的形成是国际安全环境和传统安全理论发生转变的必然结果,教育安全意识的增强是对全球化和国际文化教育交流日益频繁所带来的价值观挑战的积极应对,教育安全研究的兴起是各国维护教育主权、加强国家核心价值观念以及培养多元文化理解的重要途径和手段。

  云南是中国西南沿边开放的前沿和窗口。胡锦涛同志继 2006 年 9 月在新疆维吾尔自治区、2009 年 6 月在黑龙江省提出建设向西北、东北沿边开放的桥头堡和枢纽站后,2009 年 7 月在视察云南时提出"把云南建成中国向西南开放的重要桥头堡"。三个"桥头堡"的建设分别位于中国的三个重要陆路方向,这是我国从沿海到内陆全方位开放战略的拓展与深化。2013 年 9 月和 10 月,习近平总书记在出访中亚和东南亚国家期间,先后提出共建"丝绸之路经济带"和"21 世纪海上丝绸之路"(以下简称"一带一路")的重大倡议,"一带一路"贯穿亚洲、欧洲和非洲大陆,一头是活跃的东亚经济圈,另一头是发达的欧洲经济圈。云南内接西藏、四川、贵州、广西等地,外邻缅甸、老挝、越南等国,边境线长四千多千米,占全国陆地边境线近五分之一,是我国通往东南亚、南亚最便捷的陆路通道,具有沟通太平洋、印度洋,连接东亚、东南亚和南亚的独特区位优势。作为中国对西南开放的前沿和窗口,云南与缅甸、老挝、越南相互毗邻的地区均属边疆民族地区,边境结合部具有山水相连、通道众多、民族相同、语言相通、边民往来密切等特点。在新的形势下,云南边境地区的非传统安全问题突出,尤其是教育安全问题值得关注,诸如外来因素对主流教育价值观的冲击,致使国家认同意识淡薄、国家利益受到威胁;学校教育与边疆社会稳定、发展的需要相脱节,导致边境地区群众对学校教育认同度下降,动摇了教育的根基;边境地区学校教育的文化传承功能减弱,致使中华文化和民族文化面临双重稀释。

多年来,云南师范大学王凌教授牵头的团队一直从事民族教育、边境教育的研究,做了大量的实地调查,对云南边境地区、民族地区、高寒山区和贫困农村地区的教育有较深入的研究,积累了宝贵的经验。王凌教授是一位执着而投入的研究者,他对云南边境教育和国家教育安全的研究更是情有独钟,十几年来,他带着团队几乎跑遍了云南的各个边境地区,调查当地教育的现状与问题,并在一些地区开展了长期跟踪的个案研究。在全国农村教育或民族教育的学术会议上,人们经常能听到他带着泥土气息的、来自边境地区的鲜活的研究报告。他的投入与激情不仅感染了我们这些西部的研究者,更让那些东部院校的并不熟悉西部教育的研究者动容。王凌教授的研究还与当地农民的脱贫致富联系在一起,他曾在云南一个叫"六哨"的乡镇开展长达六年的研究,一边帮助农民种马铃薯,一边进行民族教育研究。当满山遍野的马铃薯开花时,王凌教授谦卑地向来考察的研究者介绍自己的经验;当农民们喜获丰收时,王凌教授幸福地与他们一起载歌载舞。他全然不顾人们称他为"马铃薯教授",而是扑下身子做研究,积累了丰富的研究素材,成为国内著名的教育人类学研究专家。受王凌教授的影响,我也曾随他深入云南民族地区、边境地区开展调查研究,那次正逢云南百年不遇的大旱时节,我们一行沿耿马、沧源一带去中缅边境,一路上既有学术研讨,又有田野考察,深感边境教育研究之特殊性与重要性。2011年,王凌教授中标教育部人文社科重点研究基地西北少数民族教育发展研究中心的重大招标项目"边境教育安全与社会稳定发展研究",他更是精心组织研究团队,确定调查合作对象,多次深入云南毗邻缅甸、越南和老挝的德宏州瑞丽市、西双版纳州勐腊县、红河州河口县等地区的国门学校、边乡社区,走访各民族的村寨、教堂、寺院和家庭,获取了大量的第一手研究资料。以此为基础,课题组反复研讨、论证、修改与商定,最终完成了《边境教育安全研究丛书》,包括《多维视角下的边境教育安全研究——以云南省为例》《云南边境地区民族教育的发展困境与出路——非传统安全的视角》《云南省教育国际交流与合作平台建设研究——基于"桥头堡"战略背景》《中国边境教育安全研究——以云南省为例》等著作。应该说,像这样比较系统集中、多方位研究与反映边境教育安全与社会稳定的系列专著在国内还是首例,该丛书的出版不仅有益于丰富教育安全研究内涵,拓展研究的外延,同时聚焦边境教育安全问题,以云南省为例呈现出我国边境教育安全的一个侧面,对客观把握其整体状况和发展趋势具有积极的理论和实践意义。

王凌教授邀我为此系列丛书作序,我欣然应允并认真审阅了书稿,一方面是表示对他这位执着而真诚的老朋友的支持,另一方面也表示对我国民族边境教育研究事业的支持。该丛书内容丰富,视角独特,有明显的学术创新,给我留下了较深刻的印象:第一,丛书无论是多维视角下的边境教育安全研究、边境地区民族教育的发展困境与出路研究,还是云南省教育国际交流与合作平台建设研究,都注重认真总结、分析国内外的历史经验,运用辩证唯物主义的观点和方法加以总结和分析,明确了应该继承和发扬的"珍宝",同时也找出了不足作为借鉴,避免走历史的弯路。这就使丛书的研究成果真正建立在了客观的历史发展的基础之上,富有继承性和科学性。第二,丛书以国家安全、文化安全、教育安全等相关理论为支撑,以教育与政治、经济、社会、文化的战略互动为视角,探讨了边境教育安全的内涵、功能和价值取向,进而提出边境教育安全的基本要素结构,边境教育安全与民族农村社会稳定发展的模式和运行机制,具有一定的理论价值和实践意义。第三,丛书注意对国际环境的研究与分析,且与云南省的社会、经济、文化发展水平的现状与未来发展态势结合起来研究教育安全问题,从不同角度提出了新时期云南教育发展的相应目标、战略重点和实施对策等,切实可行,现实意义明显。

　　总之,这套系列丛书的内容丰富,观点新颖,时代性强,具有较强的针对性、实践性和可操作性,可为政府相关部门的决策提供理论依据,也可为学术界相关研究提供参考和借鉴,是值得学界同仁阅读和参考的有价值的图书。

　　是为序。

王　鉴

教育部人文社科重点研究基地西北师范大学西北少数

民族教育发展研究中心主任、长江学者特聘教授

2015 年 12 月 20 日

丛书序二

一

安全问题是一个永恒的话题。自国家出现之后,安全问题就一直与人类社会发展相生相伴。长期以来,人们所理解和关注的安全,主要是以国家主权和领土安全为核心的国家安全、国防安全、政治安全等传统安全。冷战之后的全球化进程改变了以往的安全形态,出现了诸多与传统安全不尽相同的非传统安全问题。作为非传统安全重要组成部分的教育安全,涉及一个国家的教育主权、教育制度和教育传统能否经受住外部或内部的各种威胁、干涉、侵蚀和挑战,影响着人的安全、文化安全、经济安全等多个方面,是国家安全的基本范畴和重要内容。

和平与发展是当今世界发展的主旋律,但渗透与反渗透、颠覆与反颠覆的斗争却在"全球化""国际化""现代化""信息化"的浪潮中日益激荡,形式也更为隐蔽。在这一背景下,教育作为传播理念、塑造价值观念、培养人才的重要工具,在宣传和扩大民族文化、国家意识、全球视野,增强国家的国际竞争力和影响力等方面责任重大,因而不可避免地要卷入这一斗争,面临着严峻的挑战。教育安全问题既属于教育问题,也属于国家安全问题,它关系到教育自身的发展和国家对教育安全的维护。加强对教育安全问题的研究不仅对整个国家安全体系的构建与维护具有不可或缺的现实意义,而且具有潜在的长久的消弭国家或地区安全隐患的重要价值。因此,教育自身的安全问题日益成为各国关注的一个热点,对教育安全的研究也逐渐从"边缘"进入各国政府和研究者关注的"视域"中心。

边境教育安全是教育安全的一个重要组成部分。巩固边境教育安全对贯彻国家教育方针和政策、强化各族人民的国家认同、增强中华民族一体多元文化意识、促进民族团结和社会稳定具有重要作用,对发挥教育的多种功能,促进边境地区经济发展、文化繁荣、与毗邻国家睦邻友好等具有重要的价值。因此,加强边境教育安全不仅能加快教育自身的发展,提高教育水平和质量,同时也可增强边境民众对教育的认同,提高边境地区教育抵御各方面挑战和侵蚀的能力。近年来,随着我国边境地区开放程度的逐步加深,对外经贸合作加强,人员交流更加频繁,边境地区的教育问题日益引起国家、地方和社会各界的关注,边境教育安全研究也进入了研究者的视域。

云南省位于我国的西南边陲,有 8 个州市、25 个县、129 个乡镇与越南、老挝、缅甸接壤,有 4061 千米的陆地边境线,居住着 20 多个民族,还有 16 个民族跨境而居,具有自然地理气候分布的立体性、植物动物资源的多样性、民族文化和宗教信仰的多元性、经济社会发展水平的多层性、思想观念的保守封闭性、信息技术的滞后和闭锁性,以及在传统与现代、多元与统一、封闭与开放、安稳与创新等思想观念与行为方式冲突与融合带来的复杂性等典型特征。近年来,随着"西部大开发战略""兴边富民行动""云南建成面向中国西南开放的重要桥头堡"等战略的实施,尤其是"丝绸之路经济带"和"21 世纪海上丝绸之路建设"(以下简称"一带一路")发展战略全面推进以来,云南省已经由国家边陲、西南一隅转变为对外开放的前沿重镇,连接南亚、东南亚最便捷的陆上国际大通道,北接"丝绸之路经济带"、南接"海上丝绸之路"的交会处。国家战略的实施带来了云南边境地区的跨越式发展,迄今为止,云南已有国家一类口岸 12 个、二类口岸 8 个,国家重点开发开放试验区、边境经济合作区沿边开放经济带、综合保税区 3 个。云南边境地区民族团结、社会稳定,跨境交流与合作不断推进,经济发展有了长足的进步,人民生活水平明显提高,教育发展取得了令人瞩目的成就。但同时边境地区也出现了一系列影响教育安全的显性和隐性问题:重视经济发展忽视文化传承与建设,中华文化认同不足,民族文化、乡土文化凋敝;强调开放合作忽视境外势力的干扰和渗透,缺乏危机意识,边境安全和国家认同教育有待加强;教育发展与国家发展战略对接不足,难以发挥教育在边境地区经济、社会、文化建设中的多种功能;关注学校的硬件建设忽视内涵发展,教育整体质量不高;家长、社会对教育的认同度偏低,读书无用论抬头等。因此,开展以云南为例的边境教育安全研究符合国家发展战略,有益于提高云南乃至全国相关省区的边境教育安全,有益于增进边境地区的民族团结和社会稳定。

二

进入边境教育安全研究领域既是偶然,又属必然。2010 年获悉教育部人文社会科学重点研究基地西北师范大学西北少数民族教育发展研究中心即将对外征集 2011 年度"重点研究基地重大项目",我们便根据云南集边疆、民族、贫困于一体的省情,结合 10 余年来持续在边疆民族地区、高寒山区开展农村教育综合改革探索的实践经验,把"边境教育安全与社会稳定——以云南为例"确定为研究方向。在西北师范大学西北少数民族教育发展研究中心领导和老师的支持下,课题组成员通过积极的准备,于 2011 年获得教育部评审通过,正式立项。可以说正是这一次申报机会和云南民族农村教育的长期研究经历,把我们带入了一个全新的研究领域。

然而,当进入理论依据确立、框架分析建构和方法选择阶段,我们立即感受到前所未有的困惑和压力。一是研究成果较少。在国外,自冷战以来,苏联、美国、日本等国就把教育纳入了冷战计划,使教育安全成为众多安全问题中的一个敏感话题。"9·11"事件以后,教育安全研究进一步加强,美国 W. James Jacob 等学者从教育安全的内涵、教育安全的人文本质、教育安全的多元文化价值,以及教育安全与消除恐怖主义等多个层面开展了研究。在我国,程方平教授于 2001 年在《论西部开发中的教育安全问题》中首次提出了"教育安全"的概念,此后有关教育安全的研究成果逐步增加。但迄今为止,国内外相关研究成果在期刊上发表的仅 50 余篇,另有少量散见于有关国家安全、文化安全、非传统安全研究专著的个别章节中。二是研究视角单一。长期以来,学界多把教育安全的主体定位为国家,形成了从国家的宏观角度,即从国家教育的外部和内部来考量教育安全的状态、面临的问题和挑战。但在当今国际环境日趋复杂,传统、非传统安全问题更加突出的情况下,单一的研究视角显然已难以适应教育安全的新常态。三是理论研究滞后。到目前为止,学者们对教育安全的概念众说纷纭、莫衷一是,没有达成一个相对的共识。基本概念的不确定,必然带来研究领域的模糊或重叠,研究边际和重点的不清晰、不突出,研究方法的不聚焦,最终便难以形成自身的理论体系和分析框架。教育安全这一上位概念及其基础理论观点不清,必然给处于下位的边境教育安全研究带来极大的困难和不确定性。四是现状研究不足。从现有的研究成果来看,学者们主要从国家发展战略的宏观层面来讨论边境教育安全问题,如西部地区在经济、文化发展及政策扶持等方面的相对滞后导致的教育安全问题及其反作用(程方平,2001、2006);从云南跨境民族的多元文化与人员交流的微观角度,直面跨境地区民族教育的问题,及其由此可能引发的边境教育危机和边境基础教育的脆弱性(何跃,2010;何跃、高红,2010);从国门学校入手,聚焦边境教育的问题,探讨国门教育在地缘文化关系和国家边境地区教育的软实力,及其对国家教育安全的特殊意义(何跃,2010;黄健毅,2010;孙杰远,2013)。然而,现有研究不仅数量不足,而且多从一个侧面、一个问题局部讨论边境教育安全问题,并没有呈现出当前边境教育安全的总体状况、基本问题、主要特征和发展趋势。

带着这些问题或疑惑,我们开始了进一步的文献研究和基线调查,最终把研究问题聚焦在以下几个方面:国内外教育安全研究的轨迹、前沿和重点在哪里? 教育安全、边境教育安全的基本概念、内涵和外延能否界定、如何界定? 边境教育安全研究的方法能否多学科交融并有所突破,能否建构一个具有云南特色的理论分析框架? 能否以云南为个案,通过实地调研和数据分析,比较客观、全面地呈现一个边境教育安全状况的全景图? 能否在理论探索、实证研究的基础上,初步提出一个以问题为导向,以目标为引领,以时空分析为基础,以观测重点、要点为经纬的边境教育安全评估体系? 能否在评估体系的初步论证和实地检验的基础上,尝试建立一个适合云南,对我国相关地区边境教育安全有参考价值的预警机制?

三

2011 年 10 月 12 日,课题经专家小组论证,同意开题。专家组对课题的选题和意义予以高度的认同,对研究的目的和整体思路予以肯定,但也提出了一些修改建议。根据专家组的意见,课题组对研究做了进一步的修改和完善:一是增加了近、现代边疆教育政策演变与边疆社会稳定的历史研究,以及当前国家发展战略对边境教育安全的影响研究;二是进一步注重理论创新,力争形成一些有特色、有亮点的思想观点;三是加强了专题研究和个案研究,以提供具有参考借鉴价值的典型经验或案例;四是进一步强调研究的学科交叉,引入人文地理学科的相关理论和方法,探索文理兼容的研究范式。

在此基础上,课题组成员对课题进行了深入的分析和讨论,依据哈格斯特朗(T. Hagerstrand)的社会行为研究轴线思维方法,即从微观的个人活动路径及其贯穿于路径中的空间特征,发现个人活动与社会体系之间的匹配关系,在找到不同类型群体的活动特征的同时,总结整个社会活动系统的一般规律性的"空间连续轴上构造人所有行为的研究框架"(Hagerstrand,1970),形成具有新意的"边境教育安全与社区稳定的四象限"研究思路。

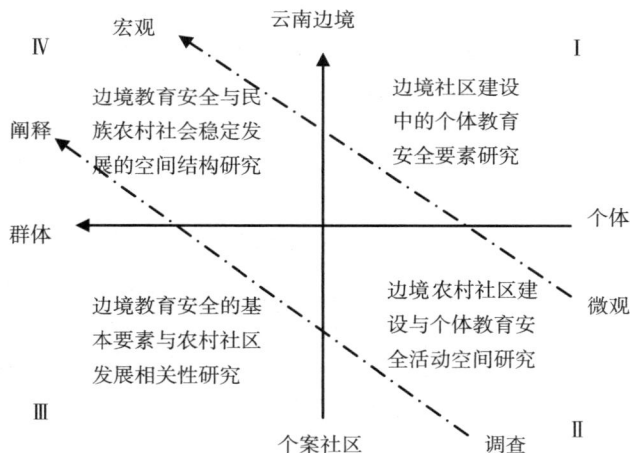

图1 边境教育安全与社区稳定的四象限研究结构图

根据边境教育安全与社区稳定的四象限研究思路,结合基线调研中获取的资料和数据,我们形成了以下研究的总体框架。

研究思路和总体框架的建构为课题的深入开展和顺利完成奠定了坚实的基础。至2015年年末,课题组先后15次组织成员和博士、硕士研究生60余人次,到德宏傣族景颇族自治州的芒市、瑞丽市、陇川县、盈江县,西双版纳傣族自治州的景洪市、勐海县、勐腊县,红河哈尼族彝族自治州的蒙自市、河口瑶族自治县,临沧市的临翔区、耿马傣族佤族自治县、双江拉祜族佤族布朗族傣族自治县,普洱市江城哈尼族彝族自治县进行调研。每次调研最短6天,长至1个月,其间调研组成员走访了州市县教育局、文化局、妇联等相关单位,了解区域教育、文化、家庭等方面发展的总体情况;考察了边境一线的国门学校、初级中学、中心小学、村小、幼儿园、职业技术学校,通过问卷、访谈、课堂观察、参与相关活动,了解学校教育的基本状况;深入景颇山、佤族乡、傣族寨、拉祜族村等少数民族聚居的乡镇和村落,访问村委会、家庭、非物质文化传承人、教堂和寺院,考察沿边地区经济社会、文化、宗教等方面的发展及其对教育安全的影响;进入边境口岸社区、边境检查站、边防哨所,了解近年来边境地区人员往来,经济、文化、教育交流的情况及其对我国边境安全的影响。深入、持续的实地调查不仅使我们获得了大量的第一手资料,更重要的是让我们看到了当前社会变革、经济转型和对外开放对云南边境地区经济社会、文化教育带来的冲击与挑战,听到了来自中国教育最基层、最薄弱的边境一线的校长、教师、学生、家长和乡镇、村落负责人的声音,真实地感受到边境教育安全的基本状况和问题。

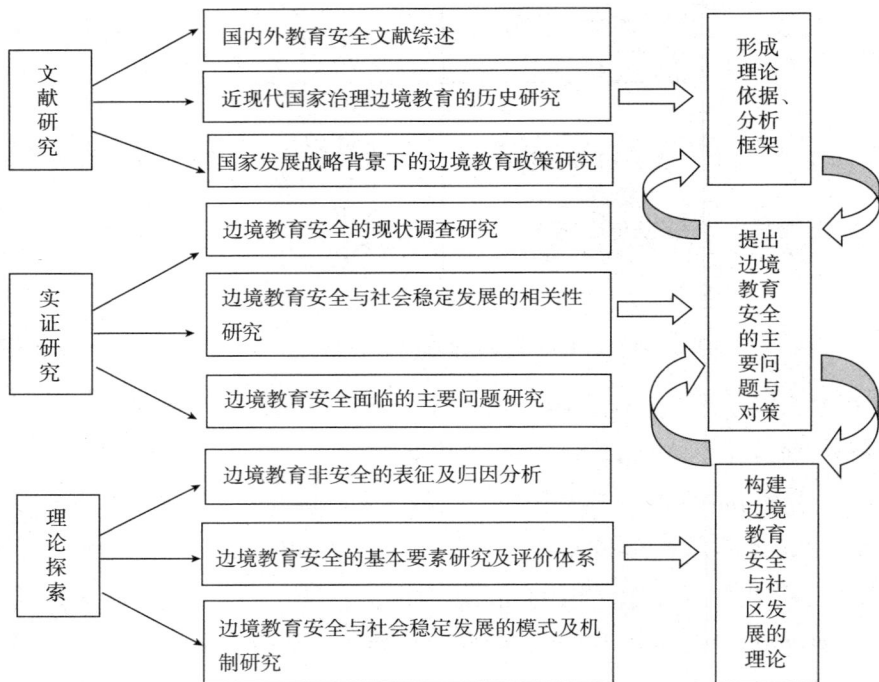

图2　边境教育安全与社区稳定发展研究总体框架

四

我们把近 6 年来的研究成果认真梳理,精挑细选,解构重建,汇集成册,以《边境教育安全研究丛书》的方式呈现。这套丛书承载着我们的艰辛与努力,凝聚着我们的汗水与心血,饱含着我们的忐忑与期盼。丛书由 4 部著作组成:田静的《云南省教育国际交流与合作平台建设研究——基于“桥头堡”战略背景》;李孝川的《云南边境地区民族教育的发展困境与出路——非传统安全的视角》;王凌、曹能秀等的《多维视角下的边境教育安全研究——以云南省为例》;李官、王凌的《中国边境教育安全研究——以云南省为例》。这 4 部著作各有侧重,各有特点,但都紧紧围绕一个主题——国家发展战略背景下云南边境教育现状、边境教育安全的实然与应然,旨在探索中国特色边境教育安全的理论范式和实践路径,进而促进边境地区教育安全,增进教育与经济、社会、文化的良性互动,实现边境地区民族团结、社会稳定,与毗邻国家睦邻友好、多赢与共赢。正是由于这一共同愿景,4 部著作虽立足多维视角和多层分析框架,但都具有以下鲜明的特征:

一是注重理论的奠基性和先导作用。本套丛书不仅认真梳理了与之相关的文献资料,而且力图在已有理论成果的基础上形成自己的观点和分析框架,为研究的深入展开提供了清晰的路线图。二是以问题为导向,强调实践性和针对性。在研究和撰写过程中,始终关注与边境教育发展和边境教育安全密切相关的热点、重点和难点问题,力图通过实地调研发现问题并对其作出较为客观的、理性的回应。三是提倡创新意识,具有一定的前瞻性。从教育安全、边境教育安全基本概念的探讨,到多元分析维度的形成,再到边境教育安全评估体系的初创,最后是边境教育安全预警机制的假设,各位作者大胆思考,科学求证,审慎提出。四是重视学科交叉和研究方法的融合。在研究中,我们采用了教育学、民族学、社会学、人类学等学科的相关理论和观点,并且融入了人文地理学、教育地理学等学科的研究思路,把田野工作、时空分析、参与式观察、生活轨迹分析等具体方法应用于研究之中。

本套丛书只是我们的一家之言,只是我们在有限时空内的阶段性研究成果,更关键的是我们提出的一些观点、一些框架、一些设想,只是经过部分的实践检验。因此,丛书中必然存在不少的纰漏、问题,甚至错误。但我们深信,谬误正是在批评中得以修正,理论只有在实践中才能得以完善,思想只有在反思中才能得到升华。在此,我们仅抛砖引玉、投石问路,希望唤起更多的仁人志士关注边境教育安全问题,希望得到各位专家的批评、指正,希望有更多的人与我们同行,为建构中国特色教育安全理论和实践体系而努力。

　　最后,衷心感谢为本项研究的完成、本套丛书的出版付出努力与心血的人。感谢参与课题申报、丛书策划和讨论的陈瑶教授、陈亚颦教授、普丽春教授;感谢直接参与丛书撰写和调研的田静博士、李孝川博士、李官博士,以及宋南争、关晓琼、张洋洋、卢梦鸽等硕士研究生;感谢为我们调研提供帮助的云南省教育厅、省妇联,以及各州市县教育局、妇联、文化局、民宗局等部门的相关领导,各调研学校的校长、幼儿园园长、教师、学生、家长,社区、乡镇及村委会负责人;感谢为丛书的顺利出版付出心血和努力的苏向平编辑;尤其还要感谢在百忙中欣然为丛书作序的教育部人文社会科学重点研究基地西北师范大学西北少数民族教育发展研究中心主任王鉴教授,感谢他从课题申报到丛书出版给予我们的全程支持、鼓励和帮助。其实,要感谢的人难以一一细数,唯有带着一颗感恩之心、一种崇敬之意,在民族农村教育研究领域继续砥砺前行。

王凌　曹能秀

2015 年 12 月 18 日

目　录

Contents

导　论 ……………………………………………………………………… 1

第一章　教育国际交流与合作平台建设的若干理论分析 ………… 5
　一、教育国际交流与合作平台的相关概念及构成 ……………………… 5
　二、教育国际交流与合作平台的模式 ………………………………… 14
　三、教育交流与合作平台的功能定位 ………………………………… 16
　四、建设教育国际交流与合作平台的基础理论 ……………………… 19
　五、教育国际交流与合作平台建设的价值取向 ……………………… 25

第二章　"桥头堡"战略中云南省教育国际交流与合作平台建设的形势
　　　　　与现状 ……………………………………………………… 34
　一、"桥头堡"战略的提出 ……………………………………………… 36
　二、教育国际交流与合作平台建设的必要性 ………………………… 46
　三、云南省建设教育国际交流与合作平台的基础条件与面临的问题 … 49
　四、云南省部分高校教育国际交流与合作发展状况 ………………… 64

第三章　云南省与周边三国的教育交流与合作状况 ……………… 74
　一、云南与周边三国交流状况 ………………………………………… 77
　二、云南省扩大与越南、缅甸、老挝三国教育交流的基础依据 ……… 111

三、云南省扩大与越南、缅甸、老挝三国教育交流的对策 ················· 115

第四章 欧盟、美国、日本教育国际交流与合作平台的发展 ············· 123
 一、欧盟教育国际交流与合作平台建设及保障机制概况 ············· 123
 二、美国教育国际交流与合作平台建设及保障机制概况 ············· 129
 三、日本教育国际交流与合作平台建设及保障机制概况 ············· 138
 四、欧盟、美国、日本经验对云南省教育国际交流与合作平台建设及
  保障机制的启示 ················· 142

第五章 云南省教育国际交流与合作平台建设的战略思考与设计 ······· 147
 一、云南省扩大面向南亚、东南亚教育开放交流平台建设的指导思想
  和原则 ················· 148
 二、云南省扩大面向南亚、东南亚教育交流平台建设的总体构想 ······ 149
 三、教育国际交流与合作平台的完善对策 ················· 152
 四、部分平台模式的思考 ················· 154

第六章 云南省教育国际交流与合作平台建设的保障机制 ············· 173
 一、教育国际交流与合作平台的运行机理 ················· 173
 二、教育国际交流与合作平台管理运行机制 ················· 180
 三、教育国际交流与合作平台评估监测机制 ················· 186

结　语 ················· 196

参考文献 ················· 199

导　论

　　自战国时期,楚国将领庄蹻率领军队入滇,后来率部换装易俗,融入滇人,并被推为"滇王",拉开了外来强势文化开发云贵高原的序幕,西南地区的封闭状态被打破,云贵高原各民族同中原地区的社会经济文化联系由此深入。后秦修五尺道,张骞发现"蜀身毒道"①,唐宋时期记载有清溪关道、石门关道和铁桥道,唐宋年间又出现了云南与吐蕃间的"茶马交易古道"。两千多年来,云南在古代中外经济文化交流的过程中发挥了重要的交通枢纽作用。抗日战争时期,中国远征军开辟了一条起于印度阿萨姆邦,经雷多进入缅甸的公路,把盟军在印度洋港口的战略物资运到云南后再转至国内各战场,为中国抗战胜利作出了贡献。改革开放三十多年来,中国十分注重面向太平洋的东部开放战略,但随着我国的日益强大,美国和周边一些国家开始对我国形成包围态势,企图遏制我国发展。随着我国国际贸易规模的日益扩大和贸易结构的不断优化,我国需要不断拓展国际市场空间,扩大向西南的开放,面向沿边国家的开放已成为中国全方位对外开放的战略之一。

　　党的十七大报告提出的"深化沿海开放,加快内地开放,提升沿边开放,实现对内对外开放相互促进"为云南的发展带来了春风。沿边开放是我国全方位

---

　　① 公元前122年,博望侯张骞从西域归来,向汉武帝禀报了他在大夏(今阿富汗北部)的奇特发现,"言居大夏时见蜀布、邛竹杖,使问所从来,曰:'东南身毒(今印度)国……'"(《史记·西南夷列传》)。事实上,早在战国末年,西南地区的人们就在崇山峻岭、高山峡谷中踩出了一条由成都经宜宾,过云南昭通、曲靖、大理、保山,从德宏出境入缅到达东南亚和南亚的"蜀身毒道",即今天所称的"南方丝绸之路"。这条古道比张骞通西域的北方"丝绸之路"还要早上两百多年。

开放格局的重要组成部分,具有和沿海开放、内地开放不同的特点。胡锦涛在继新疆维吾尔自治区(2006 年 9 月)、黑龙江省(2009 年 6 月)提出建设向西北、东北沿边开放的"桥头堡"和枢纽站后,在 2009 年 7 月视察云南时提出"把云南建成中国向西南开放的重要桥头堡"。三个"桥头堡"的建设分别位于中国的三个重要陆路方向,是党中央、国务院站在全球经济发展的高度,立足我国保安全、保稳定的发展大局提出的战略构想,是中国实施沿海开放三十年后,国家寻求新的陆路出口通道的整体构思。云南省位于中国与东南亚、南亚次大陆结合部,自 20 世纪 80 年代以来,已经基本形成了"面向东南亚的大湄公河次区域(GMS)"和"面向南亚的孟中印缅次区域(BCIM)"、连接孟加拉湾和北部湾、畅通南北经济大通道的对外交流合作开放格局。

教育国际交流与合作,是我国对外开放事业的重要组成部分,是国家教育发展战略的关键环节。全方位、多层次、宽领域地开展教育国际交流与合作,可进一步提高我国教育对外开放水平,不断增强我国教育的国际竞争力。改革开放三十多年来,我国教育国际交流与合作的发展进程大致可分为三个阶段:对外交流与合作全面恢复与发展时期(1978—1991 年)、市场经济体制改革条件下对外交流与合作扩大规模时期(1992—2001 年)和全球化时代的教育市场开放与融合时期(2002 年至今)。随着我国教育市场的全面开放,多元文化融入趋势更加显著,关于教育交流与合作的政策指引性更加明确,管理工作更加完善。

随着"桥头堡"战略的实施,云南省从内陆边疆省份成为我国面向南亚、东南亚改革开放的前沿。在"十五"期间,云南省发挥自己独特的区位优势,在开展教育国际化方面,特别是与周边东盟国家的合作与交流方面进行了有益的探索,尽管云南教育对外合作与交流有了较快发展,但离把云南建成中国面向西南开放的重要"桥头堡"对教育的要求还有较大差距。我国扩大对西南开放的"桥头堡"建设,主要以南亚、东南亚国家为重点,面向印度洋沿岸,延伸到西亚及非洲东部等广大区域,可简单概括为"一洋四区"。这个区域涵盖了 56 个国家,云南成为"桥头堡",对拓展中国对外开放腹地和空间都具有重要的战略意义。"桥头堡"战略突出的是云南在对外开放中的前沿性、重要性和带动性,是一个立体的概念,自身必须是一个枢纽站、集聚点、交流与合作基地。在这一理念下,扩大对教育交流平台的建设成为必然,而云南省教育交流的基础条件远远不能满足目前的需要，还存在许多严重问题，突出表现在：政策缺乏统筹规划；对外教育及交流尚处于初步发展阶段；交流的深度、广度不够，尚未达到教育间的互相融合和双向交流；投入不足，资源分散，布局不尽合理；队伍不稳，人才匮乏；封闭分割，缺乏教育交流基础条件资源共享的机制等。云南省教育国际交流与合作平台建设有利于对上述问题的解决，有利于提高我国、云南省对外教育交流的国际竞争力，支撑教育创新体系发展，促进教育交流能力持续积累和教育资源高效利用，完善国际教育交流的宏观管理，扩大与东南亚、南亚的有效交流与合作及影响力，此外，还可以降低、改善东南亚、南亚国家因中国经济、军事等实力的快速发展所带来的忧虑感，并将对中国在东南亚、南亚的经济、文化、教育特别是国家软实力的发展起到积极的作用。

本书由六个部分组成：

第一章是关于教育国际交流与合作平台建设的若干理论分析。首先分析了教育国际交流与合作平台的相关概念，平台包含三大基础构成部分，即硬件设施部分、制度体系以及开拓、创新的专业化人才队伍。其次探讨了教育国际交流与合作平台的模式、功能定位，建设国际教育交流平台的基础理论，还分析了平台建设的政治价值、文化价值、经济价值与教育价值。

第二章是关于"桥头堡"战略中云南省教育国际交流与合作平台建设的形势与现状。首先分析了"桥头堡"战略提出的国内形势发展、国际局势发展及其深刻变化。探讨了平台建设的必要性、现有的基础条件与面临的问题，并对云南省部分高校国际教育交流与合作发展状况进行了分析。

第三章是关于云南省与周边三国的教育交流与合作状况。主要分析了云南省与周边三国（越南、缅甸、老挝）社会文化、经济、教育的交流状况，以及三国的华文教育发展状况，在分析云南省扩大与越南、缅甸、老挝三国教育交流的基础依据的基础上，提出云南省扩大与越南、缅甸、老挝三国教育交流的对策。

第四章是关于欧盟、美国、日本教育交流平台建设的比较研究。分析欧盟、美国、日本教育国际交流与合作平台建设及保障机制概况，提出这些国家的平台建设及保障机制对云南省教育国际交流与合作平台建设的启示。

第五章是关于云南省教育国际交流与合作平台建设的战略思考与设计。首先分析了平台建设的指导思想、原则、总体目标，提出了平台建设总体构想。探讨了教育国际交流与合作平台的完善对策，然后分别就基于本体的网络教育交流平台模型、远程汉语国际教育中交互教学系统模式、远程汉语国际教育服务平台建设等方面进行了具体的阐述。

第六章是关于云南省教育国际交流与合作平台建设的保障机制。首先分析了教育国际交流与合作平台的运行机理,主要从互动协调、合作信任、教育交流资源整合和制度保障等方面进行分析。探讨了教育国际交流与合作平台管理运行机制、平台评估监测机制,提出了平台绩效评价指标体系设计的原则、平台绩效评价指标体系及平台评价体系的应用策略。

第一章　教育国际交流与合作平台建设的若干理论分析

　　教育国际交流与合作平台的建设是云南省作为"桥头堡"转型的重要软实力支撑保障条件之一。平台的建设有利于实现云南省对外教育环境的改善,实现教育的跨越式发展;有利于提高教育资源的使用效率,推进教育基础条件的共建共享;有利于促进教育国际化,实现教育交流的可持续发展;也有利于增进与东南亚、南亚各国的了解与友谊,促进双边关系的进一步发展,构筑和谐边疆,推进共同繁荣发展。在学理上对教育国际交流与合作平台的内涵、构成、功能定位、价值取向以及支撑理论等内容进行深入研究与探讨,将对实践发展中的平台建设提供重要的理论指导。

一、教育国际交流与合作平台的相关概念及构成

　　厘清教育国际交流与合作平台的相关概念是深入研究平台的认识基础,亦是探讨平台建设诸多相关问题的逻辑起点,只有准确把握教育国际交流与合作平台的实质性内涵及其构成,才能明晰其存在和发展的客观现实需要,确保正确的建设导向与进程。

　　(一)教育国际交流与合作平台的相关概念

　　1.教育国际化的含义

　　目前,国际化已经成为教育发展的一种全球性趋势,它不仅是一种教育理想,而且是一种正在全球范围内展开的教育实践活动。教育国际化无疑促进了各国教育市场、人才资源和文化资源的共享,为人类跨国界、跨民族和跨文化的

交流提供了可能;同时它也是一个充满矛盾的过程,单一与多样、国际化与本土化、特殊与普遍等矛盾和悖论都同时并存于世界教育改革和社会发展之中。"国际"就其本意而言是指国与国之间,"国际性"指超越国家界限的内在属性,"国际化"则指意图超越国家界限的各种活动。从词源上看,"国际"(international)和"国际化"(internationalization)两个概念是来自英语国家的"舶来品"。在英语中,《韦氏新国际字典》(第三版)是这样界定"国际"的:存在于国家或其公民之间的;与国家间交流有关的;由两个或两个以上国家参与的;影响两个或两个国家以上的。国际化(动词):使……在关系、影响或范围上成为国际性的;国际化(名词):指这样的活动或者过程。从词汇构成的角度看,如果我们把"globalization(全球化)"解释为把世界(globe)看作一个整体,各国人民拥有共同的目标和行为的话,那我们就可以把"international(国际化)"理解为"不同国家(nation)之间(inter)的相互关系和相互影响"。由此我们可以看出,"全球化"重视的是一致性和统一性,而"国际化"像"互联网"(internet)和"跨文化"(intercultural)这些概念一样,强调的是多样性和互动性,重视的是不同国家在相互平等对话和相互作用中所显现的多元性。

从上面对"国际化"的定义中可以看出,国际化这个概念具有两个重要的核心特质:国际化一方面是一种国家间(两个或两个以上)的活动(或过程),另一方面是一种双向度的交流活动(或过程),即国际化是一个"引进"和"输出"的双向过程。"引进"就是一国认识、理解、尊重进而吸收世界优秀文化成果的过程,"输出"就是一国把本国优秀文化成果推广到世界,让世界各国认识、理解、尊重进而吸收本国优秀文化成果的过程。更重要的是,教育的国际化是一个基于平等互利的原则、进行跨国合作的动态过程。

与此相应,学者们从不同的角度对教育国际化给予了不同的解释。其中有代表性的解释主要有以下四种:一是从各种各样的具体活动出发来描述教育国际化。这些活动主要包括课程的改革、人员的国际交流、技术援助、合作研究等。二是从培育发展学生、教师和其他雇员的新技能、态度和知识的角度来界定国际化,它侧重的是人而不是学校活动或组织管理方面的问题。三是从高等院校形成国际性的精神气质的角度界定教育国际化。它侧重的是在那些注重和支持跨文化的、国际的观点和提倡首创性的大学和学院中发展国际的精神气质与文化氛围。四是从过程的角度界定教育国际化。这种方法把国际化看作是将国际的维度或观念融入高等学校的各主要功能之中的过程，各种各样的学术活动、组织策略等都是这一过程的组成部分。这是目前界定国际化的最为全面的一种方法。

国际教育发展委员会认为，教育国际化就是要求教育"反映出各国共同的抱负、问题和倾向，反映出它们走向同一目的的行为。其必然的结果则是各国政府和各个民族之间的基本团结"；"在消除了偏见与沉默的情况下，以一种真正的国际精神发展相互间的接触"。全美州立院校联合会在敦促美国加快教育国际化的报告中认为，"学生应接受正确反映全世界社会、政治、文化和经济的全方位的国际化教育"，"应受到国际对话技术的教育，使他们具备适应多变的国际环境，在复杂条件下作出准确判断和进行有效工作的品质"。"教育界应改变那种'只扫门前雪'的封闭式观念，积极研究全球性问题，通过国际教育交流项目、技术支持等方式加强同外部世界的联系。"①

在我国《教育大辞典》中，教育国际化被解释为"第二次世界大战后国际间相互交流、研讨、协作、解决教育上共同问题的发展趋势。其特点是：①国际教育组织出现与发展。1948年联合国教育、科学及文化组织成立，宗旨是推动各国在教育、科学、文化方面的合作。嗣后，国际教育局、国际劳工组织、经济合作与发展组织、东南亚教育部长组织等亦相继成立，开始研讨共同关心的教育问题，并派遣专家进行国际援助。②国际合作加强。各国文化教育交流日益频繁，教师、研究人员交流增多，留学生增加，教材交流与合作增强。③各国均在改革学制的封闭与孤立状况，使本国与国际上的各级各类学校发展趋向一致。未来各国教育在对象、制度、内容、形式、方法等方面的共同点将日益增多，国际化趋势日益加强。"②有学者认为，"教育国际化是指一国在实施本国的发展战略规划时，把本国的教育拓宽于世界教育之中，不断吸收和借鉴世界上一切有益的先进科学技术和经营管理知识，以及成功的教育经验，以此提高本国教育在世界经济发展中的竞争能力"③。也有人认为，"教育国际化的本性是基于全球化事实的对教育的价值选择。或者说，教育国际化的合理性依据在于它是基于全球化客观事实和客观趋势的主观能动的价值选择，是对既有中国教育，包

① 刘立：《美国高等教育改革的一个动向》，《中国教育报》1987年4月17日。
② 顾明远主编：《教育大辞典》（增订合编本），上海教育出版社1988年版，第751页。
③ 徐辉：《国际教育初探——比较教育的新进展》，四川教育出版社2005年版，第65页。

括教育理论与教育实践中非合理性的扬弃,对新的更大的教育合理性的追求"。"教育国际化的真谛,不是教育在形式及至内容方面符合某种潮流或具有某些通用的国际性,而是教育接受某些体现新的时代精神因而具有更大、更多合理性的教育理念、教育方法、教育制度。某些理念、方法、制度之所以为中国教育所吸收,不是因为它是'国际的',而是因为它是合理的。"①还有人认为,教育国际化归根结底是要实现人的国际化,是在实现"物""财"和信息国际化的同时,着重实现人的国际化。教育改革必须树立起"一个真正的国际人,才是出色的中国人"的思想,培养具有世界眼光,在素质、知识和能力诸方面具有国际竞争力的优秀人才。②

应当说,上述不同学者从不同的角度运用不同方法来诠释教育国际化这一现象并非相互排斥,而是互相交叉或补充的。就其本质而言,教育国际化是第二次世界大战后世界各国为解决教育上的共同问题而作出的一种人为的、有组织的选择,是世界各国应对教育全球化的一种积极举措,是全球化发展到一定阶段的产物。概而言之,教育国际化是当今时代教育的整体特征和历史趋势,它不但是一个历史的范畴,而且是一个发展的概念,它以解决人类共同面临的问题和国家之间竞争的全球化为背景,以实现人的国际化为目标,以具体多样的国际交流与合作为载体,是不同国家教育理念、教育方法、教育制度、教育模式相互学习、交流与合作的过程。③

2. 平台的一般含义

"平台"这个术语目前在不同的领域中有着不同的意思,如它既有站台、晒台、工作台的意思,还可表示提供给公众表达意见的渠道、地方以及进行某项工作所需要的环境或条件等。平台建设的概念最初起源于汽车行业,在 Henry Ford 的《今天与明天》(Today and Tomorrow,1926)一书中,描述了适用于汽车制造的模块化设计,即可以用相同型号的引擎、底盘以及电子零件来制造不同型号的汽车,这些就是平台。平台不仅是一种概念,更是一种开拓、发展、创新的

---

① 马维娜:《教育的国际化与本地化的合理性追究》,《上海教育科研》2001 年第 4 期,第 8—10 页。
② 董秀华:《从国家化走向国际化——21 世纪中国教育发展的一大趋势》,《全球教育展望》2001 年第 6 期,第 64—70 页。
③ 袁利平:《教育国际化的真实内涵及其现实检视》,《西华师范大学学报》(哲学社会科学版)2009 年第 1 期,第 82—86 页。

方法。从功能的角度出发,McGrath 将平台定义为"由一系列的子系统和界面形成一个共同的结构,能够有效地开发和生产相关的产品"①。Baldwin and Clark 根据生产平台的潜在逻辑从三个方面来定义平台:一是它的模块化架构;二是界面(通过模块的互动和沟通而形成的组合);三是标准化(模块遵循设计规则)。② Worren 认为平台概念应包括工作流程、组织结构和知识体系,可用于任何复杂系统。"平台"随着社会的发展越来越多地运用到了其他的领域,如"政务平台""信息网络平台"以及"商务平台"等,因此,"平台"已成为具有通用色彩的术语。③ 基于上述对"平台"的界定,"平台"一词所表达的基本含义如下:一是它是一种具有基础性的支撑体系,不仅包含物质基础,还包括知识、技术、进程、人力资源与关系等。二是"平台"具有共享的特征,具有公共以及共用的服务性质。三是"平台"还具有开拓、创新的方法论功能。

3. 教育交流与合作的界定

英国哲学家罗素指出:"不同文明之间的交流过去已经多次证明是人类文明的里程碑。"④从人类社会发展的历史来看,人的成长及人类社会的发展都离不开交流。通过交流和借鉴,促进了个体的生存、文化的发展和社会的进步,实现了各民族文化之间的融合;通过交流和借鉴,人类文明才一步步走向了今天的繁荣昌盛。在汉语里面,"交流"含有传播、交换之意⑤,彼此将自己的所有提供给对方即为交流。⑥ 可以说,交流是在不同主体之间进行的一种相互沟通的活动。这一活动包含两个要素:一是交流的主体;二是用于交流的"所有物"。交流的主体既可以是个体,也可以是群体、机构、不同种族、地域、国家等。交流的所有物既可以是物质的,也可以是思想的、观念的。交流既可以在相同的时

---

① McGrath, M. E., *Product strategy for high - technology companies*. Homewood IL: Irwin. 1995. pp. 120 - 124.

② Baldwin C. Y. and Clark K. B. ,*Managing in an age of modularity*. Harvard Business Review 75(5). 1995. pp. 84 - 93.

③ 《关于教育交流平台及其建设的若干理论思考》,http://www.nstic.gov.cn/showContent.jsp? page = 1192352608515,2011 - 11 - 9。

④ [英]罗素:《一个自由人的崇拜》,胡品清译,时代文艺出版社 1998 年版,第 8 页。

⑤ 汉语大词典编撰委员会、汉语大词典编纂处编纂:《汉语大词典》(第 2 卷),汉语大词典出版社 1988 年版,第 336 页。

⑥ 中国社会科学院语言研究所词典编辑室编:《现代汉语词典》(修订本),商务印书馆 1996 年版,第 630 页。

空间进行,也可以跨越时空的障碍展开。

　　然而,在教育学科的话语体系之中,"教育交流"一词是一个新面孔。在已经出版的、权威的《教育大辞典》及《教育百科全书》中都没有对"教育交流"进行明确界定。如瑞典斯德哥尔摩大学胡森(Torsten Husen)教授主编的《国际教育百科全书》,以及顾明远教授主编的《教育大辞典》中都没有列出"教育交流"的词条。语言是人类最重要的交际工具,是社会生活、文明进步的反映,它存在于运用之中。随着社会的发展,新事物与新概念层出不穷,人们的思维越来越细致复杂,"教育交流"一词还未有明确的界定,反映出学术界对以前教育交流实践活动的忽视。教育交流是人类众多交流活动之一,是相关主体在教育领域互通所有物的活动。简言之,教育交流是不同主体的教育所有物的互通,它既包括不同主体的教育思想、教育观念、教育经验等内容的交流,也包括教育服务以及与教育相关的人力、物力资源的互换。从交流的基本结构来看,教育交流包含以下四层意思:一是教育交流是发生在与教育活动有关的主体之间的活动。个人之间,种族、民族、国家以及社会团体、组织、机构之间,都可以围绕教育互通所有。二是教育交流所要相互交换的是与教育有关的所有物,如教育的思想、观念、理论、制度、经验、服务以及与教育相关的人力、物力资源等,用作交流的所有物的范围很广泛。三是教育交流意味着相关主体的教育所有物要做某种跨境乃至跨越时空的运动,教育所有物要突破交流双方在时间、空间和心理等方面的限制,到达对方的领域,教育交流才能完成。例如,个人之间的教育交流要跨越个体的思想、心灵、时间之界。种族、民族、国家以及社会团体、组织、机构之间的教育交流则要跨越文化、地域的疆界,没有主体的教育所有物的空间位移,教育交流就不能达成。四是教育交流是双向的,交流双方均可以互换教育所有物。① 教育交流是一种范围广泛、层次多样的人类社会的交流活动。由于不同主体所拥有的教育所有物的质量、数量都存在着差异,因此,教育交流一般主要表现为处于相对强势的一方向处于相对弱势的一方输出教育所有物。

　　"合作"是指个人与个人、群体与群体之间为达到共同目的、彼此相互配合的一种联合行动方式。教育交流指教育人员、资产、文化等教育要素在不同区

---

　　① 朱宗顺:《交流与改革:教育交流视野中的中国教育改革(1978—2000)》,浙江教育出版社2006年版,第4页。

域或国家间的流动、借用和影响的动态过程与结果,教育合作则是不同教育区域群体间的互补、共享与协作的方式与过程。二者作为教育活动开展的重要方式与途径,其根本目的是在更为广泛的范围内充分开发、利用教育资源或条件,优势互补,共同协作,从而实现教育目标的优化和教育效益的最大化。教育交流是教育合作的前提和初级形式,教育合作则是教育交流的高级形态。交流本身虽一定程度上包含了合作的因素,但健康持久的合作必须在交流的基础上,为了达到共同目标积极行动方可形成。因此,合作是交流良性发展的高级阶段。① 广泛的国际教育交流与合作将有效地促进不同国家和不同文化实体之间人民的相互了解和信任。国际教育交流与合作的模式是多种多样的,总的说来,可以分为两大类型:政府间的国际教育交流与合作和民间的国际教育交流与合作。政府间的国际教育交流与合作,是国际教育交流的主要内容。由于政府不是国际教育交流的实施者,它只能为国际教育交流提供良好的合作环境与法律、财政等方面的支持。政府间的国际教育交流主要是通过政府间的谈判确立合作交流计划,并以条约形式固定下来,具有国际法律效力。同时,政府间的国际教育交流与合作,直接为政府的国内外政策服务,并具有一定的强制性,以保障符合国家整体利益。民间国际教育交流与合作和政府间的国际教育交流不同,民间教育交流是在政府教育交流协议的框架下,由民间机构从事的国际教育交流活动。民间国际教育交流较政府间的国际教育交流而言,更丰富多彩,形式更多样化。但是无论民间国际教育交流活动怎样活跃,都不能离开政府国际教育交流所规定的基本框架。②

　　教育交流与合作作为人类交流活动之一,对社会进步、文化发展有着巨大的促进作用,在全球化进程日益加快的今天,其作用愈益明显。当今世界的两大主题是和平与发展,在这两大世界问题的解决过程中,教育交流都发挥着重要的作用。广泛的国际教育交流与合作能够有效地促进各民族、各国家以及各个文化团体之间的了解与信任,成为促进世界和平、发展的力量。美国学者在讨论第二次世界大战后欧洲为什么能享受长达半个多世纪的和平时,将其归功于国际教育交流,他们认为:"作为国际接触和了解的重要方面之一,国际教育

---

① 封喜桃:《中美教育交流与合作》,河北大学硕士学位论文,2001 年,第 1 页。
② 熊永根、王安虎、肖地生:《国际教育交流与合作浅探》,《江苏高教》2003 年第 5 期,第 80 页。

交流在德美关系中是至关重要的,进一步说,对于整个世界的和平与稳定也是至关重要的。"①发展问题的解决需要资金、技术、制度等资源的支持,但关键是人才的支持。从某种意义上说,发展的问题就是人才的问题,因而也就是教育的问题。教育交流与合作通过教育所有物的互通,促进交流双方教育的发展,培养各国尤其是后进国家经济、社会发展所需的各类人才,成为解决世界性发展困境的一支重要力量。

(二)教育国际交流与合作平台的构成

将"平台"及"教育交流"的含义引申到云南省面向东南亚、南亚教育交流与合作平台的建设中,教育国际交流与合作平台是指由教育基础设施、各级各类学校、教育资源、教学基地、教育文献资源、网络教育环境等构成的物质与信息保障系统,该系统以共享为核心,集聚、整合教育条件资源,并由相关的共享制度和教育专业化队伍组成的,主要服务于教育创新、教育国际化,为教育发展提供有力支撑的开放、共享的教育公共服务体系。这一概念有如下四层含义:(1)平台的建设主体是省级政府及相关教育部门;(2)平台的建设目的是促进国际教育交流与合作;(3)平台的建设内容是吸纳国际教育交流与合作主体,并为其提供教育交流与合作的公共服务,整合国际教育交流与合作成果、资金、人才等国际教育资源以及政策信息、市场信息等;(4)平台的具体形式包括虚拟式、实体式和混合式,虚拟式平台以网上平台形式出现,实体式平台主要包括教育博览会、洽谈会、对接会、对接(洽谈)会、论坛、推介会、会议、各种对接活动等。

从上述界定可知,教育交流平台包含三大基础构成部分,即硬件设施部分(包括物质与信息系统),制度体系(以共享机制为核心)以及开拓、创新的专业化人才队伍。这三个组成部分有机地融为一体,三者的内在关系如图 1 - 1所示。

---

① Gary Anderson,"Fifty Years of European Peace",*Vital Speeches of the Day*,Oct. 15. 1999,Vol. 66,Issuesl. pp. 18 - 25.

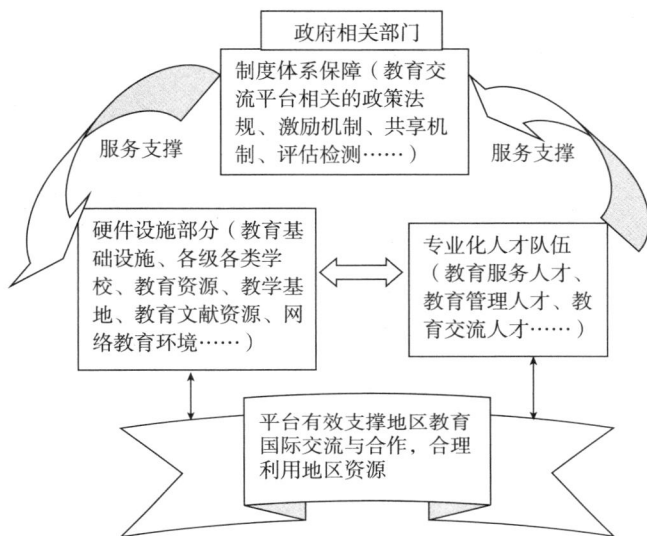

图 1 - 1　教育交流与合作平台的构成框架

　　教育交流平台的制度体系的内核是以共享为特征的运行机制,主要包括相关的教育交流的法律法规、管理条例和管理办法等。教育交流平台制度体系的建设是一个复杂的系统工程,必须要做好研究与通盘的规划,并且在建设与规划之中要始终体现"共建共享"的精神。其建设分为三个层次:一是教育交流平台法律体系的建设。这需要研究国际惯例,教育交流法律法规需要与国际惯例衔接。二是教育交流平台规章体系的建设,如制定及发布一些教育交流的条例、管理办法以及规定等行政命令。三是相关职能部门根据教育交流平台建设和运行的需要而制定的诸如教育硬件设施和软件设施的标准及规范等。教育交流平台的软硬件设施是平台的载体与基础。一是根据教育交流的需要,兴建世界教育博物馆,赋予其展览、会议以及大型交流活动等功能,为云南省教育国际化研究及创新实践等活动提供必要的场所;可定期举办各种类型的世界教育博览会,搭建一个高质量、高层次的教育交流与合作的平台;可定期举办不同形式、多种层次以及多渠道的国际教育交流学术会议及论坛。二是改善云南省各级各类学校的基础条件,发挥它们对外的教育交流和辐射作用,如建设示范性边境学校、高水平的大学以及教育创新园区等。三是继续扩大云南留学生的招生规模等。

二、教育国际交流与合作平台的模式

模式的概念广泛应用于各学科中,在科学研究中有着重要的意义和作用。《汉语大词典》对"模式"的解释是:事物的标准样式。在英文中,模式(model)表示模型、类型、形式、范例、榜样等。一般来说,模式是对现实事件的内在机制及事件之间关系的直观的和简洁的描述,是位于经验与理论之间、目标与实践之间的那种知识系统。模式具有结构性和功能性两种类型,它是理论的一种简化形式,具有构造、解释、启发、预测等多种功能,可以向人们提供某一事件的整体形象和明确信息。① 模式其实就是解决某一类问题的方法论。即把解决某类问题的方法总结归纳到理论高度,那就是模式。它是一种参照性指导方略,有助于高效完成任务,有助于按照既定思路快速做出一个优良的设计方案,达到事半功倍的效果。教育交流与合作平台建设的方式和途径决定了平台的模式。理论上,从平台的组织形态、组织结构和组织管理等角度可将平台划分为不同模式,这些模式各具特点。

（一）基于平台形态的划分

在形态上可将平台划分为实体式、虚拟式和混合式三种模式。

实体式平台主要包括教育博览会、洽谈会、对接会、对接(洽谈)会、论坛、推介会、会议等。这类平台注重合作各方的现场互动交流,能够直观地展示教育交流与合作成果、了解国际教育需求、实施项目对接等。例如,2010 年以来,云南省已在印度、美国、中国香港等国家和地区举办云南教育展;已建立 11 个国际人才培养基地,在全省高校广泛开设小语种专业,在校学生突破 1 万人;在国外已建立 7 所孔子学院(课堂)。第十一届云南国际教育博览会于 2015 年 6 月23—29 日在昆明、大理、玉溪、楚雄四地举办教育展会巡展。云南国际教育博览会由云南省教育厅主管单位云南教育国际交流协会主办,作为西南地区教育行业内规格最高、规模最大的国际、专业、权威展会,本着"搭建招生与求学信息对称平台"的宗旨,服务高校,引导求学。迄今为止,已成功举办 10 届,参展院校累计 2500 余所,涉及 20 多个国家和地区,咨询观众达 16.5 万人次。

虚拟式平台通常以网上平台形式出现,即利用网络、视频技术集中发布国

---

① ［英］丹尼斯·麦奎尔、［瑞典］斯文·温德尔:《大众传播模式论》,祝建华译,上海译文出版社1987 年版,第5—7 页。

际教育交流与合作成果、难题与需求,需求方、提供方、访问用户等可在虚拟洽谈室进行在线洽谈和对接。金伯格(Ginsburg,1998)等人依据双向交互的程度将远程教育的计算机网络技术分成三代:第一代是网络信息资源的发布或获取技术,即单向地提供或搜索资源,包括各种资源、网站、数据库之间的超链接;第二代是网络双向异步,非实时通信,即通过计算机网络实现电子邮件、电子公告栏、网络练习和测试、计算机会议等多种技术;第三代是网络同步双向,实时通信,即通过计算机网络来实现网上交谈、网络电话会议、网络视频会议、视频点播系统以及多用户多维系统和多用户面向对象系统等多种技术。国际教育交流与合作的虚拟式平台可充分利用第三代远程技术的双向交互的优势,即通过信息技术实现人机和人际的相互交流和交互作用。

混合式平台融合了虚拟平台的快捷便利、无时空限制的特点以及实体平台充分交流、深入了解的特点,在实体平台实时对接间断期亦能使国际教育交流与合作各方实现长期互动交流,较为典型的做法就是在举办教育博览会、论坛及实时洽谈对接等的同时,利用网络技术建立与实体平台配套的网站,可在平台设置较为完善的网上服务项目。

(二)平台的组织管理模式

建设平台的目的是汇集整合国际教育交流与合作资源要素,为国际教育交流与合作的顺利开展创造条件并提供保障与支持,从而增强区域国际教育交流的能力和竞争力。因此,平台的组织管理模式必须有利于相关要素的吸纳与集聚,必须为政府、各级各类教育机构、社会团体、家长、学生等的互动交流打通渠道。根据政府对平台实施组织管理模式的差异,可将平台划分为展会管理模式和政府主导模式,这两种模式应用的范围和领域虽有不同但不相互排斥,在实践中通常互相嵌套。

展会管理模式的国际教育交流与合作平台是一种政府市场结合型的展会,会展活动是政府促进教育交流、教育贸易、教育投资、文化交流等事业发展的重要手段与载体,由于我国的会展业并未完全市场化,因而大量的展览活动由政府或半官方机构主导,商务部研究院沈丹阳认为,“政府主导型展会在我国会展经济中是一种现象,这种现象在我国现行体制下有其存在的土壤和继续发展的理由,仅'十五'期间,政府主办的展会就占25%"①。储祥银则认为,"政府利用自己的权威性和资源,发起、倡导乃至主办某些会议和展览,只要不导致市场垄断和市场失灵,就应当支持",同时,政府的力量运作可以迅速培养和增强展会的品牌效应。② 这类平台以"国际性、高水平、大规模"为特色,平台的外溢作用明显,不仅本地区成为平台的最大受益者,而且对外辐射作用较强,其他参展方均可通过展会获得较高的经济效益和社会影响。比较典型的平台有外交部、教育部和贵州省政府联合主办的以教育为主题的"中国—东盟教育交流周",自2008年首届中国—东盟教育交流周举办,迄今已在贵州省连续举办了七届,第八届中国—东盟教育交流周2015年8月在贵阳举办,会议围绕高等教育、职业教育、民办教育、合作办学、青少年交流、文化交流及产学研合作等开展了一系列的交流活动。

政府主导型的组织管理模式是指以政府为核心进行国际教育交流与合作平台建设,通过政府间协同合作进行平台要素资源的调动和配置,政府负责平台管理与运行的具体事务。此类平台区域性较强,立足本区域国际教育交流与合作的基础与特色,以促进国际教育的发展为主旨,不同于展会管理模式平台"大而全"的融教育展示、对接、贸易为一体的建设导向。该模式平台对区域国际教育交流与合作进行战略性规划与指导,突出服务性和公益性,政府通过常设的平台工作机构,系统化、持续性地对区域国际教育交流与合作状况进行综合梳理、平衡把握,通过政府机构的指令、宣传与沟通等形式促进地方国际教育交流与合作的发展。

三、教育交流与合作平台的功能定位

教育交流是促进中国教育现代化的重要路径,只有吸收和借鉴国外先进的教育理论、教育经验,教育现代化才能不断取得进步。教育交流平台将充实、完善和整合教育环境条件,缩短教育基础条件与国际先进水平的巨大差距,发挥教育基础条件的整体实力和服务能力,只有这样,才会吸引一流的教育创新人才进入,才能支撑起一流的教育交流科研活动,才能提升教育交流创新的整体

① 沈丹阳:《从"十五"期间中国展览业的基本数据看中国展业的主要特点》,《2006首届中国会展经济研究会学术年会论文集》,2006年,第3—8页。

② 储祥银:《政府主导型展会大有可为》,《市场报》2006年11月29日。

水平,实现教育交流的跨越式发展。教育交流平台的功能定位有以下几方面:

(一)辐射和带动作用

从地理位置上看,云南处于东亚与东南亚、南亚次大陆的结合部,相互间"山同脉,水同源",使云南成为中国通往中南半岛及南亚次大陆并直接沟通两大洋的陆上走廊和重要桥梁。因此,从古至今,云南都是中国西南的门户,是中国与东南亚、南亚地区人民友好交往和贸易往来的重要通道,也是中国、东南亚、南亚三大市场结合部,为中国云南国际教育向南亚、东南亚国家的辐射提供了地缘优势。云南紧紧围绕建设绿色经济强省、民族文化强省和中国面向西南开放的"桥头堡"三大战略,充分发挥云南区域优势,面对国际、国内两个市场,与东南亚、南亚国家及其他国家开展全方位、多层次、宽领域、高水平的教育交流与合作。积极推进云南教育国际化进程,努力把云南建成中国向西南开放的教育对外合作与交流的重要窗口和合作平台。积极引导各级各类学校招收外国留学生来滇学习进修,近几年每年在云南留学的人数超过 1.5 万人,2011 年突破 1.7 万人,已建立 11 个国际人才培养基地。积极开展汉语推广工作,在境外建立了 5 个孔子学院、3 个孔子课堂。国际教育交流合作平台的建设通过与国外政府、教育研究机构等开展合作,引进先进的教育理念、信息和管理经验等,集中云南省文化、科技、教育、人才等资源优势,向南亚、东南亚辐射,最终实现云南教育的快速发展。

(二)桥梁与引导作用

随着经济全球化格局的形成,教育的全球化趋势已成为历史的必然。中国已经成为 WTO 的重要成员,这标志着中国经济已经融入经济全球化的大格局中,"地球村"已然变为现实。第一,知识具有服务全人类的性质,具有公共性,而教育是继承、传播、发展知识的重要途径,知识的公共性决定了教育的开放性;第二,从教育的人才培养功能看,教育也必须实现社会化、国际化、全球化;第三,教育为经济服务的功能也决定了它的开放性;第四,信息技术和现代交通业的发展为教育的开放提供了极大的便利,教育的全球化进程将进一步加快。云南国际教育交流合作平台作为政府的助手,连接起国内与国外政府、教育部门、民间组织、教育相关群体,认真贯彻执行国家教育外交方针政策,充分发挥政府机构和民间组织的功能,广泛开展教育的对外交流与合作,为推动云南的教育改革与发展作出了贡献。

（三）实现共享

根据《简明汉英字典》，共享的英文是 share，communion，partake 等。按照《牛津现代高级英汉双解词典》（1990），Share 的释义：（共有、分得、给付或贡献出的）一份；部分。communion 的释义：共有；同享；参与。partake 的释义：动词，分享；分担；参与。概括而言，共享概念包含的意思大概有：共有、同享、分享、参与、分担等。共享意味着既有付出又有获得，应该是贡献和收益的平衡。共享应该是共同参与，共同承担。同时，共享应该互不封闭，但又不是无条件的开放。

教育交流平台可以为教育交流活动提供普遍的公共服务。提高教育交流水平，不仅需要教育交流的创新人才、创新机制以及创新环境，还需要为所有从事教育交流活动的人提供教育交流活动所需要的条件。教育交流平台将服务于所有从事教育交流活动的人员，为教育交流活动提供普遍的公共服务。其共享包括两个层面：一是在资源的积累和建设期间，树立共同参与、共同建设的理念，以节约有限的资源，避免重复建设。二是在资源的使用上，提倡开放、分享，以最大限度地提高使用效率，发挥其最大效益，避免部门分割、单位所有的现象。

（四）促进国际交流

教育交流平台可以促进教育理论、教育经验以及教育现代化等的传播扩散及交流。教育交流平台可利用、整合现有教育资源，建立共享的教育服务平台，促进对外交流与合作关系的发展，增加话语权，实现互利共赢。平台建设不但有助于对世界各国文化的认识和理解，促进各国友好关系的发展，而且对世界各国的教育与社会发展都有一定的促进作用。平台通过传播国际上先进的思想文化，国际文化教育交流，促进社会文化的创新、拓展，突破原有的文化范式，在促进中国与南亚、东南亚的教育交流与合作方面发挥着重要的作用。而且，通过国际教育交流，可以增进各国、各民族之间的相互了解，这对于维护世界和平、促进人类的共同繁荣进步都有极其深远的影响，对于促进南亚、东南亚教育发展及整个社会协调发展具有重要意义。

（五）提高效率

教育交流平台可以提高教育资源的利用效率，节约教育投资。如加强国际化教育创新园、世界教育博物馆以及国际职业教育基地等工程和设备的共享水平,提高其利用效率,提高教育交流的整体实力。云南国际教育交流与合作平台建成后,可通过物业租赁、国际教育会展、培训教育、教育中介等有偿服务创造一定的经济收益,抵减部分运营成本,逐步实现自身运营的良性循环。云南国际教育交流与合作平台的建设,可为云南教育国际化发展战略提供保障,有利于形成一批有影响力的国际教育团队,进一步提升云南教育的显示度,促进以云南各教育组织合作为主导的教育资源的有效集聚和快速发展,实现教育资源在云南范围内达到合理、优化、高效的配置目标。在教育国际化大背景下云南可采用人才交流、合作办学等多种方式并利用卫星电视、网络等高新技术手段,充分利用国内外一切可以利用的人力、物力及文化资源,尤其是信息资源,以最少的教育投入,生产质量更高、数量更多的教育产品,从而提高云南对外教育的整体效益。

一个地区建设教育交流平台是教育体制改革的重要体现,是优化配置教育基础资源的重要举措。教育交流平台的建设一是需要开放的环境和制度保障。教育交流是双向的,然而就具体的国家、民族而言,确定教育交流的方向,要受政治、经济、文化乃至地理等诸多因素的影响。用意识形态、政治制度的异同来规定教育交流的发展,只能导致自我封闭,阻碍教育现代化的发展;只有在开放、宽松的环境中,按照教育自身发展的要求来选择教育交流的方向,辅之以完善的制度保障,教育交流才能健康发展,进而发挥应有的作用。二是教育交流平台既要重视硬件设施建设,也要重视软件设施建设。三是在教育交流平台建设中要注意处理好引进、借鉴和创新的关系。

四、建设教育国际交流与合作平台的基础理论

国际化教育交流平台建设可充分运用现代技术如信息网络等,对地区教育的基础资源进行必要的系统优化以及战略布局,以促进云南省教育资源的高效配置以及综合性利用,促进教育交流水平的提高。运用传播理论、系统理论、集成理论等理论工具对教育交流平台建设进行研究,有利于使云南省的教育交流平台建设更为科学。

（一）传播理论

汉语中的"传"字由来久远,它的释义大多直接或间接地与信息的传送相关,然而,"传播"却是现代社会条件下的产物。传播(communication)实质上是一种社会互动行为,人们通过传播保持相互影响、相互作用关系。①。广义的传播可理解为大自然中存在于生物与非生物的各种系统之间的一切信息的传送或交换,包括植物、动物、机器、人所进行的信息传播。狭义的传播主要指人类社会普遍存在的,为了共享信息、相互影响而进行的一种信息交流的活动和过程,可分为人的内在传播(或称自我传播)、人与人的传播。

教育与传播是密不可分的,哪里有教育哪里就一定有传播。教育传播既是传播的一个实践应用领域,又是传播的功能之一。在教育交流活动中,传播的途径的四种基本类型——人的内部传播、人际传播、组织传播、大众传播都发挥着重要的作用。

在教育交流传播活动中,不论是知识与技能的传与受,还是思想情感的交流与沟通,都涉及以下几个方面:在什么环境下,教育交流为了什么目的,将信息以什么符号和序列通过什么途径和媒体传送给教育交流者,在他们身上产生了什么样的影响,怎样才能取得更好的效率等,这些方面与教育交流所研究的要素和领域都有千丝万缕的联系。因此,我们可以将教育传播的理论与成果应用于教育交流的各个领域。教育传播能够为教育交流的研究与应用提供一个系统的、整体的传播模式,而且有关教育传播的研究也为教育交流理论向纵深发展开拓了一种途径,即可用传播学的方法来研究教育交流现象,也就是"多维视野"。教育传播的发展将继续推动教育交流的发展和进步。

(二)系统理论

系统科学认为,世界上一切事物无不处于一定的系统之中。所谓系统,"指的是由相互联系、相互制约的若干部分结合在一起并且具有特定功能的有机整体"②。系统科学是研究一切系统的原理、模式和规律的横断学科,它为当代科学技术的发展提供了新思路、新方法,把教育交流的研究带入了一个崭新的时代,为教育交流提供了重要的理论基础和研究方法。自20世纪40年代路德维希·冯·贝塔朗菲(Ludwig Von Bertalanffy,1901—1972)创立了一般系统论开始,系统理论得到了不断的发展和完善。在近60年的时间里,许多新的与系统

---

① 郭庆光:《传播学教程》,中国人民大学出版社1999年版,第3页。
② 王雨田主编:《控制论、信息论、系统科学与哲学》,中国人民大学出版社1986年版,第401页。

论相关的理论被提出,并且相互交叉、彼此渗透。其中,协同理论、突变理论与耗散结构理论被称为系统科学理论的"新三论"(相对于信息论和控制论并称的"老三论")。

　　作为一种科学的方法论,教育领域着重关注运用系统理论和方法分析、解决教育问题,并提出教育系统方法的概念。考夫曼(Kaufman, R. A.)在1972年出版的《教育系统计划》(*Educational System Planning*)一书中,把系统方法定义为解决问题的逻辑过程。逻辑过程的组成是:确认需要解决的问题,确定解决问题的必备条件,从备选方案中选择解决问题的途径(策略)并确定解决问题的方法和手段,实施,评价效果,对系统的整体或部分作必要的调整或修改。考夫曼的系统方法教育模式如图1-2所示,教育系统方法可以分成确定问题和解决问题两个阶段。确定问题,要逐步进行使命、职能、任务、方法和手段的分析。

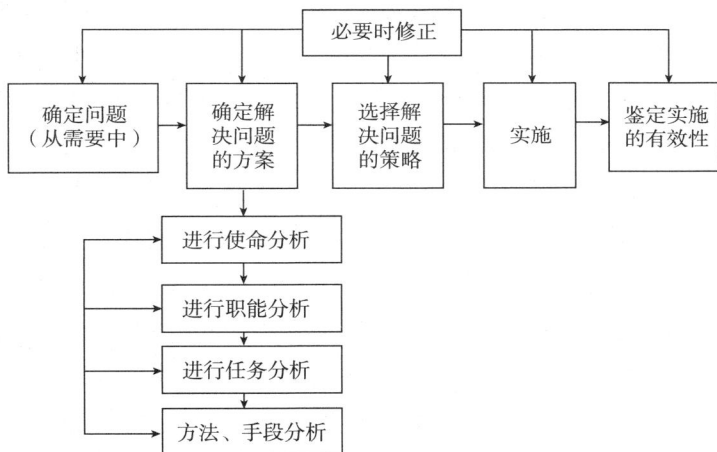

图1-2　考夫曼的系统方法教育模式

　　随着系统理论和系统分析方法的发展,许多教育交流工作者致力于研究其在教育交流中的应用,逐渐形成教育交流的系统方法,应用于各层次的教育交流的设计中,并建立起教育交流系统设计的理论与方法体系。系统方法作为系统思想的基本方法,已成为教育交流的核心方法之一,是教育交流方法论体系中不可分割的一部分。

　　(三)综合集成理论

　　集成思想很早就在我国产生和应用了,"集成"指将一些孤立的事物或元素

（单元、子系统）通过某种方式改变原有的分散状态集中在一起，不是各个元素之间的简单叠加，而是按照某些规则所进行的组合与构造，是各个元素之间有机组合，产生联系，从而构成一个有机整体的过程。集成具有多种特征，如整合性、多样性、协同性和动态发展性等。综合集成是一种从定性到定量，科学理论、经验和专家判断力相结合的处理复杂系统问题的方法学。其实质是将专家体系、信息和知识体系、计算机体系集成起来，构成一个高度智能化的人机交互系统，完成从感性到理性、从定性到定量综合的功能。1990 年钱学森在总结生物体系统、人脑系统、人体系统、地理系统、社会系统、星系系统等研究实践的基础上，提出了"开放的复杂巨系统"的概念和解决问题的方法论——"从定性到定量综合集成方法"。1993 年年初进一步提出了该方法的工程形式——"从定性到定量综合集成研讨厅体系"。两者共同构成了综合集成理论的框架。① 综合集成研讨厅体系的概念模型可以简化为一个由专家体系、机器体系、知识体系三者共同构成的虚拟工作空间。这个工作空间可以是厅（hall），也可以是一种智慧空间（cyberspace）。此工作空间经历了从 HWME（Hall for Workshop of Metasynthetic Engineering）到 CWME（Cyberspace for Workshop of Metasynthetic Engineering）的变化。"厅"已经演变成一个由高速信息网络、现代化的通信设备及计算机的软硬件构成的，使人们共同讨论及解决问题的智慧空间，这种"厅"可以提高人们的创造力。在 HWME 或 CWME 形式的研讨厅中，专家体系的作用是通过专家群体的互相交流、研讨，使专家的群体智慧在解决复杂问题过程中发挥主导作用；机器体系的作用是通过信息处理、分析、模拟计算等，辅助专家进行分析，在问题求解中发挥重要作用；知识体系的作用是提供前人的经验知识、领域知识和情报知识等，从而对专家体系知识起一定的补充作用。② 在教育交流平台建设中运用综合集成理论，可以实现局部效果的重大提升。教育交流平台是教育资源集成的人造系统，是一种具有纵向关联、横向合作的多个教育基地、教育体系的集成，这个系统的活动涵盖了包括教育交流的研究与开发环境、教育交流制度和政策体系等整个硬的、软的教育交流结构体系。教

---

① 钱学森：《创建系统学》，山西科学技术出版社 2001 年版；香山科学会议第 262 次学术研讨会筹备组：《从定性到定量综合集成研讨体系的理论与实践》，北京 2005 香山科学会议。
② 韩雁飞、江敬灼：《综合集成理论技术发展分析》，《军事运筹与系统工程》2006 年第 1 期，第 3—7 页。

育交流平台建立起来以后,它的运作需要进行日常的管理。其管理意味着包括教育交流的研究开发、成果转化、政策制度以及知识资本等不同组成环节在内的整个系统的计划和运作的协调,这就需要跨越各个平台的边界,对平台进行综合集成化管理。

(四)资源共享论

教育交流资源是指从事教育活动的人力、财力、物力和管理、组织、信息等教育交流软硬件要素的总称。它既为教育交流活动提供物质保障,也为教育交流管理、决策以及科学研究提供基础支撑。近年来,云南省教育交流资源低水平、重复、分散和低效等问题日益突出,已经不适应云南省教育交流服务和教育交流自身发展的需要,且制约了地区教育交流向更高层次发展,因而,教育交流资源共享与有效配置的呼声也越来越强烈。教育交流资源共享就是让不同相关机构所掌握的不同资源能够最大限度地实现共享。

建设云南省教育交流平台要求利用科学的方法论及现代的科学技术手段,运用共建与共享的机制,以教育交流需求为导向,对分布在云南省各地区的大型教育设施与教育基地、教育数据库和教育文献、教育资源等进行战略性重组与建设,搭建一个功能齐全、布局合理、开放高效和体系完备的教育交流信息系统。在此基础上,要调动各个方面的积极因素,在大型教育设施与教育研究基地、科学数据、图书文献资源、教育网络资源和教育资源等方面建设教育交流资源共享平台,促使云南省面向东南亚、南亚的教育交流与合作达到一个新的水平。为完善以共享和共建开放为目的的教育资源服务平台的建设,还需要注重机制与体制的建设,以教育交流资源整合为主线,以共享、共建为核心,最终建立起既能体现教育交流市场需求导向,又符合现代教育发展规律的市场化与社会化的运行机制,使教育交流平台真正成为云南省教育交流创新的支撑和依托。

(五)资源有效配置论

教育资源一词最早产生于教育经济学领域,因此从它一产生就带有明显的经济学特征。按照顾明远主编的《教育大辞典》的解释,教育资源亦称"教育经济条件",指教育过程中所占用、使用和消耗的人力、物力和财力资源,即人力资源和物力资源、财力资源的总和。人力资源包括教育者人力资源和受教育者人力资源等。物力资源是指学校中的固定资产、材料和低值易耗物品等。财力资源是指人力、物力的货币形式,包括人员消耗部分和公用消费部分。① 在我国的教育研究领域,对教育资源的界定基本都是以此为基础的,如范国睿、范先佐、王善迈等把教育资源概括为人、财、物三个方面。② 随着资源内涵的丰富化和教育研究的不断深入,教育资源的概念也逐渐丰富,如台湾学者胡梦鲸提出,所谓教育资源是指学生所能享受到之教育经费、活动空间、教学设备、师资及其教学活动方案等资源。③ 李祖超认为:"教育资源是指社会经济资源中,输入教育过程的人力、物力、财力、信息和时间资源的总称。"④康宁则把教育资源的概念进一步拓展为人力资源、物力资源、财力资源、信息资源、时空资源、制度资源等几个方面。⑤ 对"资源"赋予比较宽泛的社会学意义,可将教育资源定义为:维持、组成、参与并服务于教育系统的一切资源,包括人力资源、物力资源、财力资源、时空资源、信息资源、文化资源、权力资源、制度资源、政策资源、关系资源等,这些构成了一个完整的教育资源系统。在教育资源系统中,人、财、物等物质性资源是最基础的教育资源,也是教育得以运转的基础和前提。教育资源配置是指各种教育资源,包括人力、物力、财力、时空、信息、文化、权力、制度、政策、关系等,在各种不同的使用方向之间的分配。这首先涉及社会总资源对教育系统的配给,然后是这些配给在各级教育之间的分配。资源一般是相对于主体而言的,教育系统的利益主体主要有政府、学校、企业、家庭、个人等。相对于这些利益主体而言,教育资源配置主要是一组与教育资源分享有关的利益主体的相互关系的规则,集中表现为对权力的分配和使用,即人、财、物和事权的配置。因为资源总是稀缺的,如何使有限的教育资源得到有效的利用便成了教育研究的一个重要课题。⑥

① 顾明远主编:《教育大辞典》,上海教育出版社1998年版,第799页。

② 范国睿:"资源分布……指国家和经济活动中的各种资源(人力、物力、财力)在不同使用方向上的分配。"(范国睿:《教育资源分布研究》,《教育发展研究》1998年第3期,第28—33页。)范先佐:"投入教育过程的一般也是人力、物力和财力,它们的总和,即教育资源。"(范先佐:《教育经济学》,人民教育出版社1999年版,第260页。)王善迈:"教育资源的完整含义应当包括教育领域通过社会总资源的配置所取得的所有人力资源、物力资源及财力资源的总和。"(王善迈主编:《教育经济学简明教程》,高等教育出版社2000年版,第122页。)

③ 胡梦鲸:《台湾地区城乡国民小学教育资源分配之比较》,《国立中正大学学报》(社会科学分册)1995年第6期,第1页。

④ 李祖超:《我国教育资源短缺简析》,《高等教育研究》1997年第6期,第37—39页。

⑤ 康宁:《中国经济转型中高等教育资源配置的制度创新》,教育科学出版社2005年版,第18页。

⑥ 许丽英:《教育资源配置理论研究》,东北师范大学博士学位论文,2007年,第17—18页。

在教育全球化的背景之下,高水平的教育交流能力已成为一个国家及地区教育竞争力以及可持续发展能力的重要标志,而国际教育交流合作资源的配置、占有、开发与利用方式的优劣,则是决定一个地区教育交流能力提升的关键因素。教育交流平台运用资源配置理论进行建设,是由地区教育资源的稀缺性所决定的。教育交流资源的有效配置,可避免教育交流资源的闲置、重复与浪费,使教育交流供给最大限度地符合教育发展的需要。在教育交流平台建设中运用资源配置的方法,有利于统筹安排涉及教育交流基础条件建设和相关教育交流的有限资源,理顺各种关系,打破教育资源闲置、分散和封闭的状况,从而有利于加快推进云南省教育交流的进程。

五、教育国际交流与合作平台建设的价值取向

价值是一个哲学概念,单是对它的含义的理解主要存在两个不同的争议,一个政治经济学上的定义(支持劳动价值论),一个哲学上的定义(支持效用价值论)。哲学上的定义为:"价值是客体满足主体需要的程度。客体的效用,或者说,客体的有用性是构成价值的基础。"这样一种思路,即从实践中主客体的关系上去理解价值的本质,认为价值既是客体属性的人化、需求化和主体化,又是主体需求和能力的对象化、客体化和现实化,是主体与客体的辩证统一。认为价值的本质是实践中主体和客体的双向对象化关系。一方面,客体的属性或功能满足主体的需要,改变了主体的实践能力;另一方面,主体的属性(实践能力)维持了客体的生存状态,改变了客体的属性。尽管这两种对象化在实践中同时进行,很难分开,但从逻辑上看,第二个方面发生在先,是实现第一个方面的支持性条件,我们称之为"手段性价值关系";第一个方面发生在后,是第二个过程的结果逻辑的延伸,是实践活动的根本目的,我们称之为"目的性价值关系"。价值正是"手段性价值关系"与"目的性价值关系"的和谐统一。①

从教育价值论角度来界定教育,教育是社会与个人在精神和物质价值方面的投入产出的劳动实践活动,是一种创价活动。教育创价活动的主体是社会、个人及参与其中的教师,对象是个人身心发展,活动的条件是个人与社会的物质和精神价值的输入,活动结果是承载于受教育者身心上的物质和精神价值产

---

① 雷鸣强:《论"教育的价值"与"对教育的价值"》,《江苏高教》1995年第3期,第8页。

出以及个人与社会的物质和精神满足。产出价值和输入价值的差额即教育所创造的新增价值,它根源于社会、个人和教师的教育劳动。如果把教育理解为一种价值创造和实现的活动,那么"教育价值"主要指"教育创价"过程中的主客价值关系或主体间性价值关系。人们对教育的价值分类有多种:根据教育价值的本质杜威把教育的价值分为工具价值、内在价值、目的价值和手段价值;根据教育的层次和在社会中发生作用的程度,教育价值被分为主导价值和非主导价值;根据教育收益主体对象的不同,教育价值被分为个人价值和社会价值。无论如何划分,教育本身同时具有不可分离的社会价值和个人价值。教育活动就是同时满足社会和个人文化发展的需要,经济增长的需要,政治地位的需要和科学发展的需要。

对外教育的交流历史源远流长,随着全球化的发展,具有实质意义的教育国际化经历了三次浪潮。第一次浪潮是在19世纪,伴随着第一次科技革命人类进入机器时代,以及第二次科技革命人类进入电力时代,其间产生的科学技术也随之向全世界传播,欧洲的大学教育逐渐和社会生产实践相结合,欧洲各国大学教育在教育模式与教学内容等方面呈现趋同化。第二次浪潮是在20世纪后半叶,以原子能、电子计算机和空间技术的广泛应用为主要标志的第三次科技革命促进了全球化的发展,各国教育交流与合作增多,各国教育的普遍性也日益增加,教育国际化逐步成为各国的战略目标之一。第三次浪潮是在20世纪90年代以来,随着经济全球化的不断发展,国际化人才的需求量增加,发达国家和地区率先投入教育国际化浪潮,不少发展中国家也积极参与其中。此外,20世纪90年代以来,随着世界经济、政治、科技与教育领域发生的变化,教育交流平台的价值取向也随之而变。可以这样说,"一部教育发展的历史,就是一部教育价值选择、价值追求的历史"[①]。不同国家之间利益的争夺实际上是利益博弈的过程。

(一)政治价值

教育国际交流的政治价值就是教育输出国通过吸引海外留学生、到教育输入国合作办学或独资办学、教育文化交流等一系列的教育政策,宣传自己的主

---

① 季海菊:《多元化背景下现代教育价值取向的哲学思考》,《南京社会科学》2007年第12期,第124—129页。

流意识形态,培养受教育者的政治意识、价值观念,使社会群体自觉地为国家既定的政治目标而奋斗,从而增强本国国民的凝聚力,改变和调试他国的政治结构及社会结构。从历史上看,国际间的教育与文化合作是以政治合作为基础的,因而,从一定意义上可以说,教育国际交流与合作是国际政治合作的一种形式。在实践中,一项具体的教育国际交流活动看起来或许并不带有明显的政治色彩,然而,合作各方政治上的考虑总是直接或间接地体现于每一教育国际交流活动之中。教育国际交流的出现尽管有其客观必然性,但作为较高级的、复杂的国际交流与合作形式,教育的国际交流并不是自发形成的,而是某种特定政策的产物,带有浓厚的政治色彩和相应的政治内容。

一些西方国家把高等教育国际化作为外交政策的补充和延续,不断传播和灌输本国的政治价值观和意识形态,实施文化软权利的侵略;某些极端的国外宗教势力也借机推行各种宗教渗透活动。[1] 因而,一个国家的对外文教政策一般来说总是整个外交政策的重要组成部分,在国际政治关系中扮演着极为重要的角色。一是国际教育交流合作平台可作为实现国家外交目标辅助手段之一。世界各国政府一般都设有专门负责处理本国对外文化事务的机构,世界上几个主要的文化大国也都有其明确的对外文化战略和相应的对外文教政策。我国教育的国际交流绝大多数是通过官方协定形成或受到官方各种方式的控制。许多民间机构承担或执行官方的各种一般或特殊的对外交流与合作计划,有许多看来是纯粹的民间教育国际交流与合作项目,事实上具有特定的官方背景。另有许多政府不便出面的教育国际交流项目是通过国际多边组织或民间组织实施的。国际教育交流合作平台可将国际交流项目的目标、内容、形式、组织管理等作为实现外交目标的一种手段或工具,潜移默化地影响对方。二是国际教育交流合作平台可作为实现国家或地区利益的筹码之一。在国际开发委员会报告书的开篇,当谈到为什么要援助时,皮尔逊说,"道义上的答案:富者与贫者共同分享,这仅仅是应该的。但它肯定不是问题的全部。事实上它并不是国际开发援助所根据的主要基础。谋求自我利益,才是国际援助及援助政策的正当和有效的基础。最大可能地利用全世界的人力物力资源,只有通过国际合作才

---

① 金之亮等:《我国中外合作办学的基本现状与对策研究》,第七届全国教育政策分析高级研讨会论文,2005 年,上海。

能实现,它不仅有利于那些在经济上弱小的国家,同时也有利于那些强大而富有的国家"①。皮尔逊的这段论述,虽然是针对国际援助来讲的,但它却深刻地揭示了国际合作中最为本质的东西——双方都在谋求自身的利益,都从合作中得到好处。援助项目如此,其他类型的国际合作项目更是如此。没有这种内在的动力,就没有国际交流与合作。建设云南省国际教育交流合作平台,是为了从云南实际出发,利用一切可以利用的人力、物力、财力为云南乃至我国社会主义现代化建设服务。三是国际教育交流合作平台可作为培养国际精英人才的途径之一。教育是国家发展过程中的关键因素。这是因为教育不仅仅可以促进财富的创造、衡量现代化和调动学术专业活动,而更为重要的是,教育通过促进政治参与、支持政党、培养精英人才等方式来推动价值观的形成,从而成为国际实力关系的催化剂。② 汉密尔顿(Hamilton E.)在谈到美国教育国际交流时特别强调:"美国从国际教育交流中所获得的最大的好处是美国培养了源源不断的未来的外国领导人,他们活跃在外交政策和国家安全领域。这是美国外交政策中被最低估的财富。"③如至 2005 年年底中国已向非洲 50 个国家的 1.9 万人次提供政府奖学金。曾经受到中国培养的非洲留学生中有的已担任所在国的议长、部长等职务,有的从事中非经贸交流工作,为促进中非友好关系深入发展发挥着重要作用。④

(二)文化价值

虽然我们生活在一个全球化日益发展的时代,但是这个世界的特征还是一个有不同的多元化组织的时代,而不是千篇一律的重复的时代。⑤ 全球化是西方资本主义国家维护自己的霸权地位而强化的一种趋势,对大多数国家来说全球化是一个被动与被迫的过程。在教育全球化的进程中,一些欧美国家为了维护、加强自己的政治利益,把一些隐性的政治目的通过各种教育交流和教育援

① [加拿大]莱斯特·B.皮尔逊等:《开发援助中的伙伴关系——国际开发委员会报告书》,商务印书馆 1975 年版,第 13—14 页。

② 陈昌升:《亨廷顿:保守的自由主义者》,《书屋》2002 年第 12 期,第 64—68 页。

③ Hamilton E., "International educational exchanges:The best defense", *Black Issues in Higher Education*, V01. 20. No. 3, March 27,2003, p. 34.

④ 《人民日报》2006 年 9 月 21 日。

⑤ Hannerz, U. (1990), "Cosmopolitans and locals in world culture", *Theory, Culture and Society*, 1990, 237. p. 251.

助的方式输送到目标国家;将西方资本主义的人生观、道德观、价值观渗透到第三世界国家的文化中去,以求达到文化扩张,实现文化殖民主义和文化霸权主义的目的。可以看出,教育全球化既可能是赶超发达国家的大好时机,也可能是被文化殖民的陷阱。

从国家安全和民族生存的立场看待教育全球化的趋势是非常有必要的。一是遵循多元一体的文化价值观。世界的多元文化是不可避免的,文化特性和差异较少会发生变化,文化不会像政治和经济那样容易为利益而妥协或者被轻易改变。"多元"是指各兄弟民族各有其起源、形成、发展的历史,文化、社会也各具特点,从而区别于其他民族;"一体"是指各民族的发展相互关联,相互补充,相互依存,与整体有不可分割的内在联系和共同的民族利益。文化,尤其是共同文化很明显地推动了中国大陆,中国香港、澳门特别行政区,中国台湾以及新加坡,还有其他亚洲国家华人团体经济的迅速扩张。随着冷战的结束,文化共性越来越战胜了意识形态的差异。如果文化共性是经济融合的前提条件,那么将来最重要的东亚经济集团很可能是以中国为中心的。而实际上,正如默瑞·韦登鲍姆(Murray Weidenbaum)所说:"这个经济集团已经存在。"二是通过教育交流平台实现"文化的对话"①。"文化的对话"首先是建立在对世界差异和多元性的认可的基础上。人们对事物的不同看法和不同的价值观不仅存在于所在的同一种文化中,也存在于不同的文化里。"对话"就是希望从那些与我们思维方式不同的人身上学习和了解对世界的不同看法。最有效的"对话"就是抱着鼓励和尊重对世界有不同看法的态度来进行互动沟通。这种互动交流强调自我认识和世界观的深化和拓展。对话交流需要一个过程,"文化的对话"鼓励参与者清楚地定义自身的文化身份,然后再进行跨身份的沟通。在一个全球化不断发展、彼此日益依赖的世界里,不可避免地会遇到文化差异。对于国家、团体和个人来说,是否能够融入一个彼此宽容和相互尊重的"文化的对话"中至关重要。在这样的背景下,教育国际交流在当今世界发挥了非常重要的作用。国际学生的流动,国际竞赛的参与和切磋,教育研究机构国际间的合作,教育国际会议和展览,教育界官员的互访,海外分校和合作办学的建立等国际交

① "Intercultural Learning & Dialogue, International Association of Universities", http://www.docin.com/p-657984816.html,2015-1-6.

流活动必然会深化和加强"文化的对话"。三是通过教育交流平台进行文化传播。通过教育交流以实现文化传播,教育输出国和教育输入国对此都有明确的认识。正是看到了教育与文化交流的巨大价值,西方很多国家对教育国际交流表现出了不同寻常的兴趣。云南"桥头堡"战略的实施,在一定意义上是我国向南亚、东南亚、西亚及非洲东部等广大区域开放的文化战略延伸。在此过程中,一方面既要抵御西方文化的渗透,也要积极吸收世界各国的优秀文化成果,弘扬中华民族的优秀文化,使中华民族5000年优秀的思想文化资源能更快、更多地走向世界,如大力支持孔子学院的发展等。另一方面为了应对"中国威胁论"的诋毁和攻击,需要同其他国家,特别是中国的周边国家进行多方面的沟通。在19世纪中叶,因中国政治经济的沦落,只能被迫接受文化入侵,但那个时代已经结束。当前的中国从历史与现实的实际出发,进行着一种新的和谐文化的选择,这是21世纪中国持续发展的保证。新的文化选择将使中国在"桥头堡"战略中,不仅保持国内社会发展和谐、稳定,而且始终同周边国家和地区,以及其他国家和地区,也保持良性的互动。

(三)经济价值

早在1776年,亚当·斯密就在《国富论》中提出劳动者的技能是经济发展中的主导力量,并且大胆地指出"国家居民的所有后天培养的和与生俱来的能力都是国家财产的一部分"①。海瑞·约翰逊(Harry Johnson)教授提出,"劳动者可以成为资本家,但并不是通过拥有企业股份的传统方式,而是由于他们掌握了具有经济价值的知识和技能"②。舒尔兹在1963年发表的著作中首次对教育利益进行了分类,尤其指出,教育中积累的社会利益是经济增长的源泉,并且指出公立大学和私立大学研究功能给社会带来的利益会推动经济发展。他说:"教育机构发现和培养人类的潜能,并且增加人们对与经济成长有关的就业机会变化的适应能力。"③从20世纪90年代初期开始,各国普遍意识到,在未来任何社会的经济发展都越来越依靠知识和创新,而不仅仅是依靠物质资料的生产。人才的竞争,人才培养,国家智力资源潜能的最大化,这些新趋势将会赋予

---

① Cohn,E. & Geske,G. ,*The economics of education 3rd Edition*,Thomson Learning Ine. P14.

② Johnson,H. ,"The Political Economy of Opulence",*Can. Jour. Econ. And Pol. Sci.* ,Nov. 1960,26,pp. 52 – 64.

③ Schultz,T. W. ,*The Economic Value of Education*,New York:Columbia University Press 1963,p. 40.

经济"附加值"新的定义。如美国在第二次世界大战之后的迅速崛起,不仅仅在经济上一跃成为世界超级强国,也在政治上成为全球领导中心。在这一时期,美国政治家连续作出决策,将美国的意识形态通过国际组织、国际合作推向全球。如果说第二次世界大战前的美国的教育发展是集中在北美大陆的大陆战略,那么到了第二次世界大战之后,美国教育随着美国政策的全球扩张,开始了全球发展的新时代。以后的事实证明,美国教育国际交流的发展突破了政治的界线,突进到科技、文化、思想等多个领域,它不仅给教育交流国,更给美国在 20世纪后 50 年间的综合国力的增长带来意外的收获。[①]

随着世界经济活动超越国界的经济全球化时代的到来,跨国公司的成立、发展已经成为普遍现象。在 2001 年,全球共有跨国公司 6.5 万家,分支机构 85万家,在世界各地的直接投资达到 6.6 亿美元。这些跨国公司编织了庞大的贸易、投资、金融、生产等活动网络,推动着人才、资本、技术、服务与信息的跨国界流动。经济全球化对国际化人才提出了要求,促使各国大学在培养学生的过程中更多地考虑人才国际标准。此外,经济全球化浪潮也促进着各个国家经济的发展,随着各国居民生活水平的提高,他们的教育需求也由国内扩大到包括出国留学在内的国际需求。这一需求带动了各国教育的进出口服务,同时,经济的发展也为教育的交流与合作提供了物质基础。

(四)教育价值

教育的重要意义在于普及大众。一个国家的国民生产总值总是与其国民所获的教育水平成正比,这点在发达国家表现尤为突出。现代化经济所需的教育有着更为实际的用途,那就是把劳动者武装成能够适应激烈竞争的 21 世纪的建设者:摆脱只对事物进行理论分析和理解的局限,要有实际能力,能解决问题,提出新观点,能在复杂的全球经济形势中灵活应变。国际教育交流合作平台的建成与运行有利于培养具有国际视野的国家公民。教育是提升民族素质的基础,对振兴社会经济发挥着重要的作用。同时教育关系千家万户的直接利益,引起政治家的高度重视,也更是西方各派角逐的重要领域。教育国际交流成为人才培养模式的新趋势,以适应多元化全球化的世界格局。1996 年,国际21 世纪教育委员会教科文组织提交的报告《教育——财富蕴藏其中》中,提出了

---

① 李敏:《教育国际交流:挑战与应答》,华东师范大学博士学位论文,2008 年,第 40—42 页。

"四个学会"①的思想,为了实现人的全面发展,教育必须围绕四种基本的学习过程来重新设计,即(1)学会认知(learning to know),"知"在这里是指广义上的"认识",这种认识的对象包括人类自身及其主观世界,也包括自然、社会的外部世界。学会认知就是"学会学习"本身,即学会掌握认识(即"知")的工具,掌握终身不断学习的工具(包括演绎、归纳、分析、组织知识的工具),学会收集信息、处理信息、选择信息、管理信息,同时学会掌握应用知识于有意义的实践的手段。学会认知,要有强烈的学习动机,有探求未知的热情,有实事求是的科学态度,有科学的人文精神,掌握举一反三的科学方法,掌握认知世界的工具。(2)学会做事(learning to do),与学会认知不可分割地联系在一起。两者可以说是"知"与"行"的关系。如果说前者的目的在于认识世界(包括人自身的主观世界和社会的自然客观世界),那么,后者则旨在改造世界。与"知"(know)一样,"行"(do)也是一个有丰富内涵的多义词。传统意义上的"学做",更多地与通过职业技术训练养成劳动技能联系在一起,与应用在学校所学知识于解决问题、完成任务联系在一起。学会做事,是指学会在一定的环境中工作,学会应用所学知识,学会职业技能,以适应未来工作。(3)学会共同生活(learning to live together),经济全球化将成为21世纪的重要特征,在人与人之间、民族与民族之间、国家与国家之间互相依存程度越来越高的时代,学会共处是一个十分重要的命题,有着深刻的内涵。学会共处,首先要了解自身,发现他人,尊重他人。学会共处,就要学会关心(to care),学会分享(to share),学会合作(to work with others)。学会共处,就要学会平等对话,互相交流。学会共处,不只是学习一种社会关系,它也意味着人和自然和谐相处。(4)学会做人(learning to be),学会做人是建立在前三种学习基础之上的一种基本进程,是教育和学习的根本目标。"to be"的原意是"to be human","to be a complete man",即"成为(真正意义上的)人","成为完整的人"。学会做人在这里超越了单纯的道德、伦理意义上的"做人",而包括了适合个人和社会需要的情感、精神、交际、亲和、合作、审美、体能、想象、创造、独立判断、批评精神等方面相对全面而充分的发展。同传统教育相比,"四个学会"思想在人才培养目标和人才培养方式方面有了本质的变化。

---

① 联合国教科文组织编:《教育——财富蕴藏其中》,教育科学出版社2004年版,第76—87页。

　　国际教育交流合作平台的建成与运行有助于改善人才培养模式,提高人才培养质量。国际学生和学者项目不仅仅是服务,而且因为教育体系无法适应文化差异所带来的复杂问题,国际学生和学者项目更多的是通过文化之间的交流,知识的转化,了解文化作为独立或依存的变量,跨文化效果和适应过程,了解国家发展中教育的作用等方式,积累国际政治关系的知识和经验。教育国际交流还可引进先进的教育管理理论与技术,提高管理水平。教育界结合国情、地方情况学习、引进了国外一些先进的教育交流合作理论和方法、技术,并通过国外留学、国内培训和项目实施,培养、造就了一大批教育交流合作的管理人员和教育交流合作的研究人员,取得了大量研究成果,有效地提高了教育交流管理和教育交流合作研究队伍的素质,提高了教育交流合作水平。

　　此外,关税及贸易总协定(General Agreement on Tariffs and Trade,GATT)、世界贸易组织(The World Trade Organization,WTO)在推进多边自由贸易的同时,也以非歧视原则、公平性原则、透明度等原则推动着包括教育服务在内的服务贸易的发展,各个成员国教育市场的相互开放也成为一种趋势,一个国际性的教育大市场正在逐渐形成。中国教育既面临前所未有的挑战,同时也面临着前所未有的发展机遇,面向全世界开拓教育市场,是教育产业化发展的必要趋势。

第二章 "桥头堡"战略中云南省教育国际交流与合作平台建设的形势与现状

2009 年 7 月,胡锦涛同志在视察云南时,站在调整完善中国对外开放总体战略格局的高度,提出了"使云南成为中国面向西南开放的重要桥头堡"的重大部署。这是用国际视野、战略思维分析和把握当代世界和平与发展主题和地区发展的态势而形成的科学判断,有着坚实的理论基础;是对云南省多年来致力于建设绿色经济强省、民族文化强省和连接东南亚、南亚的国际大通道的充分肯定与进一步提升;是对南方丝绸之路、郑和七下西洋传播的友谊和文明以及云南各族人民与东南亚、南亚各国人民世代友好往来、和睦相处、与邻为善传统的延续和光大。2009 年 12 月,云南省委八届八次全会正式明确提出建设云南"桥头堡"的"两强一堡"战略。

2011 年 3 月,国家"十二五"规划纲要草案提出:"发挥沿边优势,制定和实行特殊开放政策,加快重点口岸、边境城市、边境(跨境)经济合作区和重点开发开放试验区建设,加强基础设施与周边国家的互联互通,发展面向周边的特色外向型产业群和产业基地,把黑龙江、吉林、辽宁、内蒙古建成向东北亚开放的重要枢纽,把新疆建成向西开放的重要门户,把广西建成与东盟合作的新高地,把云南建成向西南开放的重要桥头堡,不断提升沿边地区对外开放的水平。"① "把云南建成向西南开放的桥头堡"战略被列入了《国家规划纲要》。2011 年 5

---

① 《"十二五"规划纲要》(全文),http://www. china. com. cn/policy/txt/2011 – 03/16/content_22156007_13. htm,2015 – 3 – 1。

月 6 日,"国务院关于支持云南省加快建设面向西南开放重要桥头堡的意见"由国务院批准并正式出台。该意见对云南省"桥头堡"的建设提出了五个方面的战略定位,即"我国向西南开放的重要门户";"我国沿边开放的试验区和西部地区实施'走出去'战略的先行区";"西部地区重要的外向型特色优势产业基地";"我国重要的生物多样性宝库和西南生态安全屏障";"我国民族团结进步、边疆繁荣稳定的示范区"。从基础设施的建设、产业体系的完善、开放型经济的发展、对外交流与合作、城乡居民收入等多个方面确立了云南省 2015 年及 2020 年的发展目标,明确了加强基础设施的建设,促进支撑保障能力的提高;依托省内的重点城市和省内外的通道,优化云南地区的发展布局;加强与南亚、东南亚经济、贸易的交流与合作,全面提升云南省的开放水平;立足云南省的资源与区位优势,积极建设多元化的外向型特色产业基地;加强环境保护、生态建设,以实现可持续的发展;大力发展云南的社会事业,切实保障与改善民生;加快脱贫致富的步伐,建设稳定繁荣的边疆七个方面的主要任务和工作重点。从人才和体制机制改革、财税、金融、投资与产业、土地、价格和生态补偿等方面提出了一系列支持"桥头堡"建设的政策措施。[①] 这些进展都充分说明,云南的经济发展已经从实施西部大开发、建设国际大通道、中国泛珠三角区域合作等区域政策提升到国家战略的层面。2011 年 5 月,云南省在德宏州的瑞丽边境贸易区召开了"加快建设面向西南开放重要桥头堡"的动员大会,会议提出,要切实增强使命感、责任感与紧迫感,倍加珍惜难得的历史机遇,倍加珍惜良好的发展势头,以"桥头堡"的建设为契机,努力推进云南省的全面发展。

2011 年 11 月 25 日,中共云南省第九次党的代表大会召开,此次会议全面提出了加快建设"面向西南开放重要桥头堡"的宏伟目标。"桥头堡"建设对于云南来说,是提升对外开放水平和实现经济跨越发展的重要机遇。随着面向西南开放重要"桥头堡"建设的加快,到 2020 年,内联中国西南和中、东腹地,外接东南亚、南亚和印度洋的国际大通道将基本建成,云南将形成外向型和特色优势产业体系,成为对外交流与合作和带动周边地区发展的强力引擎。

云南"东连黔桂通沿海,北经川渝进中原,南下越老达泰新,西接缅甸连印

---

① 《国务院关于支持云南省加快建设面向西南开放重要桥头堡的意见》,http://www.gov.cn/zwgk/2011-11/03/content_1985444.htm,2015-3-1。

巴",是中国唯一可同时与"三亚"(东亚、东南亚、南亚)、"两洋"(太平洋、印度洋)相通相连的关键省份。云南独特的地缘关系、历史积淀与现实,赋予了云南省"桥头堡"建设得天独厚的优势。翻看历史的版图,可以看到,云南与东南亚、南亚各国山水相连,经贸、文化往来历史悠久,许多民族跨境而居。古"南方丝绸之路"、茶马古道、滇缅公路、驼峰航线等的开通,使云南客观上已经成为中国通向东南亚、南亚、非洲、欧美的"桥头堡"。改革开放后,国家发展战略向沿海偏移,云南成为改革开放的末梢,社会经济发展落后于东部沿海地区。跨越"十二五",迈向"十三五",建设我国面向西南开放的重要"桥头堡",再次历史性地将云南从我国对外开放的"末梢"推向"前沿"。

一、"桥头堡"战略的提出①

中国过去是一个封闭的边缘大国,经过三十多年的改革开放,现在还只能是一个有世界影响的地区性大国。根据邓小平"三步走"的战略设想,中国已经提前走完了前两步,实现了从"温饱"到"小康"的飞跃,目前正在为实现第三步战略设想而努力,即到新中国成立100周年时,基本实现现代化,达到中等发达国家的水平,建成富强、民主、文明的社会主义现代化国家,实现中华民族的伟大复兴。这一过程同时也是中国崛起的过程。这一奋斗目标能否顺利实现,一方面将取决于中国人民的艰苦奋斗,另一方面则与国际环境特别是中国所采取的战略密切相关。中国要崛起,必须完成向地区性强国和世界大国的跨越。"桥头堡"战略标志着我国治国理论和对外政策的重大战略思想已趋于成熟。它既是一个学术问题,也是一个牵涉面广、影响深远的实践问题。

(一)战略的内涵及意义

"战略"(strategy)一词最早是军事方面的概念。在中国,"战略"一词历史久远,"战"指战争,"略"指谋略。春秋时期孙武的《孙子兵法》被认为是中国最早对战略进行全局筹划的著作。战略是在既知彼(竞争对手等环境因素)又知己的情况下制定和推行的,是长远的、全局性的计划和任务。战略作为一种人为的谋划行为,体现出非常显著的主观意志,虽然这种主观意志会受制于客观

---

① 王崇理:《"桥头堡"建设的战略背景》,http://wenku.baidu.com/view/336810eb0975f46526d3e100.html,2012-10-30。

环境条件的制约,但它往往也构成转变客观环境条件的重要因素,因而,当今社会所面临的所有形势环境都充满了人为意志的显著痕迹。能称得上战略背景的,主要是指那些可以影响全局重大战略利益得失的意志和行为。从国家的角度来看,它们大多关乎国家安危、民族存亡、经济命脉、根本体制方面的重大核心利益问题。因此,战略本质上是一个博弈的过程。它不是一个单方面的意志行动,而是针对不同的对象而在不同的战略主体之间展开的一场投棋布子、排兵布阵的竞技博弈。战略作为一个博弈的过程,会涉及不同战略主体之间的力量对比问题,因而这个博弈本身也是一个战略力量投入的实力较量的过程。而这种战略实力又是一个综合性的概念,主要包括政治、经济、军事、科技、教育、文化、外交等方面拥有的实力状况及其综合运用,这种实力可划分为软实力和硬实力。"桥头堡"建设作为一个国家级的重大战略举措,本身是一个关乎这个国家内政外交战略利益的问题,要考察它的战略背景,就必须从国内外相关局势的发展变化来进行说明。

(二)国内形势发展的战略背景

1. 国家经济的发展

改革开放三十多年来,中国十分注重面向太平洋的东部开放战略,但随着我国的日益强大,美国和周边一些国家开始对我国形成包围态势,企图遏制我国发展。随着我国国际贸易规模的日益扩大和贸易结构的不断优化,需要不断拓展国际市场空间,扩大向西南的开放,面向印度洋沿岸国家的开放已成为中国全方位对外开放的重要组成部分。而中国周边的东南亚及南亚国家普遍处于发展中或发展落后状态,也需要与中国进行更多维度的经贸往来。首先,"桥头堡"战略的经济意义表现在对云南的产业结构进行调整和升级,从而促进云南较好较快发展。2010 年云南省 GDP 完成 7220.14 亿元,第一、二、三产业增加值分别为 1105.81 亿元、3223.93 亿元和 2890.4 亿元,三次产业结构由上年的 17.3∶41.9∶40.8 调整为 15.3∶44.7∶40.0。据国家统计局数据显示,2010 年我国 GDP 实现 397983 亿元,其中第一、二、三产业增加值占 GDP 的比重分别为 10.2%、46.8% 和 43.0% 。根据"配弟—克拉克定理"①,第一产业比重在 10%

---

① 产业结构理论中,"配弟—克拉克定理"表述为:随着经济的发展,第一次产业国民收入和劳动力的相对比重逐渐下降;第二次产业国民收入和劳动力的相对比重上升,经济进一步发展,第三次产业国民收入和劳动力的相对比重也开始上升。

以内,第二产业的比重转为相对稳定或有所下降,第三产业比重上升或者相对稳定,则该国处于工业化后期阶段。我国整体产业结构已逐渐接近工业化后期阶段,云南与全国经济发展水平及产业结构状况相比,产业结构存在不合理性及低效性,导致整体经济发展水平不高。拥有铅、锌、铊等矿产资源的云南以有色金属开采和冶金业为主,而东南亚、南亚等众多国家也是矿产资源丰富的地区,但由于其综合实力不足,资金缺乏,人才技术落后,许多资源未得到合理开采和利用。云南在"桥头堡"战略的支持下,可获得国家资金扶持,利用云南区位优势,打通面向东南亚及南亚的国际通道,从而吸引中国东部发达地区的资金、人才和技术,承担国外尤其是欧洲发达工业国家的产业转移,引进易于形成产业链、高附加值及创新能力强的高科技项目。与此同时,云南为我国开辟了一条新的西向贸易通道,为我国其他各省区与沿线国家的全面合作提供了一个新的发展平台。借助政策和平台优势,云南可不断吸纳国内外的先进技术和人才,对当地产业进行更新换代,活跃中高端人才市场,利用东南亚及南亚两个市场进行技术开发合作。其次,"桥头堡"战略的经济意义还表现在与东南亚及南亚区域的经济合作可辐射周边经济,可促进我国与周边国家的互利合作。云南省位于我国西南边陲,与国内的经贸往来存在交通不便和成本过高等缺陷,但它与东南亚及南亚地区接壤的地理优势为云南对外贸易的发展奠定了良好的基础。最后,"桥头堡"战略的经济意义表现在有利于带动我国经贸发展,维护国家经济安全。东南亚及南亚一些国家拥有丰富的自然资源和廉价的劳动力,如老挝和尼泊尔;有些已拥有相对成熟的工业基础,如泰国和印度。云南"桥头堡"战略的实施,将这些地区通过多种合作机制紧密联系起来,一方面可发挥云南地区的经济优势,另一方面可在经贸合作中引进高新科技产业来弥补自身不足。①

　　中国自改革开放以来出现了一个让全世界惊叹的持续增长奇迹,从1978年到现在的三十多年中一直以接近10%的平均速度增长,而且在遭遇了几次大的外部经济危机和内部自然灾害之后都没有停止高增长的步伐。国际货币基金组织2014年4月8日公布了2013年世界各国GDP排名,数据显示,2013年全球GDP总量达到73.98万亿美元,美国2013年GDP为16.7680万亿美元,

　　①　赵畅:《浅析中国云南"桥头堡"战略的现实意义》,《对外经贸》2012年第4期,第9—10页。

位居第一;中国 GDP 为 9.4906 万亿美元,位居第二;日本 GDP 为 4.9196 万亿美元,位居第三;排名第四到第十的国家分别为德国、法国、英国、巴西、俄罗斯、意大利和印度。① 中国作为世界第一的人口大国在短时期内的快速崛起,势必也会使很多情况出现相应的变化。其中的一个重大区别就是,原来是由少数人口的资本主义发达国家面对世界发展中国家的大多数人口及其资源,现在则是由拥有庞大人口规模的发展中国家的崛起,包括中国、印度、巴西等国经济的快速增长来面对同一个全球资源环境条件日趋严峻的世界。一方面是增长及消费能力的迅速扩大,另一方面是由少数发达国家及跨国公司对资源垄断控制的进一步加强而导致的供给萎缩,这必然会导致更加激烈的国际竞争。这是一场生存与发展的平等权利与资本主义垄断利润之间的竞争。国际资本为了维护其垄断利益,往往不惜动用武力发动战争,但这种惯用伎俩在新兴市场国家和平崛起之后也变得越来越难以奏效了。中国经济高速增长带来的巨大资源需求和产品市场需求,都必然会超越本国的范围。资源供给的国际化程度不断提高,进一步加大了对运送资源贸易通道的依赖。其中,最为关键的而且也是原来最为薄弱的一个地区就是印度洋国际通道。总之,为了确保我国经济增长的资源供给,需要从两个方面来采取措施,一个是加强对内开发,另一个是加强对外开放,以求在对内、对外开拓的两个市场中获取两种资源。

2. 非传统安全的要求

在中国古代和现代汉语中,"安全"有两层含义。一是根据《现代汉语辞海》的解释,"安全"一词主要是指没有危险,没有意外事故,没有外来威胁等。其反义词是危险。"安"具有平安、安定、安全之意,与"危"相对应。"全"具有完备、齐全、完全之意。《左传·襄公十一年》有"居安思危,思则有备,有备无患",《易·系辞下》有"是故君子安而不忘危,存而不忘亡,治而不忘乱,是以身安而国家可保也",其中的"安"和"危"就是这个意思。二是具有保全、保护之意。② 《现代汉语词典》中"安"的第二个解释就是使安定,安民,安神。从国家安全意义上讲,《国策·齐策六》中"今国已定,而社稷已安矣",《荀子·王霸》中"国安则无忧民"所讲之"安"即包含了现代汉语国家安全的意思。英语中,

① 数据来源:世界银行官方网站。
② 丁建伟、赵波:《近代以来中国西北边疆安全问题研究》,民族出版社 2006 年版。

和汉语"安全"一词所对应的是"Safety"和"Security"两个词。与国际政治语境中国家安全相联系的"安全"一词是"Security",表示一种没有危险、恐惧、不确定状态,免于担忧和危险的状态和感觉,即免于怀疑和不确定。在国家安全语境中,该词有两方面含义,一方面将安全视为一种状态和感觉,即个人或某个事物的安全应处在他们的生存和根本利益免于危险威胁和恐惧的情况和状态下,即客观上不存在威胁,主观上不存在恐惧。另一方面则指对获得安全的有效维护和保障,即为保障安全所采取的措施和设立的专门安全机构和体系。[①] 安全这个概念虽也处在不断的调整变动之中,但可将安全定义为使个人、社会、国家、人类处于和正处于内部的无危险和外部的无威胁的状态。安全可分为传统安全与非传统安全,传统安全就是指传统意义上以政治安全、军事安全为主要内容的安全问题,主要涉及国家主权、领土完成、政权稳定、边界纠纷、意识形态等安全中的核心问题,它涉及政治、军事、外交、情报等领域。就国际政治关系而言,非传统安全就是以人为中心,个人、社会、国家、人类社会处于非军事政治因素无威胁无危险的状态,具有跨国性、不可预测性、转化性、动态性、主权性、协调性的特点。[②]

国际教育交流合作平台的建设发挥着重要功能。一是有助于开创次国家政府外交的新局面,为当前我国外交带来新思路。随着我国国际地位的不断上升,中国的外交政策日益成为牵动整个国际格局变化的重要因素之一,我国外交在维护国家主权和领土完整、捍卫民族尊严和利益方面功不可没。目前,国家利益的重心开始由传统安全问题转向经济、文化、社会和环境等领域。非传统性的安全问题关系国家安全,同时也不再是暴力、战争所能解决的。因此,国家作为传统意义上的主权代表在国际上的作用已初现局限性,而各国地方政府在与外界进行经济、文化、教育、环境等多维度的交往中逐渐发挥作用。云南地方政府利用优越的地理位置条件,灵活、便捷地开展对外交往,能够更切实际地与中央政府交换信息和意见,为我国外交打开新思路。二是有利于维护我国周边地区的和平稳定,为我国和平发展创造良好周边环境。以越南为例,中越关系从1991年正常化至今,双边关系整体发展良好。近年来,越南逐渐加入到中

---

① 丁建伟:《地缘政治中的西北边疆安全》,民族出版社2004年版,第55页。
② 李正元:《非传统安全定义辨析》,《塔里木大学学报》2009年第3期,第45—48页。

国南海问题的争端中,中越关系出现僵局。云南与越南山水相连,拥有 1353 千米的边界线,在云南"桥头堡"战略背景下,越南将是云南对东南亚开放新的战略重点。云南与越南在经贸、农业、文化等方面有很强的互补性和合作性。滇越近 10 年的贸易平均增幅达到 27.01%,比全省对外贸易平均增幅高 1.95%。2009 年以来滇越贸易快速增长,到 2011 年贸易总额达 12 亿美元,中国现为越南第一大贸易伙伴。2004 年中越达成协议建立"两廊一圈",2009 年建立"中国红河—越南老街经济合作区",使得滇越跨境经济合作得到深入发展。越南经济发展缺乏足够的资金,工业技术相对我国落后,而我国云南在矿业开采、交通通信、轻纺工业等领域有适合越南的工业制造技术。云南与越南都是农业资源丰富的地区,具有低成本利用周边地区农业资源的区位优势。云南建立了完善的农业科研、技术推广和农业教育三大体系,农技队伍有一定规模,培养了大量农业技术性人才。云南可向越南输出已成熟的技术及设备,如 2007 年越南农业部正式下文批准中国"云光 14"杂交水稻在越南北部大面积推广种植,使其成为越南引进的 3 个不受进口配额限制的中国杂交水稻种子之一。因此,中越关系虽受到负面影响,但通过加强接壤地区经济、文化、旅游等方面的合作,增强了双方的政治互信和经济依存度,通过云南"桥头堡"战略开展与越南的交流合作,缓和了中越关系的紧张局面,促进了中越及周边邻近国家的经济发展,对创造中国周边和平稳定的发展环境既具有战略意义,又具有现实意义。

3. 进一步推进中国西部大开发

西部大开发是我国政府的一项政策,目的是"把东部沿海地区的剩余经济发展能力,用以提高西部地区的经济和社会发展水平、巩固国防"。西部地区自然资源丰富,市场潜力大,战略位置重要,但由于自然、历史、社会等原因,西部地区经济发展相对落后,人均国内生产总值仅相当于全国平均水平的 2/3,不到东部地区平均水平的 40%。东西部经济发展差距拉大促使中国在 1999 年年底作出了西部大开发的重大战略决策。加强对内开发包括东中部地区和东北老工业基地等多方面的开发,西部大开发也包含了多方面的目标。但推动西部加快发展步伐和缓解资源供给的"瓶颈"问题,仍然是一个根本性的战略取向。云南作为中国西南沿边的一个重要省区,既要在西部大开发中完成自身建设发展的繁重任务,又要以其特殊的区位为整个西部大开发作出重要的贡献,这就促使云南要以更加广阔的视野来谋划自身的发展。在这样的背景下,1999 年,云南省在"中国西部大开发云南行动计划"中首次明确提出"三大目标":"建设中国连接东南亚、南亚的国际大通道"、"绿色经济"和"民族文化的发展"。由此发端而演成的"桥头堡建设"和"两强一堡"战略的提出,更充分说明了中国西部大开发确实构成了云南"桥头堡"建设在国内最直接的战略背景。

4. 提升沿边开放

2007年,在党的十七大报告中,中央明确提出了要进一步"深化沿海开放、加快内地开放、提升沿边开放"的新要求。这一要求向我们发出了一个明确的信号:中国的开放可以根据地区的不同而分为三种不同的类型。这三种地区由于面临的地缘关系不同,面对的开放对象不同,因而其开放的目标、内容、形式也应当有所不同。就沿边开放而言,根据报告精神,其基本的方针是与邻为善、以邻为伴;基本的态度是睦邻友好、务实合作;基本的方式是开展区域合作;基本的目标是营造一个良好的周边和平环境。

西部的特点是沿边,西部周边面临的是一个更加广阔的市场和资源富集地,西部周边的中亚、西亚、南亚和东南亚地区,拥有比中国西部更加丰富的油气资源和其他矿产资源,中国的西部地区其实仅是这片广大的资源富集地的一个很有限的延伸而已。这就提出了一个新的问题:我国西部资源的开发,实际上还存在着一个怎样与西部周边国家的资源进行整合的问题。也就是说,存在着一个包括中国境内的西部和境外的西部在内的"大西部"的概念。因而就必须把我国境内的西部大开发与境外的西部大开发有效地整合在一起。或者从某种意义上说,我国西部大开发能否真正取得更大的成效,关键就在于如何启动对境外西部广大地区的开放与合作。因此,沿边开放和西向开放就成为我国西部大开发的一个必要的内容和必然趋势。在国家十二五规划纲要关于"加快沿边开放"一节中已经明确提出,"要把黑龙江、吉林、辽宁、内蒙古建成向东北亚开放的重要枢纽,把新疆建成向西开放的重要门户,把广西建成与东盟合作的新高地,把云南建成向西南开放的重要桥头堡"。由此可见,云南在国家沿边开放的全盘布局中已经可以独当一面了。这完全是因为云南占据同时面对东南亚和南亚及其连接部位的战略要冲位置,也就是在我国整个西部边境的对外连接中地理气候条件最好的区段,而且还具有良好的对外交往历史和现实工作基础,因而,云南被赋予了提升沿边开放、实现向西开放的独特使命,成为实施"桥头堡"战略的据点。

（三）国际局势的发展及其深刻变化

1. 西方世界的衰退与新兴市场国家的崛起矛盾凸显

以中国、印度等国家为代表的新兴市场国家在保持了二十至三十多年的持续发展之后已开始崭露头角，形成鲜明对比的是以 2008 年的华盛顿金融危机和 2010 年的欧洲债务危机为标志的整个西方世界经济开始走向低潮。落入下行轨道的西方国家无论怎样工于心计，都难以逆转下滑的颓势，迈入上行轨道的新兴发展中国家虽显示出较大的伸缩余地和弹性空间，并使受西方拖累的整个世界经济得以走向复苏，但也同样面临着较大的困难、挫折甚至失误。这是自冷战以后世界局势展现的一个最新基本特征，从而也构成了影响当今世界各种形势发展变化最根本的一个原因。云南的"桥头堡"建设所面临的是一种变化了的国际竞争局势。"桥头堡"已经越来越成为一个"明堡"，而不是一个"暗堡"，这就越来越需要采取一种更加公开化、规范化、国际化的策划、策略和策应，这也是一个不可回避的必然选择。

2. 国际形势总体趋势的发展变化及其影响

回望 20 世纪的世界发展历程不难发现，战争与革命一直是主导世界形势的两大基本特征。第二次世界大战结束后，人们开始深刻反思战争的起源与恶果，维护世界和平的力量迅速成长。20 世纪 80 年代中期以后，邓小平同志提出："对于总的国际局势，我的看法是，争取比较长期的和平是可能的，战争是可以避免的。"①他认为，国际社会在为反对霸权主义、反对战争威胁、争取世界和平而斗争时，还必须始终不渝地关注和解决人类的发展问题。1985 年 3 月，邓小平同志指出："现在世界上真正大的问题，带全球性的战略问题，一个是和平问题，一个是经济问题或者说发展问题。"②冷战结束后，世界形势发生重大变化，但霸权主义、强权政治和不公正不合理的国际经济秩序依然存在。邓小平同志通过冷静观察和思索，1992 年在南方谈话中特别指出："世界和平与发展这两大问题，至今一个也没有解决。"③党的十三大和十四大报告均依据邓小平同志的论断，将和平与发展概括为"当今世界"的"主题"和"两大主题"。2002 年，党的十六大报告不仅明确肯定"和平与发展仍是当今时代的主题"，而且进一步

---

① 邓小平：《邓小平文选》（第三卷），人民出版社 1993 年版，第 233 页。

② 中国外交部编写组：《邓小平外交思想学习纲要》，世界知识出版社 2000 年版，第 32 页。

③ 同上书，第 34 页。

对此作了比较详细的阐述:维护和平,促进发展,事关各国人民的福祉,是各国人民的共同愿望,也是不可阻挡的历史潮流。世界多极化和经济全球化趋势的发展,给世界的和平与发展带来了机遇和有利条件。新的世界大战在可预见的时期内打不起来。争取较长时期的和平国际环境和良好周边环境是可以实现的。[①] 和平与发展是世界的发展潮流。中国走和平发展的道路是和平与发展为主题的时代所决定的,也是在这一时代背景下进行的。同时,应根据国际形势的变化,不断丰富与调整和平与发展时代观的内涵。其一,全人类共同利益上升是和平与发展为主题的时代的一个重要特征。2003 年春夏之交一度猖獗的"非典型性肺炎"就是一个例子。我们应该顺应历史潮流,维护全人类共同利益。其二,合作安全是以和平与发展为主题的时代的一个重要原则。维护安全需要有新观念。中国一直在提倡树立以互信、互利、平等、协作为核心的新安全观,主张通过对话增进相互信任、通过合作促进共同安全。其三,维护世界多样性,提倡国际关系民主化和发展模式多样化,是和平与发展为主题的时代的一个重要目标。只有尊重世界的多样性,各个民族、各种文明才能和谐相处,相互学习,相互借鉴,相得益彰。世界上的不同文明、不同社会制度和发展道路应彼此尊重,在竞争比较中取长补短,在求同存异中共同发展。[②]

　　和平与发展为主题的时代是一个长期的过程,也是中国实施和平发展战略的大背景。新科技革命和经济全球化促进了各个地区相互依存的深度,科研成果转化为现实生产力的周期越来越短,技术更新速度日益加快,科技与经济、教育、文化、社会等的联系日益紧密。经济全球化的发展,使国家之间在经济上的相互依存度上升,共同利益增加。它们更加愿意通过对话、谈判等和平手段解决相互之间的矛盾和分歧。这在总体上有利于世界的和平与发展。大国关系的性质发生了深刻的变化,大国间共同利益不断增加,相互合作与协调利益的要求上升,它们之间已不互为敌手,以暴力手段解决争端的可能性大为降低。"零和"规则日益为"共赢"模式所取代。各大国在对付非传统安全威胁、解决地区热点和防止大规模杀伤性武器扩散等方面更加注重合作。地缘政治的重

---

　　① 江泽民:《在中国共产党第十六次全国代表大会上的报告》,《中国共产党第十六次全国代表大会文件汇编》,人民出版社 2002 年版,第 45 页。

　　② 夏立平:《和平与发展为主题的时代与建立和谐世界》,《同济大学学报》(社会科学版)2006 年第 2 期,第 84—85 页。

要性下降,地缘经济、国际机制协调的作用增强。同时世界多极化和国际关系民主化制约了霸权主义,广大中小国家和发展中国家成为推动国际关系民主化的主要力量。国际关系民主化潮流与世界多极化趋势相互呼应,成为制约美国"单极化"战略的有利因素。国际关系中的行为主体大大增加,除了国家之外,还有国际组织、跨国公司、非政府组织乃至个人,其活动领域不断扩大,在国际关系中的作用不断提升。各种类型、不同层次的国际合作机制空前活跃,如逐渐形成欧洲、美洲、东亚三大区域经济体。欧洲联盟现在的国内生产总值已与美国不相上下,它的继续东扩已是大势所趋。欧盟已在2003年组建欧洲快速反应部队。欧洲国家在防务上独立自主因素的发展将对欧洲未来的安全格局形成重大影响,这也是世界朝多极化发展的一个重要表现。1994年生效的北美自由贸易区虽然仅侧重于在美国、加拿大和墨西哥三国之间减免关税,在经济一体化五种形式中处于较低水平,但由于美国的政治影响和经济实力,该自由贸易区在世界上的影响不亚于欧洲一体化。而且,美洲国家正在进行关于成立美洲自由贸易区的谈判。东亚区域的经济一体化和安全合作进程虽然起步较晚,但发展势头强劲。1997年的金融危机使东亚各国深感加强地区经济合作和共同发展的必要性,东盟 +3(即 10 +3)机制、东盟 +1(即 10 +1)和东亚首脑会议机制的建立正是为了适应这种需要。"10 +3"机制将发展称为东亚区域合作的主渠道。这是冷战后东亚兴起和国际地位上升的重要表现,有利于东亚国家之间增进信任、加强合作。欧洲、美洲、东亚三大区域经济一体化和安全合作的发展是世界战略格局走向多极化的重要表现之一。①

云南"桥头堡"的建设虽然与经济全球化的发展趋势不无关系,因为包括云南在内的整个中国的开放发展都是在全球化背景下实现的,但从云南所处的沿边区位的角度以及面对周边国家的国际环境来看,它更多的是与国际区域经济合作的一体化发展趋势相关。如果要作一个简单的比方,我国沿海地区的开放与经济全球化的联系也许会更多一些,而沿边地区的开放则与区域化的关系会更加直接一些。根据过去对云南对外开放和"桥头堡"建设的研究,我们认为,广泛开展各种形式的区域合作,已经成为云南"桥头堡"建设的显著特征。云南

---

① 夏立平:《和平与发展为主题的时代与建立和谐世界》,《同济大学学报》(社会科学版)2006年第2期,第86—88页。

开放的主体形式和重要内容将是实现与周边国家广泛开展的区域经济合作。区域经济一体化实际上就是一种在区域连片地区的相关国家之间在特定区域范围内共同推动的联合开发与发展模式。伴随着世界经济与中国经济发展的需要,处于世纪交替之际的开放中国,已经逐步改变了原来那种很少与国际区域组织交往的态度,而是以更大的气魄和更强的自信,积极投入到国际区域合作的大潮中来。中国有 2.2 万千米的陆地边境线,将近 90% 已经划定。中国与 14 个国家接壤,是世界上陆地边界线最长、邻国最多的国家,也是边界情况最为复杂的国家之一。在剩下的 10% 的中外边界问题中,主要是与印度的边界纠纷。目前中印两国有"政治决心"解决边界问题,但双方的谈判和后期的勘界工作将十分艰难而漫长,甚至是马拉松式的。中国与各邻国睦邻友好关系不断发展,陆地边界问题的解决进入了实质性阶段。继 20 世纪 60 年代与缅甸、尼泊尔、巴基斯坦、蒙古、阿富汗、朝鲜六国签订边界条约或协定后,90 年代以来,又与老挝、俄罗斯、哈萨克斯坦、吉尔吉斯斯坦等国签订了边界协定。1998 年,中越签署两国陆地边界条约,中越两国陆地边界问题已全部解决。中国具有开展周边区域合作的良好条件,而且我们也分别在与东北亚、中亚和东南亚连接地区实现了良好的区域合作布局。诸如中国—东盟自由贸易区、上海合作组织等都已经产生了良好的效果和巨大的影响,为此中央反复强调要积极加强与周边国家开展区域经济合作。为了适应当今世界全球化与区域化发展的要求,强调"大国是关键,周边是首要,发展中国家是基础,多边是重要舞台"的既定方针,把做好周边国家工作提升到首要的战略地位,而且还制定了要"与邻为善、以邻为伴"及"睦邻、安邻、富邻"等一系列方针政策,有力地推动了中国与周边国家区域合作进程。

二、教育国际交流与合作平台建设的必要性

（一）是提升中国软实力和维护周边安全的客观需要

党的十七大报告指出:"共同分享发展机遇,共同应对各种挑战,推进人类和平与发展的崇高事业,事关各国人民的根本利益,也是各国人民的共同心愿。我们主张,各国人民携手努力,推动建设持久和平、共同繁荣的和谐世界。"中华文明历来倡导"和为贵","和合"这一独特的文化传统与东方智慧,在中国封建社会发展的历史长河中被人们普遍接受与认同。同时,中国也不排斥外来文

化,并且不断地吸收、借鉴以丰富自己,最终创造了中国文化和众多不同的外来文化和睦共处、和谐发展的局面。中国与东南亚、南亚各国人民世代友好,结下了深厚的友谊,加强与东南亚、南亚的人文交流,就是为了促进中国与东南亚、南亚各国的思想文化和人员交流,加深理解,形成建设和谐世界的良好人文氛围。云南在地理环境、民族风情、风俗习惯、文化认同等方面与东南亚、南亚各国具有很强的相似性,在促进发展、维护和平上与东南亚、南亚各国具有长期的一致性,是我国提升国家文化软实力、维护周边安全的战略要地。

(二)是建设和谐亚洲的必然要求

2006年6月,胡锦涛同志在亚洲相互协作与信任措施会议成员国领导人第二次会议上发表了《携手建设持久和平、共同繁荣的和谐亚洲》的讲话,提出了建设和谐亚洲的重要战略思想。东南亚、南亚作为亚洲的重要组成部分,与我国云南、广西、西藏等省区有着较长的陆上边境线,彼此存在长期的战略利益,建设共同繁荣、和谐发展的睦邻友好关系,既是大家的共同利益所在,也是建设和谐亚洲的重要基础。2014年11月8日,习近平主席在"加强互联互通伙伴关系"会议上的讲话中提出:"我们要建设的互联互通,不仅是修路架桥,不光是平面化和单线条的联通,而更应该是基础设施、制度规章、人员交流三位一体,应该是政策沟通、设施联通、贸易畅通、资金融通、民心相通五大领域齐头并进。这是全方位、立体化、网络状的大联通,是生机勃勃、群策群力的开放系统。我们要打造亚洲特色的合作平台。有关国际和区域组织已就亚洲互联互通做了许多开创性、基础性的工作,取得重要成果,我们十分重视和赞赏。同时,根据形势发展需要,我们也要考虑创新体制机制。"中国作为发展中的亚洲大国,有责任进一步扩大对东南亚、南亚的开放程度,在人文领域加强与东南亚、南亚各国的合作与交流,这不仅是尊重文化的多样性,求同存异、和谐发展的基本诉求,也是中国和东南亚、南亚各国的国家利益所在。教育国际交流与合作的发展必将促进整个世界的协调、可持续发展。教育交流与合作使人们从人类共同繁荣的角度出发,运用所掌握的文化知识与现代科学技术来提升全体社会成员可持续发展的意识与能力,将社会、环境与经济可持续发展的科学思想与科学知识纳入教育国际化过程之中,致力于解决全球的生存与发展问题,而不是以牺牲他国利益为代价求得少数国家的繁荣。

（三）是国家实施全方位对外开放的现实需要

党的十七大报告提出，要深化沿海开放，加快内地开放，提升沿边开放，实现对内对外开放相互促进。在沿海开放取得巨大成就的基础上，沿边开放的重要性和紧迫性日益凸显。扩大对东南亚、南亚开放人文交流平台建设，正是顺应国家全方位对外开放的客观需要。要进一步扩大开放范围，提升开放层次，把经济领域的合作交流向科技、教育、文化、旅游、卫生、体育等领域延伸，实施全方位开放。云南属于沿边的多民族聚居区，开放水平和开放层次较低，是国家全方位开放战略中的"瓶颈"，扩大对东南亚、南亚开放人文交流平台建设，有利于完善国家的全方位开放战略。

（四）是构筑和谐边疆的实际需要

胡锦涛同志曾强调："中国人民历来主张亲仁善邻，讲求和睦相处，中华民族历来爱好和平，中国人在对外关系中始终都秉承着不侮贫的精神，主张协和万邦。中国人提倡海纳百川，有容乃大，主张吸纳百家的优长。"中国与东南亚、南亚各国有着悠久的经济、文化历史渊源。在地缘上，各国处于相同的陆地板块，部分国家与我国有着较长的陆地边界线，构筑和谐边疆不仅符合共同繁荣、和谐发展的国家间利益，也是各国人民共同的愿望和福祉。云南与周边三国（越南、老挝、缅甸）唇齿相依，是中国走向东南亚、南亚的重要通道、重要门户，维护边境安宁、促进和平的任务十分繁重。扩大对东南亚、南亚开放人文交流平台建设，对于增进各国之间的相互信任、相互认同，促进各国人民的友好往来，构筑和谐边疆具有深远的意义。

教育国际化就是在世界经济全球化、贸易自由化的推动下，在国际教育贸易市场开放的前提下，教育资源在国际间进行配置，教育要素在国际间加速流动，教育国际交流与合作日益频繁，世界各国教育相互影响、相互依存的程度不断提高，各国教育相互交流、相互竞争、相互包容、相互激荡，共同促进世界的繁荣和发展。对发达国家来说，教育的国际化直接或间接地给他们带来了文化和人才的双重收益。一方面，由于发达国家在国际文化交流中居于优势地位，教育的国际化可以增强他们对发展中国家的文化渗透和影响能力，同时又在教育的国际交流过程中以廉价的方式吸引大批来自发展中国家的一流人才。对发展中国家和不发达国家来说，它们可以借助发达国家先进的教育为本国培养高层次的人才，弥补国家智力资源的水平性与结构性不足，为国家教育、科技和经济实现跨越式发展提供人才支持。另一方面,通过交流与互动,可以学习和引进发达国家先进的技术、方法和文化范式,提高本国的科技水平和文化先进性,并为本国各层次人才的融合创新、自主发展奠定基础,拓宽本国社会成员的文化视野,提高社会的开放程度,增进社会进步的活力,加速本国社会现代化进程。

（五）是促进区域经济一体化的内在要求

教育国际交流与合作是在经济全球化背景下衍生的,是针对经济全球化趋势而采取的教育应对行动,是世界各国教育在发展中为了保持与生产力发展、科技创新、社会文明的一致性与同步性而必须经历的自我改革、自我完善及自我发展的过程;是现代人类跨越教育的时空障碍,既在世界这一空间范围内沟通、联系、交流与互动,又在时间这一尺度上共同面向未来、描绘明日世界教育图景的一种自然进程。经济全球化的趋势不可阻挡,但区域经济一体化步伐也在加快。文化具有更强的稳定性和持久性,是经济发展的内在动力。扩大对东南亚、南亚的人文交流与合作,为中国对外经济交流与合作注入了持久的动力。胡锦涛同志曾指出:"我们应该尊重人类文明多样性,鼓励各种文明相互交流、取长补短,倡导各种文明相互包容、求同存异。"加强人文交流是经济持续发展的前提和基础,也是提升国家软实力的重要内容,是消解"中国威胁论"最有力的武器。

三、云南省建设教育国际交流与合作平台的基础条件与面临的问题

（一）现有的基础

改革开放以来,在各级政府的重视和社会各界的努力下,云南省的教育交流平台建设取得了一定的进展。目前拥有了一批教育交流基础实施和基地,培养了一批从事教育交流平台工作的专业人员,积累了一些平台建设和运行的经验。

1.教育国际交流与合作的基础条件已初步建立

"桥头堡"建设是高起点、高要求的庞大系统工程,无论是在人才培养、科学研究、知识与技术创新、社会服务方面,还是在文化传播与传承等方面,都对我省各级教育的发展提出了新的更高的要求。因此,"桥头堡"建设中教育必须先行,尤其是高等教育必须先行,这样才能更好地带动区域内各级各类教育的整

体发展,尤其是直接带动职业教育、高中教育的发展,全面提升劳动者素质,服务"桥头堡"建设。

　　1978 年,中国教育对外交流工作重新进入了一个起步时期,云南省是当初全国范围内为公派出国留学设立专门办公室的为数不多的几个省之一。到 2001 年,云南省教育对外交流工作进入了从被动到主动的新的发展阶段。2002 年,作为西部地区第一家,云南省在昆明与国家留学基金管理委员会签订了合作协议。同年,在相关部门的推动下,云南省迅速将国际交流与合作的工作重心向周边国家转移。在相关政策的鼓励下,在便利交通的吸引下,在同源文化的促动下,各类来滇学生首次超过 1000 人。① 经过多年的发展,云南省高校现已形成门类齐全、具有地区和民族特色的学科专业体系,2012 年,云南省高校达 68 所,涵盖了国家"211 工程"重点院校、理工农医及艺术各类本科院校和高职高专院校。全省高校都不同程度地与东南亚国家开展了教育合作与交流,与 50 多个国家、地区和国际组织建立了教育合作关系,建立了 11 个国际人才培养基地、7 所孔子学院(课堂)和 56 个小语种公共外语教研室。合作形式和内容逐渐走向了多样化,由单纯的语言人才培养逐步向学科专业类人才培养扩展,由短期培训向学历教育扩展,由留学生交流向联合办学、项目合作等领域扩展。②

　　在建设面向西南开放重要门户的背景下,云南教育应担负起先行先试的重任,积极推进学校办学体制机制改革,全方位推进云南教育国际化,积极拓展与周边国家的教育合作,打造跨国教育发展圈,形成高素质、复合型人才聚集地和培养基地,努力建设与"桥头堡"建设相适应,在东南亚、南亚具号召力和影响力的国际教育。云南省在对教育投入增多、规模扩大、硬件条件改善的同时,高度重视软件条件的建设。积极采取有力措施,加快培养和引进高层次人才,改善专任教师学历职称结构,大力培养大师、名师,形成学历高、学养好的人才梯级队伍结构;着力加强重点学科和特色专业建设,大力提升科研水平,促进科研成果转换,增强高校科技创新能力;扩大高层次专业人才培养规模,提升人才培养

　　① 李慧勤、李宏茜、王云、孙丽:《云南省与东南亚高等教育交流与合作研究》,《教育研究》2010 年第 2 期,第 68—72 页。
　　② 李培:《在 2012 年云南省高校形势报告会上的讲话》,http://www.ynjy.cn/chn201004051544082/article.jsp?articleId=28670429,2013－11－28。

质量,充分发挥高校服务社会的功能。初步形成"以政府办学为主体,社会各界共同参与"的多元化办学格局,加大了教育管理体制改革创新的力度。通过加强硬件条件、软件条件建设和机制创新方面发展,有效提升了云南省教育国际交流与合作的水平和国际竞争力。

2. 制定了一些指导教育国际交流与合作平台建设的政策法规

2003 年,教育部在云南省召开边境 9 省区教育外事工作会议,充分肯定了云南省与周边国家的合作经验。随后,云南省出台了全国第一个地方性法规《云南省接收外国学生暂行管理办法》,并单列"周边国家"一章,以更加优惠的条件,加大云南省招收周边国家留学生的力度。2005 年,在各方的努力下,云南省与国家留学基金管理委员会签订"西部项目"第二期合作协议,西部计划名额增加到每年 80 人。2006 年 7 月,云南省委省政府召开云南省高校实施"走出去"战略工作会议,会议出台了《中共云南省委、云南省人民政府关于加快推进高等院校实施"走出去"战略,提高高等教育国际化水平的若干意见》,明确了云南省高校实施"走出去"战略的指导思想、目标和任务。一是坚持依法办学,规范运作,创造良好的政策环境;二是坚持发挥优势,突出特色;三是坚持"走出去"与"请进来"并举;四是发挥政府和民间双重优势,努力办好一批高水平的中外合作学院或教育机构;五是加强国际化课程建设,培养能直接参与国际人力资源市场竞争的国际化人才。此项意见的出台,改变了全省各类教育机构和学校以往各自独立进行对外交流的局面,调动了全省的教育资源和各单位的工作积极性,形成一股巨大的合力推动着云南省"走出去"战略的落实。①

其后,云南省先后出台《关于加强高等学校小语种教学工作的意见》(云教高[2006]86 号)、《云南省教育厅关于建立小语种公共外语教研室的通知》(云教高[2007]28 号)、《云南省高等学校小语种人才培养项目规划》(2009 年 5 月)、《关于加快云南省高等学校小语种人才培养工作的实施意见》(云教高[2012]3 号)等一系列文件。2013 年 6 月 28 日召开了小语种人才培养推进会。通过加强高校小语种公共外语教研室建设、小语种重点专业建设、小语种人才培养示范基地建设以及在省级质量工程项目中加入小语种人才培养项目等方

---

① 《中共云南省委、云南省人民政府关于加快推进高等院校实施"走出去"战略,提高高等教育国际化水平的若干意见》,《云南政报》2006 年 7 月 8 日。

式,推动小语种教育高速发展。目前,全省已有 43 所高校开设 62 个小语种专业;小语种专业学生已达 3000 余人,在学学生规模已达 3.5 万余人;已有小语种任课教师 330 余人(包括外聘教师 70 余人),建立小语种公共外语教研室 56 个,省级重点建设专业 11 门。①

3. 部分平台开始启动建设

2006 年,云南省政府确定云南师范大学、昆明理工大学、大理学院、西双版纳职业技术学院 4 所高校为云南省高校实施"走出去"战略的试点学校。云南省教育厅向省政府上报了《关于申请云南省高校实施"走出去"战略工作经费的请示》(云教外[2006]292 号),请省政府从 2007 年开始,增加省政府奖学金额度、外专外教工作经费,设立"走出去"工作经费、外派教师培训专项经费,对富有特色的招收中国学生的国际化办学项目给予经费支持等,以推进云南高等教育国际化进程,保障云南高校"走出去"战略工作的顺利开展;同时,省教育厅还向省政府上报了《关于成立云南省南亚东南亚教育合作办公室的请示》,该机构为正处级,编制参照公务员管理的事业单位,编制 6 人,隶属省教育厅。同时,云南省高校也积极制定"走出去"发展规划,确定工作目标、思路和重点。例如,昆明冶金高等专科学校制定了在东盟国家创 3 个知名品牌(一个孔子学院、一个网络学院、一个职业培训基地)的规划;曲靖师范学院、云南农业职业技术学院等院校也建立了专门的国际交流与合作机构。2009 年,云南省设立了两个国家汉语国际化推广中小学基地、五个汉语国际推广中心、两所孔子学院、两个孔子学堂等一批汉语教育中心。

2010 年,云南省开始探索教育交流"三平台"试点建设,即国际教育基础能力建设平台、国际教育人才培养平台、国际教育交流合作平台。依托呈贡新区大学城区兴建集会议、展览与大型交流活动等功能于一体的世界教育博物馆,为区域内国际教育研究领域和教育创新实践活动提供场所;定期举办世界教育博览会、国际教育论坛及国际学术会议,为世界各国的教育机构及人民群众搭建起一个多形式、多层次、多渠道的教育供需信息交流的平台。"国际教育基础能力平台"建设,旨在提高科技园区、大学、科研院所以及中小学的基础条件,加

---

① 朱华山:《坚持学术立会　促进内涵发展——在"云南省高等教育学会第八届理事会"上的讲话》,http://www.ynjy.cn/chn201004051544082/article.jsp? articleId = 116974354,2014 - 11 - 1。

强与邻近国家的教育与文化交流与合作。具体建设项目有"边境学校标准化建设""沿边高等学校建设""高水平大学建设""国际职业教育基地建设"及"示范性国际学校建设"等。"国际教育人才培养平台"建设,就是整合国内外优质的教育资源,以云南为主,同西南六省(云南、四川、贵州、西藏、广西、重庆)共同构筑国际人才培养的平台,一方面鼓励云南省的学生走出去,到南亚、东南亚各国留学深造,另一方面云南省也积极招收南亚及东南亚的学生来滇留学,以培养具有较高水平、知晓国际惯例的国际化人才。"国际教育交流合作平台"建设,就是各级教育机构在教育教学、科学研究、服务社会等各个方面加强国际合作,特别是与东南亚、南亚各级教育机构的合作与交流,充分发挥云南省各类教育机构在学术研究、办学条件及师资力量等方面的优势,积极开展面向南亚、东南亚国家和地区的科学研究与人才培养,促进云南高等院校广泛开展国际教育交流与合作服务,通过教育交流平台的建设增加教育交流与合作的机会。为此,需要设立和启动"国际教育信息网络建设""中国语言及文化交流""高水平科研国际合作研究基地""东南亚与南亚学者访问交流"等多项项目。①

云南各级政府积极支持高校与东南亚、南亚国家开展教育交流和合作,建成 11 个国际人才培养基地,在全省高校广泛开设小语种专业,培养了一批国际与区域合作急需的人才和掌握泰、缅、越等小语种的应用型人才。全省平均每年派出师生 300 余名到周边国家留学和学习。红河学院与越南太原大学合作开展境外办学项目,昆明医科大学、大理学院成为招收本科临床医学专业(英语授课)留学生的普通高校,昆明医科大学招收了 150 名以印度为主的南亚学生到校学习。新增云南民族大学、昆明医科大学为中国政府奖学金院校。2011年,用中国政府奖学金录取 150 人,省政府奖学金录取 140 人。成立了"中国面向西南开放重要桥头堡建设云南研究中心",与中国日报社签署推进云南教育国际化进程战略合作协议,承办孔子学院总部理事座谈会,出版发行《桥头堡战略背景下云南与东南亚高等教育合作研究》。"云南省构建泛亚国际教育平台战略研究——实施桥头堡战略的教育行动"省级哲学社会科学研究基地课题获准立项,并展开深入研究。在境外建成 5 个孔子学院、3 个孔子学堂。教育国际

① 《云南省探索建立具有区域特色的国际教育合作与交流平台改革试点实施方案》,http://www. moe. gov. cn/publicfiles/business/htmlfiles/moe/s4934/201012/112875. html,2013－11－28。

交流广泛开展,组织 14 所高校 40 多名教育管理者、工作者随省政府代表团出访周边五国,深入开展教育宣传推介。目前,云南已与 85 个国家、地区和国际组织建立教育合作关系,外国留学生人数达 1.8 万人。①

4.加大对外汉语教育工作力度,积极开展教育外交②

(1)成立机构。省政府高度重视教育外交工作的开展,为推进云南对外汉语教育工作的开展,成立由省委办公厅、省政府办公厅、教育厅、发改委、语委、财政厅、人事厅、商务厅、文化厅、广电局、外办、侨办、新闻办、新闻出版局等部门组成的云南省汉语国际推广领导小组,统筹规划、协调云南省的汉语国际推广工作,研究和解决云南省汉语国际推广工作中的重大问题。

(2)制定规划。认真贯彻落实中央领导同志的有关重要指示精神,历届国家汉语国际推广工作会议精神以及"关于加强汉语国际推广工作若干意见"(国务院办公厅),云南省编制了"云南省汉语国际推广工作五年规划""云南省2007 年汉语国际推广工作项目建议书"等上报给国家汉办。这些规划及建议书提出了要把云南省汉语国际推广的工作重心从把外国人"请进来"学汉语转向"走出去"推广汉语,形成以高等院校为龙头,推动汉语进入周边国家中小学正规教育体系,基础教育、职业教育与高等教育齐头并进的格局;在目标任务上,进一步明确了要充分发挥云南省区位优势,突出特色,突出优势,把与云南省邻近的周边国家作为汉语国际推广的主战场,加快汉语走向世界的步伐,加大"走出去"推广汉语的力度;至"十一五"末,云南省力争建成 10 个孔子学院、10 个汉语国际推广中心和 20 个汉语国际推广中学实习基地。

(3)争取项目。为提升云南省的汉语国际推广水平,需积极争取国家汉办等政府部门的项目支持。云南省教育厅向国家汉办上报了云南大学与泰国曼谷市教育厅合作成立的曼谷市孔子学堂;昆明冶金高等专科学校(Kunming Metallurgy College)与老挝的百细中华理事会以及占巴塞大学合作建设了占芭孔子学院,与省新闻办承办的缅甸文《吉祥》、泰国文《湄公河》、老挝文《占芭》三个外刊合作,创建了湄公网络学院,开设多媒体网络汉语教学;在云南大学等校建

① 和福生:《省教育厅落实桥头堡政策措施情况汇报》,http://www.ynjy.cn/chn201004051544082/article.jsp? articleId = 12018734,2013 - 11 - 28。

② 成文章、唐滢、田静:《云南省高等教育国际化战略研究》,科学出版社 2008 年版,第 134—141 页。

设汉语国际推广中心,在云南大学附中等中学也建立了汉语国际推广中学实习基地;云南省教育厅与《云南日报》报业集团向国家汉办申请挂牌汉语国际推广中心,积极探索汉语推广新模式,有针对性地在东南亚地区加大汉语的国际推广力度。

(4)推广汉语。实施"走出去"与"请进来"相结合的战略,开展对外汉语教学和教师培训。根据国家汉办的要求,云南省教育厅从高校和中学选派公派教师和志愿者赴国外中小学任教。随着对外汉语教学工作的不断扩大,云南大学和云南师范大学进入我国支持周边国家汉语教学的10所重点大学之列。云南大学设立了"东南亚国家汉语教师进修奖学金";与泰国宋卡王子大学合作举办了中国语言文化中心,获国家汉办批准,与孟加拉国南北大学合作建设孔子学院;为泰国曼谷市编写了《六年制小学汉语》教科书及练习,为泰国南邦市编写了《大专汉语》和《中专汉语》教材,为越南老街省编写了汉语教材。云南大学开展对外汉语教学工作受到了泰国、缅甸教师的一致好评。云南师范大学作为我国为东南亚国家培训汉语师资的4个基地之一,分别在泰国、越南、马来西亚合作建立了5个汉语教学中心。总之,面向东南亚进行汉语教学已成为云南师范大学的办学特色之一。云南财贸学院与缅甸仰光经济学院合办了商务汉语中心,昆明理工大学、云南中医学院、云南广播电视大学等院校,也以不同的方式积极开展对外合作与交流,寻求面向世界开放发展的路子。

(二)存在的问题

在过去的几十年中,尽管云南省教育交流平台的建设打下了一定的基础,但从总体来看,仍远远落后于世界发达国家的水平,而且在教育交流基础条件的建设上也存在如下一些问题。①

1. 相关政策法规缺失、不足或执行不到位,各部门对外工作缺乏整合

在我国高等教育国际化相关政策不断丰富、完善的同时,更应看到我们在此方面的明显不足。这种不足是由多种原因造成的,它既源于高等教育国际化的艰巨性、复杂性,同时也与我国政策科学发展不成熟、教育国际化理论研究滞后有关。经过多年的建设,我国教育国际化政策体系日趋形成,针对留学教育、

---

① 常锡光、陶天麟、韦晓、王天玉、方贵荣、施涌:《云南边境教育向周边三国辐射的战略研究》,http://www.doc88.com/p-399517624295.html。

中外学术交流和中外合作办学,国家出台了大量的法律、法规。但是,这些法律、法规大多是以"纲要""通知""意见"的形式针对某一时期或某些问题发出的,虽然可以解决某些实际问题,遏止某些不良倾向,但过于分散。从整体上来看,我国教育国际化相关政策的配套性、系统性还不够强。逻辑上讲,政策的成熟集中体现在向法律制度的过渡和转变,在此方面,我们还有很多工作要做。如在 1995 年颁布的《中外合作办学暂行规定》中,仅把中外合作办学定位为"中国教育事业的补充";直到 2003 年 3 月 1 日,国务院才颁发了《中华人民共和国中外合作办学条例》;2004 年 6 月,教育部发布了《中华人民共和国中外合作办学条例实施办法》;2006 年 2 月 7 日,教育部发布了《教育部关于当前中外合作办学若干问题的意见》(教外综[2006]5 号文件)。尽管以上文件的出台,为中国学校对外合作办学创造了生存与发展的法律环境,但总体上中外合作办学的发展速度是缓慢的,这与国家相关政策滞后是分不开的。这些文件为中外合作办学的发展构建了一个法律法规的框架,但要合理解决办学活动中的实际问题,还需要出台相关具体实施办法和配套措施。如当前的收费问题就缺乏统一的法律规定。

中国政府对对外教育的定位,往往以相互交流、建立友谊为目标,各级政府由财政列支的对外教育经费很少,严重影响了对外教育工作的开展。调研发现,政府按政策承诺应该给学校的相关经费往往拖延兑现,一些学校因为所收小留学生太多只能采取收借读费的办法来解决问题。受此影响,中国云南省边境一线给予小留学生的待遇就很不一致:给他们国民待遇、实行免费教育者有之,包食宿并全免教育费者有之,参照中国国民收取借读费者有之,不一而足。

中国负责涉外工作的部门较多,在边境地区,大抵有外办、侨办、侨联、国防、武警、统战、商贸、教育、文化等多个部门。每个部门又都划片按自己的计划开展工作,这就使得中国的对外事业缺乏整合,效果受到影响。如德宏瑞丽、陇川等地对岸的侨务工作是由腾冲县侨办、侨联来负责的,腾冲县离这些地方较远,这就给这些地方的华人华侨与腾冲县侨办的交往及华人华侨子女到中国学校带来了诸多困难。再如,外办、侨办、侨联等部门每年都要在边境一线开展对外教育援助。他们有专项经费,却没有专业单位开展相关活动,工作缺乏针对性、时效性。他们对外开展的教师培训效果不明显;周边国家边境省区不少地区由于照搬中国教育模式需要大量中国义务教育阶段的教材,但他们认为中国教材贵、买不起,而中方外办、侨办、侨联等部门援助他们的汉语教材又与其需要不符。为此,他们甚至直接向中国提出了教材援助或者要求中方以成本价向其供应教材的请求。凡此种种,使得中国对外事业的投入效益大打折扣。

侨生的学籍认定是制约周边三国边境学生就学中国的根本问题。周边三国边境一线的华人是一个比较特殊的群体,由于历史和现实的原因,他们中的不少人既没有加入他国国籍,又丧失了中国国籍,处于"无国籍"的尴尬地位。如在越南、缅甸他们被认为是中国人,而在中国他们又被看作是外籍华侨,这就使得他们的子女到中国读书学籍得不到认可。如从 2007 年开始,临沧市的高中招生由市教育局统一录取,缅籍学生因为没有中国户口,不能参加中专、高中招生考试,无法取得高中学籍,即使学校允许插班,没有学籍也不能参加会考和高考。由于这些原因,绝大部分缅甸学生到了初中后只得改到泰国、中国台湾、新加坡等地留学,在一定程度上影响了缅甸华人华侨对祖国的感情,也影响了中国教育对外辐射的效能。另外,由于中国与周边三国教育交流的层次较低,双方在教育交流方面缺乏必要的法律法规,合作办学一旦发生冲突,就很难用其中一个国家的法律来解决问题,相关办学单位也会因此陷入困境。随着双方合作办学规模和范围的不断扩大,各种冲突和矛盾将不可避免。

2. 相关基础设施、服务体系有待完善

云南省经济发展远落后于其他发达地区或者世界发达国家,所以在硬件设施的建设上,云南省落后于其他地区和国家,比如说云南省许多高校的国际学生宿舍短缺,教室老旧,活动场所少,只有少数院校拥有了独立的国际学生公寓和专用餐厅、洗衣房等,但也远低于国际标准水平。国外一些留学教育发达的国家或者高校都非常重视基础设施建设,如日本为发展留学生教育而把留学生宿舍建设写入行动纲要,努力改善留学生的生活条件、生活设施。就云南而言,一些留学生对所在学校的教学设施、宿舍管理等方面意见较大,有学生提出,希望能到有投影设备的教室上课,希望学校在安全方面提供更充足的保证。例如,我们在西双版纳职业技术学院对 10 名老挝留学生访谈时他们提到,老中学生打架的事时有发生,外籍学生的安全受到威胁。此外,有少数同学会乱翻他们的东西,希望学校加强宿舍管理。老挝南塔省教育厅的相关部门领导也希望中方的学校对学生管理严格一些。而越南在云南的留学生大多强调学校食堂的饭菜不太适合他们的口味。缅甸、老挝的留学生也提出了诸如不适应学生宿舍上下床的安排以及公共卫生间卫生较差等问题。由此可见,云南省高校基础设施建设还没有做到位,特别是对来滇留学生的投入比重还远远没有达到国际水平,还需要加大投入力度。

3. 对外教育的战略思想落后于国家综合实力的快速发展①

近代以来,中国国家综合实力式微,在近百年的历史中,大多处于被动挨打地位,文化教育也长期处于被动的防御地位。20 世纪 90 年代后,随着中国的迅速崛起和国家综合实力的日趋增强,中国共识渐渐为世界不少国家所认同、学习、借鉴。中国制造的商品几乎遍布世界,到中国留学的外国学生逐年递增,汉语热成为当今世界的一个现象。但中国对外教育政策的变化却远远落后于其他方面的发展步伐,其战略思想、目标仍然处于被动地位。中国的对外教育从思想认识、目标定位都不够明确,缺乏长远国家战略。对外教育缺乏理论、政策、经费的支撑,人才、教材、办学条件保障乏力。高等教育的对外辐射处于功利型的、散兵游勇式的发展状态。云南红河学院院长彭兵说的"我们像包工头一样在国外招生,活找到了却又受国家诸多限制",就是这一现象的真实反映。

目前,云南省对于对外合作与交流越来越重视,但是与经济领域相比,教育交流仍然没有得到应有的重视。随着与东南亚国家合作的深入,云南省虽然开展了一些对外教育合作项目,但这些项目更多的是伴随经济技术合作或为推进经济技术合作而设置的,除华文教育外大多是阶段性的安排。各级相关部门还未充分认识到教育交流合作对提升中国国家综合实力的重要意义。有的认为海外华文教育属于国家和省的事情,与地方无关;有的认为开展海外华文教育会挤占学校资源,因而也就没有作为一项战略举措来专题研究,更谈不上提出思路、长期的政策安排和设计阶段性工作方案了。这就导致在开展对外教育合作项目时,没有建立协调机制,对外教育辐射协调不力,各相关部门之间、部门与民间渠道之间各自为政,没有形成合力。

事实上,现阶段云南省大多州(市)的教育对外辐射工作,主要还是依靠民间力量来开展的。各级政府对民间渠道开展教育交流合作既缺少政策引导规范,也缺乏资金和项目方面的扶持。如保山开展的对缅教育交流合作项目,除

---

① 成巧云、施涌:《云南高校教育国际化进程中存在的若干问题》,《云南电大学报》2012 年第 3 期,第 56—59 页。

禁毒合作项目外,大多由地方各级政府筹集项目资金,缺少国家和省项目的有力支持。老挝高教司也认为,在教育合作交流方面,政府之间远没有民间组织做得好。

另外,课题组所访问的越南、老挝教育部有关官员也抱怨说,中国教育部与周边三国教育部的交流较少、级别较低。虽然云南省高校和地方在以前也和他们签订了一些协议,但不少都没执行。长此以往,势必会影响中国与周边三国教育交流合作的效果。

4.教育交流价值定位不明确,宣传力度不够,东南亚各国对中国的教育发展情况认识差异较大,对外教育工作开展难度较高

由于教育对外工作所获得的专项经费较少,目前各高校对外拓展的价值选择有的体现在经济效益上,有的停留在表层的简单人员来往和语言文化教育推广上。受此规约,各高校在办学层次、招生等方面都不同程度地存在一些问题。从目前全国合作办学的情况来看,普遍存在着合作定位层次偏低、合作对象不对等、低水平重复等现象。各高校为了经济利益在招生时不同程度地存在着恶性竞争。在我们对越南、老挝的访问中,两国的一些高校都反映,他们偶尔会在同一天接待中国两所前来洽谈合作办学的高校,撞车现象时有发生。再有,目前周边三国学生到中国读书的门槛不一样,有的是高中毕业,有的是初中毕业,有的甚至是初中没有上完就到中国来读大学的。越南高中生毕业以后第一选择是考国内的学校,考不起才会选择出国留学。素质好一点的学生往往留在国内,选择出国留学的学生当中,家庭条件好的就选择欧美国家,差一点的就选择韩国、泰国还有新加坡,其次才选择中国。也就是说,到中国云南来留学的这些学生水平是良莠不齐的。这也是为什么越南学生既难管又难教的原因。越南当地人认为欧美的文凭比较硬,中国的学校有的还不如他们当地的名牌大学,认为中国入学的门槛很低。同样,到中国留学的老挝学生不少就是因为国内学校和家长管不了才被送到中国来。一些学校为了招揽学生不顾自身办学条件,随意向外国学生承诺。同时,学校针对周边国家留学生开设的课程较少,专业学习的内容不多,对留学生的吸引力较弱。有的学校虽然开设了留学生需求的课程,但由于经费、管理和课程设置等因素,办学质量较低或停办的现象经常出现。在调查中,老挝学生就向我们反映,一些学生是冲着橡胶专业来的,但是到了中国的学校后,因为选择此专业的人太少,学校无法开班,就被调整到其他专

业就读，这让他们感觉中国学校不够严谨。学校不能履行协议的问题应该引起相关部门的重视，这一事实将给"中国留学教育质量"埋下巨大的隐患。

在访问老挝南塔省教育厅时，我们了解到，该省对各种专业人才需求都很大，目前最需要的是华语教师，双语语言教学人才最紧缺。因为中国与老挝在政治、经济领域合作的扩大、加深，使得很多企业、单位对汉语人才需求量增加；除此以外，还需要机械技能方面的人才。老挝国内技术人才基本上从外国引入，国内这方面的人才培养还是空缺；另外，由于南塔省的矿产资源丰富，但没有深加工能力，设备不足，主要靠泰国帮助培养这方面的技术人才。目前，该国只能对矿产资源进行初加工，之后将加工材料送往泰国深加工，制成成品。又如，近几年来越南工业高速发展，但职业技术培训学校较少，各种专业技术工人，如电工、焊工、漆工、设备维修、电子、机械制造等人才急缺。最近越南政府拿出 10 亿美金推行低息学艺贷款，鼓励开办职业技术培训学校，就是为了解决技工短缺的问题。另外，越南河内、缅甸、老挝都反映他们在农业、畜牧业、林业、造船、饮食、动画制作、IT、旅游、国际贸易、会计等方面人才奇缺，每年都派人到首尔等地接受培训。由于中国云南省相关涉外学校大多是师范学校或者是由师范和其他学校合并而成的，周边三国所需工程、技术类的专业对这些学校而言也是弱势，相关的课程建设也自然受到影响。目前，云南省招收留学生的学校的课程设计和安排仍然是"三段式"的，即第一学年是公共课，第二学年是专业基础课，第三学年是专业课。这种模式的最大弊端是它的学术性和理论性课程比例较大，真正的职业技能学习只占三分之一时间，而且这些时间也难以保证。加之，不少学生由于汉语没过关就直接去学专业，大多感到很吃力，学习效果较差，再加上职业技能训练又是这些学校的弱项，学校和社会又没有理想的实习和实际操作场地，留学生的职业技能因此较弱。这些因素都成了云南高等教育对外拓展的"瓶颈"。

近年来，孔子学院在世界范围内的发展势头虽然较为强劲，但东南亚国家对这样一种汉语教学和文化传播方式在认识上存在较大分歧。譬如马来西亚虽不反对汉语教学，却反对使用"孔子学院"的名称，因为该国将儒家思想定位为一种宗教，叫做"孔教"或者"儒教"，因与其国教伊斯兰教相悖而排斥孔子学院。越南把其视为文化侵略的工具，而限制它的发展。如此一来，以孔子学院作为载体开展对外汉语教学工作就受到了制约。因此，在对外汉语教学方面要因国制宜,不可一概而论,一定要讲求"双赢"或者"共赢",尊重其意愿,尤其要淡化政治意识形态,要尊重对象国甚至对象民族的风俗习惯等。

目前,由于云南省各级各类教育与周边国家的交流合作起步较晚,总体上呈现规模小、交流形式单一的特征。例如,普洱市目前仅有政府与周边三国的经济合作所带来的教育合作一种形式,思茅师范高等专科学校尚未通过多渠道进行自主招生,文山师专仅接受越南政府的公派留学人员,有的学校又公费生、自费生兼招。特别在招生方面,由于政府缺乏统一规划和部署,使全省的对外教育交流工作整体形势受到影响。据我们调查,目前到西双版纳职业继续学院读书的越南学生,有近一半是通过当地朋友的介绍到那儿读书的。缅甸、老挝到中国的留学生大抵如此。由此可见,云南省在高校招生宣传方面存在很大问题。

5. 涉外师资队伍建设不足,留学生生源规模扩大有限

随着云南省对外办学规模的不断扩大,专业教师严重不足的现象普遍存在。云南省高校的老挝语、缅甸语教师就很缺乏,双语教师更是严重不足。如西双版纳职业技术学院仅有老挝语教师2人,成为进一步扩大对外合作与交流的重大障碍。学院也曾通过多种途径缓解这一矛盾,但由于国家留学人员遴选难度大,派出交流的教师在资质上不能达标,而数量上也十分有限。由于专业教师队伍紧缺,现有双语教师数量严重不足、水平普遍偏低,在一定程度上影响了教学效果。周边三国近年来看到中国经济的快速发展,也想加强对本国人才的培养力度,也想在各自国家成立汉语中心,但由于人才缺乏,懂中文的人才太少,至今仍未成立。老挝政府希望中国多派教师过去,帮助其培养诸如中文导游、酒店管理等专业的学生。课题组在琅勃拉邦调研时发现,当地中文人才非常缺乏,要找到个精通老中两国语言的本地人是件非常困难的事情,这对于进一步加强对外合作与交流是个大问题。

温馨、周到的语言帮助,是让留学生早日融入学校生活、获得学习收益的基础。目前周边三国到中国的留学生英语、汉语水平都不高,就其使用的教材情况看,大多采用汉语或者是英汉对照教材。学生首先要学好汉语、英语,才能进一步学习本专业的内容。这在无形中增加了留学生的学习难度,也浪费了不少时间,更不利于他们汉语的学习。据文山师范高等专科学校的调查,有1/3的学生希望学校提供越语和汉语的对照教材。如果有自己母语注解的汉语读本,

就可以降低学习难度,提高学习效率。事实上,由于云南教育对外扩张速度太快,留学生教育教材建设一时无法解决,这已成为制约云南教育对外扩张的一个大问题。

(三)云南省扩大教育交流平台建设的可能性

1. 地缘位置最优

云南是陆上边境线最长、与周边国家陆路通道最多的省份,云南地处西南,与中西部的广大腹地相连,是泛珠区域走向南亚、东南亚最便捷的陆上通道,从海路方面可沟通中国与东南亚和南亚的市场。独特的区位优势,奠定了云南在中国西部特别是西南地区对外开放格局中的重要地位,使云南成为中国向西南开放人文交流的必经门户和通道。

2. 民族结构最好

云南与相邻国家具有地缘、亲缘、人缘等密切关系,具有共同的文化历史传统、宗教信仰等。云南有 16 个跨境民族,他们的民风民俗相近、语言信仰相通,相互之间具有千丝万缕的史缘、人缘、亲缘、习俗等方面的联系。东南亚、南亚各国受佛教文化的影响甚深,与云南西双版纳等地有着共同的文化背景,易于沟通。

3. 人文交流需求最大

云南对外开放面临两个巨大的市场,一个是拥有 10 个国家、约 5 亿人口、充满活力的东南亚市场;另一个是拥有 7 个国家、约 13 亿人口的南亚市场。发挥云南陆上通道优势,可以直接沟通太平洋和印度洋的陆上联系,把上述两大市场与中国等东亚大市场结合在一起,从而形成一个拥有 32 亿人口的巨大市场,这也将是世界上人口最多的自由贸易区。巨大的市场迫切需要扩大人文交流。

4. 对外交流时间最久

中国南方丝绸之路(也称蜀身毒道),这条通往南亚、西亚以至欧洲的最古老的商道早在秦汉时期就有商贾频繁往来,发挥着沟通西南周边国家的重要作用。云南有 16 个少数民族在云南边境各国家跨境而居,这种跨境民族具有同源文化和亲缘关系,使云南与周边国家保持着紧密的友好往来。千年来的交往历史为进一步扩大人文交流奠定了良好的基础。

5. 具备了进行教育交流平台建设的物质基础

2011 年云南省国民生产总值(GDP)完成 8750.95 亿元,比 2010 年增长 13.7%,高于全国 4.5 个百分点。从三次产业看,第一产业增加值 1407.81 亿元,增长 6.0%;第二产业增加值 3990.97 亿元,增长 18.0%;第三产业增加值 3352.17 亿元,增长 11.8%。三次产业结构由上年的 15.4:44.6:40.0 调整为 16.1:45.6:38.3。全省人均生产总值(GDP)达到 18957 元,比上年增长 13.0%。非公经济创造增加值 3679.78 亿元,占全省生产总值的比重达 42.1%,比上年提高 1.5 个百分点。云南省大力推进"两强一堡"建设,以转变经济发展方式为主线,以改善和保障民生为落脚点,以提高自主创新能力为突破口,在调结构、转方式、强产业、增动力、惠民生、促和谐上狠下工夫,促进全省经济社会又好又快发展,实现了云南"十二五"科学发展、和谐发展、跨越发展的良好开局。① 云南省的发展为教育交流平台的建设奠定了一定的基础。

6. 具备了进行教育交流平台建设的制度环境

市场经济体制改革目标的确立,促使政府职能不断发生转变,在教育基础工作方面,政府工作的重点将转移到加大投入和提供教育服务的供给上来。教育交流平台的建设,为政府在促进教育进步方面提供了展示其宏观调控能力的舞台。

7. 不断扩大的国际教育交流为云南省教育交流平台的建设提供了值得借鉴的成功经验

加入 WTO 后,中国与世界各国的教育、经济和科技往来将会更加密切。与国外在教育交流基础设施建设方面进行广泛的交流,借鉴发达国家教育交流平台建设方面的成功经验,将会推动云南省教育交流平台的快速建设,推动云南省教育交流平台与国内、世界各国的共享。

8. 对教育的重视为教育交流平台的建设提供了良好的社会氛围

扩大对东南亚、南亚开放教育交流平台建设,是完善云南省沿边开放的重要内容,对于促进区域经济一体化,增强中国与东南亚、南亚的交流与合作能力,构建和谐边疆,推进共同繁荣发展有重要的战略意义。教育交流平台可以

① 《云南省 2011 年国民经济和社会发展统计公报》,http://www.yn.xinhuanet.com/gov/2012 - 05/02/c_131563531.htm,2012 - 11 - 28。

快速便捷地为全社会提供知识与信息,从而加快科技、知识、文化等在广大范围内的快速传播和应用。

9. 科教兴国、可持续发展战略为云南教育交流平台的建设提供了良好的政策环境

科教兴国,要求发挥科学技术在经济增长方面的作用;可持续发展,要求避免对资源的不合理利用和对生活环境的破坏。云南省教育交流平台建设可以快速便捷地为全社会提供知识与信息,促进教育的发展。

云南省教育交流平台建设的必要性和有利条件迫切要求我们必须突破观念、体制、资源、技术上的束缚和障碍,不失时机地扩大建构云南省教育交流平台。毋庸置疑,教育交流平台的建设将是增强国家教育竞争力的有效途径,是教育全球化、国际化发展的必然选择。

四、云南省部分高校教育国际交流与合作发展状况

(一)云南师范大学

云南师范大学是一所历史悠久、传统优良的省属重点师范大学,是云南省人民政府和教育部共建高等院校、国家中西部基础能力提升工程重点建设的100 所高等院校之一。

1937 年抗日战争爆发后,北京大学、清华大学、南开大学迁至昆明合组国立西南联合大学,下设文学院、理学院、工学院、法商学院、师范学院。1946 年抗日战争胜利后,组成联大的三校复员北返,师范学院整建制留昆独立设置,定名国立昆明师范学院,1950 年改名昆明师范学院,1984 年更名为云南师范大学。建校 75 年来,已为国家培养各级各类人才 20 余万人,被誉为"红土高原上的教师摇篮"。

云南师范大学现已建成一所具有国际化视野的现代化大学,被教育部和国家汉办先后确定为支持周边国家汉语教学的 10 所重点大学之一、国家汉语国际推广师资培训基地、享受中国政府奖学金和孔子学院奖学金留学生接收院校、中国对东南亚国家进行汉语师资培训的基地、教育部出国留学培训与研究中心、国务院侨办华文教育基地、国家首批赴海外承办孔子学院的大学、全国首批来华留学示范基地、国家 HSK 考试和汉语作为第二外语教学能力资格考点、联合国教科文组织在中国西南地区的中学英语师资培训基地和云南省目前具

有对港澳台招生权的两所高校之一。云南师范大学在国外建立了 1 所孔子学院、3 个孔子课堂、5 个中国语言文化中心,已与欧美、南亚、东南亚以及港澳台等六十多个国家和地区的 150 余所国外大学和科研机构进行合作交流。目前有各类留学生一千七百多人,是云南省在校留学生人数最多的高校。

云南师范大学国际汉语教育学院是我校对外合作与交流的职能部门和对外国留学生的管理、教学部门,学院现有教职工 96 人(专职教师 72 名),其中教授 16 人,副教授 24 人,讲师 32 人,具有博士学位的教师 24 人,95% 以上的教师有硕士学位,90% 的教师有对外汉语教师资格证书,97% 的专职教师有周边国家的任教经历。云南师范大学是中国建设海外孔子学院的八所大学之一,支持周边国家汉语教学的十所重点大学之一,也是中国为南亚、东南亚各国培训汉语师资的四基地之一。

云南师范大学自 20 世纪 90 年代初开始招收外国留学生以来,累计招收 61 个国家的留学生约 12000 人次。近三年招收不同层次留学生人数分别为 1746、1815、1761 人次。自 2005 年以来,学校长、短期留学生总数每年均突破千人,该校已成为我国西部高校接收留学生最多的大学之一。

云南师范大学对外汉语教学分为学历教育和非学历教育两类。学历教育严格按照国家颁布的教学大纲安排、组织教学,有大学本科和硕士研究生两个层次。非学历教育主要有汉语进修、汉语及中国文化学习班和东南亚师资培训三类,主要以小班教学(学习人数不超过 8 人)、一对一教学为主,学习方式和时间相当灵活。学院可为留学生安排中国学生做学习伙伴、中国人家庭居住和语言实习、文化讲座等活动。汉语及中国文化学习班不仅开设汉语类课程,而且开设丰富多彩的中国文化进修课程,如中国武术、中国绘画、中国音乐舞蹈、计算机中文处理技术等较具针对性的课程。每学期至少进行两次教学质量检查,及时更换学生不满意的老师,严格科学的管理,树立了云南师范大学国际语言文化学院良好的对外汉语教学品牌,使留学生人数连续三年每年递增 30% 以上。

云南师范大学作为支持周边国家汉语教学的十所重点大学之一和我国为南亚、东南亚国家培训汉语师资的四基地之一,先后为周边国家培训汉语教师三十多期;为泰国、越南、缅甸、老挝培训了中小学和大学汉语教师一千余名;为韩国培训汉语教师 3 期,共七十多人次。此外,学校还在越南胡志明市为越南南方多所大学培训了汉语教师,教学质量得到泰国、缅甸、越南汉语教师的高度评价。泰国、越南、缅甸等东南亚国家留学生人数呈快速增长趋势,面向东南亚进行汉语教学成为该校特色。该校已成为我国高校中培训外国汉语教师数量最多的学校之一。

学院积极开展海外学术联系,重视汉语文化的传播,重视国际办学。受学校委托,学院先后与美国的默里州立大学、南达科塔州立大学、俄克拉荷马大学、西北理工大学、佛蒙特大学,澳大利亚的悉尼科技大学、新南威尔士大学,韩国的建阳大学,泰国的珠拉隆宫大学、素万素南塔皇家学院、清迈大学、南邦皇家学院、清迈皇家学院、王太后大学、瓦来拉大学、布拉帕大学、泰国教育行政学院、亚洲理工学院、法政大学、易三仓大学,越南国家大学外国语大学,老挝国立大学,缅甸仰光外国语大学、曼德勒外国语大学以及马来西亚槟城英特国际学院等 30 余所东南亚、欧美院校建立了友好合作关系,并分别在泰国、越南、马来西亚设立了海外分院,在这些海外分院学习汉语的学生人数总数超过 1000 人。此外,我院还将在柬埔寨、印度尼西亚、菲律宾以及其他欧美国家积极寻求合作伙伴建立合作关系。

2012 年 11 月 25 日,经国家汉办批准,汉语国际推广师资培训基地(昆明)正式落户云南师范大学,云南师范大学成为国家汉办在全国批准设立的第 20个汉语国际推广基地。国务院参事、孔子学院总部总干事、国家汉办主任许琳同志亲自前往云南师范大学呈贡校区为基地揭牌。

作为国家汉办西南地区首个汉语国际推广师资培训基地,基地(昆明)以西南周边国家汉语国际推广为重点,以建设高水平、示范性"国际汉语师资培训基地",开展周边国家汉语师资培训与培养、周边国家本土汉语教材及教学资源开发、周边国家国情、语言政策以及相关对策研究为主要任务;着力开展西南周边国家语言国情政策和汉语教学现状调研、教学资源研发以及学术科研交流项目、中华文化民俗体验场馆建设以及基地信息网络平台建设;积极筹划在越南、缅甸、老挝等国新建 5—7 个合作办学点,新增孔子课堂 2—3 所;围绕区域汉语国际教育发展需要,不定期举办国际学术会议,对相关前沿或热点问题开展深入广泛的交流和探讨;设立汉语国际推广师资培训基地(昆明)课题基金,资助校内外研究人员依托基地开展研究工作,形成一批高质量的成果。

（二）云南大学

云南大学始建于 1922 年,时为私立东陆大学,1934 年东陆大学更名为省立云南大学,1938 年改为国立云南大学,是我国西部边疆最早建立的综合性大学之一。1937 年,著名数学家、教育家熊庆来出任校长,一大批著名学者受聘到校任教,奠定了学校较高的发展基点和深厚的学术底蕴,开创了云南大学办学历史上的第一个辉煌时期。20 世纪 40 年代,云南大学已发展成为一所包括文、法、理、工、农、医等学科在内,规模较大,在国际上有影响的中国著名大学之一。1946 年,《不列颠百科全书》将云南大学列为中国 15 所世界著名大学之一。

云南大学留学生院是云南大学专门从事外国留学生汉语言文化教学和汉语国际推广的机构,负责留学生的招生、教学、日常管理及后勤服务工作。学院内设"云南大学留学生服务中心",在国际交流与合作处的指导下,对全校留学生实行统一管理、统一服务。云南大学留学生院于 1986 年开始招收留学生,已先后接纳了来自五十多个国家和地区的留学生,并多次承担了国家汉办交派的海外汉语教师的培训任务。云南大学留学生院于 2009 年开始招收汉语国际教育专业硕士,目前已培养了近 200 名中外学生。

云南大学留学生院对外交流日益频繁。目前平均每学年有二十多个来华项目在运行,涉及美国、澳大利亚、新西兰、意大利、韩国、泰国、孟加拉等国。除此之外,留学生院还在孟加拉、缅甸、泰国等国家设立了实习实训基地,每年都有外派教师和研究生志愿者在海外从事汉语国际推广工作。这些双向的交流活动提高了学校的国际影响力,为其赢得了良好的国际声誉。

作为大湄公河次区域两个高校合作组织 GMSTEC(大湄公河次区域高等教育联合会)及 GMSARN(大湄公河次区域学术研究网络)的理事单位,以及"中国—东盟大学校长论坛"中方秘书处单位,云南师范大学利用这三个平台与周边国家高校开展了多种形式的学术交流与合作。学校国际关系研究院与新加坡国立大学东亚研究所于 2010 年联合创办了"西南论坛",确立了将其打造为西南地区最高层次的学术和政策论坛的目标,至今已连续召开了两届,在国内外引起了较大的反响。2011 年,由学校法学院与越南河内法律大学共同主办的第四届中越法律研讨会在学校举行,中越双方 50 余名代表参加了研讨会。该研讨会是学校法学院与越南河内法律大学合作的重要内容之一,此前已分别在昆明、河内成功举办三届。

2012 年,云南大学成立了国际学院,该学院作为云南大学全面开展国际化办学的重要平台,为该校国际化人才培养及学术研究奠定了基础。云南大学利用人才集中、学科齐全、合作范围广、学术影响大的优势及毗邻东南亚、南亚国家的地缘优势,在更大范围内寻求发展空间,加快学校国际化进程,为云南省跨越式发展提供了人力资源和智力支持,在建设中国面向西南开放的"高等教育桥头堡"进程中,成为我国面向南亚、东南亚等周边地区的重要国际人才培养基地之一。

2013 年 1 月 4 日,教育部(中国)留学服务中心(中国唯一对外国学位学历进行认证的官方机构)与云南大学出国留学培训基地揭牌仪式在云南大学举行,云南大学成为全国第十二所,也是云南省唯一一所与中国留学服务中心共建出国留学培训基地的高等院校。

云南大学的出国留学培训基地建成后,依托学校的优质师资与教学资源,努力为广大出国留学人员提供系统的外语培训、专业培训和全方位的留学服务。该出国留学培训基地与欧美等多国的多所知名大学建立了长期、稳定的合作与交流关系,制定了多种形式的"外语 + 国外大学基础课程"的培训计划。目前,留学基地的培训课程已获得国外合作院校的认可,学生入读国外合作院校后可以获得部分学分的豁免或申请免修部分课程。云南大学出国留学培训项目为学生平稳过渡到国外优质大学接受高等教育提供了一条新途径。

云南大学国际学院在中国留学服务中心的指导下,积极开展出国培训项目,目前已与美国的新墨西哥大学、伊利诺伊理工学院—芝加哥肯特法学院、北亚利桑那大学,英国的赫尔大学、朴茨茅斯大学、赫瑞·瓦特大学、考文垂大学、中央兰开夏大学,澳大利亚的迪肯大学、斯文本科技大学、纽卡斯尔大学、悉尼科技大学,新西兰梅西大学、惠灵顿维多利亚大学等建立伙伴关系、准备签署合作协议,在本科阶段法学、经济学、国际商务、财务管理、会计、市场营销、金融、管理、计算机等领域开展合作。同时,瑞典巴尔默大学,丹麦罗斯基勒大学、挪威卑尔根大学,瑞士苏黎世应用科学大学,荷兰奈耶诺德商业大学,越南河内大学,泰国朱拉隆功大学,阿根廷美洲联合大学等正积极与国际学院联系,推进全英文授课的学生交换项目和短期留学修读学分项目。

(三)云南财经大学

云南财经大学的前身是始建于 1951 年的云南省财政干部学校,1981 年,经教育部批准,云南省财政干部学校升级为云南财贸学院并开始实施全日制本科教育;1995 年,该校被云南省政府确定为省属重点大学;2006 年 2 月,经教育部批准,云南财贸学院更名为云南财经大学;2007 年,该校获教育部本科教学工作水平评估优秀等级;2009 年,该校被列为博士学位授予立项建设单位;2013 年 2 月通过整体验收。学校经过 60 余年的建设,已发展成为以经济学、管理学为主,法学、哲学、文学、理学、工学、艺术等学科协同发展的多科性省属重点大学,形成了以本科培养为主,兼有研究生、留学生培养和继续教育的多层次人才培养体系。

云南财经大学的教育国际化模式已基本形成,以"引进、整合、本土化办学"为路径的国际化办学经验独树一帜。据统计,云南省经教育部批准的 7 个中外合作项目有 5 个在云南财经大学,共计培养了 6000 余名毕业生;目前在校有 30 个国家近 700 名留学生。年均举办和联办高水平国际会议 16 次,930 余名国内外知名专家学者赴会,构建了庞大的国际化科研平台;先后与 130 余所高校建立了校际合作关系,涉及美、英、澳、法、俄、印、越、泰等三十多个国家和地区。

值得一提的是,云南财经大学国际工商学院是云南省首个开展中外合资办学项目的试点高校单位。它突破传统办学模式,率先在全省高校中实现了国际化教学和人才培养模式的"四化",即教学课程设置的国际化、教学中师资配置的国际化、教学方式的国际化、学习环境与氛围的国际化。

云南财经大学东盟学院成立于 2007 年 4 月,是学校面对东盟及周边国家开展合作办学的涉外教学和管理单位。学院具备较强的专业师资和管理干部队伍,现有在编教职员工 35 人,其中专职教师 27 人,管理人员 8 人;教职员工中有教授、副教授 4 人,讲师 15 人;博士 2 人,硕士 27 人,研究生以上学历占教职员工总数的 83%;中共党员 24 人。学生 300 余人(包括中国学生和留学生),其中留学生近 300 名,分别来自泰国、越南、缅甸、老挝、柬埔寨、东帝汶、韩国、瑞典、法国、斯里兰卡等国家。

东盟学院同时承担了留学生教育和中国学生教育。

在留学生教育方面,学院承担了非学历留学生教育和本科学历留学生教育任务。非学历留学生教育主要是汉语语言生教育、专业进修生教育和访问学者交流三类;本科学历留学生教育采用"2+2"教学模式,即前两年将留学生集中在东盟学院,完成专业基础课程的教学,同时进一步强化和提高留学生的汉语水平;后两年再根据留学生所选专业分流到各相关学院学习专业课程。在中国学生教育方面,学院现有越南语(经贸方向)、泰语(经贸方向)两个专业。

为实施国际化发展战略,开展高水平国际合作项目,云南财经大学 2014 年 9 月将原大学外语教学部(留学预备学院)调整设置为国际文化教育学院(School of International Cultures and Education,简称 SICE)。学院一方面负责全校本科大学英语和研究生公共英语教学,同时作为教育国际化的重要组成部分和对外交流窗口,整合教育资源,开拓国内外语言、文化教育市场。学院立足于发挥云南财经大学在经济、管理方面的专业优势,与国际知名院校建立良好合作关系,在共同打造国际化的教学课程体系,在帮助本校学生"走出去"的同时招收海外学生到学校留学。

表 2 − 1　云南财经大学中外合作办学项目一览表

项目名称	合作方	层次	专业方向	获得学位
云南财经大学与美国库克大学合作举办国际经济与贸易专业本科教育项目	美国库克大学	学士	国际商务、国际会计、国际商务英语、项目管理 4 个专业方向	获得中方本科学历证书和学位证书;获得外方本科学位证书
云南财经大学与澳大利亚查尔斯特大学合作举办会计学专业本科教育项目	澳大利亚查尔斯特大学	学士	国际会计、国际金融、理财学 3 个专业方向	获得中方本科学历证书和学位证书;获得外方本科学位证书
云南财经大学与英国爱丁堡龙比亚大学合作举办金融学专业本科教育项目	英国爱丁堡龙比亚大学	学士	金融服务	获得中方本科学历证书和学位证书;获得外方本科学位证书
云南财经大学与英国格林威治大学合作举办房地产理学硕士学位教育项目	英国格林威治大学	硕士	房地产	获得外方硕士学位证书
云南财经大学与英国格林威治大学合作举办项目管理理学硕士学位教育项目	英国格林威治大学	硕士	项目管理	获得外方硕士学位证书

(四)云南农业大学

云南农业大学创办于 1938 年,前身是国立云南大学农学院,建址昆明市呈贡县。1958年,独立建成昆明农林学院,迁址昆明北郊黑龙潭。1962年,滇南大学、滇西大学并入昆明农林学院。1969年,昆明农林学院搬迁到大理白族自治州宾川县,1970年,该校搬迁至原曲靖地区寻甸县。1971年,昆明农林学院与云南农业劳动大学合并成立云南农业大学,1980年搬回昆明北郊黑龙潭。1983年,该校成为硕士学位授予单位,1993年被列为云南省属重点大学,2003年成为博士学位授予单位,2007年设立博士后科研流动站。2008年教育部本科教学评估为优秀,2009年、2013年省委省政府依托学校教育管理资源分别创办了云南农村干部学院和云南食品安全管理学院。

学校先后与英、美、日、法、荷、澳、泰、越等32个国家的118个院校和国际研究机构建立了学术交流和科教合作关系。与荷兰瓦赫宁根大学、越南荣市大学联合招收培养本科生。与英国伍尔夫汉普顿大学、法国里尔大学等联合培养硕士生。与日本鹿儿岛大学、京都府立大学、澳大利亚拉筹伯大学等互派学生。主持了20余项国际合作科研项目,聘请了近200名国内外具有较高学术造诣的院士和专家教授担任客座教授,促进了学校教学科研水平的提高。

中国—东盟教育培训中心是为落实温家宝提出的"中方愿意设立10个职业教育培训中心,为东盟国家经济社会发展提供所需的人力资源"的倡议,由外交部和教育部于2012年7月共同批准成立的国家级对外(主要是东盟国家)教育和培训基地,是中国面向东盟10个教育培训中心中专门培养农业相关领域人才的教育培训基地。云南农业大学国际学院成立于2013年9月24日,其目的在于更好地服务"桥头堡"战略,提高学校国际化办学水平,推动学校教学研究型大学的建设。中国—东盟教育培训中心和云南农业大学国际学院实行"一套班子,两块牌子"的管理模式。中心依托云南农业大学的教学和管理资源,主要从事对外学历教育,长、短期培训和国际合作办学等工作。主要工作范围包括:留学生教育与管理、国际合作办学、国际学生交换项目、境外办学、出国培训、汉语国际教育和培训、国际农业科技教育培训、相关科学研究等。

学校自1997年经云南省教育委员会批准获得留学生招收权以来,留学生数量逐年增多,留学规模越来越大,质量也在不断提高。留学生不再是大学校园中绚丽多姿的点缀,他们逐渐成为我校高等教育国际化进程中不可缺少的一个因素。根据省教育厅进一步扩大招收外国留学生工作的指导精神,云南农业大学正努力加大留学生招生力度,留学生教育无论在学生规模、生源国别、学习类型、专业分布,还是教育层次以及在整个学校中的地位等诸方面,都获得了极大发展与提升。自1998年至今,累计培养来自二十多个国家和地区的三千五百多名长、短期留学生。目前在校长期生人数为102名,2013年共招收短期进修生96名。留学生奖助学金类别丰富,涵盖了各个层次,目前共有中国政府奖学金、云南省政府奖学金、校级奖学金和红河助学金4类奖助学金。

自1994年学校开始通过与越南河内农业大学合作为越南农业界举办农业科技短期培训班以来,学校国际培训项目运作已经有二十多年,有一支专业的科技培训教研团队和经验丰富的管理团队,具有丰富的从事国际培训的硬件和技术力量。云南省农业科技国际人才培养基地以及东盟教育培训中心的设立为云南农业大学开展国际交流合作提供了更广阔的平台。

云南农业大学自2001年开展合作办学项目以来,大力引进国外优质教育资源,提升了该校的教育国际化办学水平。目前与荷兰瓦赫宁根大学劳伦坦学院开展的合作项目"现代园艺技术荷兰班"已经成功举办13届,截至2013年,已有一百多名成绩优异并通过"雅思"考试的学生赴荷兰深造。赴荷兰留学的学生,除部分继续在荷兰攻读硕士学位外,大多已学成回国,并就职于跨国公司、荷兰驻中国公司(尤其是花卉公司等)。目前,该合作办学项目生源质量不断提高,招生人数逐年增加。"现代园艺技术荷兰班"的成功举办,为云南省的园艺产业培育一批高水平的专业人才。目前,学校正在积极拓展与荷兰方面的深度合作,包括招生专业的拓展和合作院校的拓展。学校自2005年开始与法国FESIA合作开展了3届"4+1+1"本、硕项目。学校自2007年开始与英国胡夫汉顿大学合作开办了教育硕士班项目,与该校签订了联合举办"2+2""2+3"和"4+1"项目的协议。目前正在与英国、新西兰等国著名院校商讨合作开展"4+0"土木与环境工程本科生项目和"3+1"食品科学与工程学士本科生项目。

2014年云南农业大学培训项目信息

(1)主要农作物高产育种及栽培技术国际培训班

(2)农业生物多样性控制病虫害培训班

(3)东盟国家优秀大学生赴滇农耕文化体验周

(4)云南—东南亚、南亚高校合作论坛

(5)热区(反季)马铃薯高产栽培技术国际培训班

(6)跨境动物疫病防治技术培训班

（7）面向东盟特色农业产业化国际培训班

（8）农村发展与生态环境建设培训班

（9）中国—东盟农村发展及农业科技研讨会

（10）中国—东盟农业科技国际培训班

（11）东盟国家主要农作物病虫害综合防控技术研讨培训项目

（12）孟中印缅热带经济果蔬种植与管理技术研讨培训项目

（13）缅甸农业发展与农村建设国际培训班

表 2－2　云南农业大学国际汉语教育

国际汉语教育				
汉语进修		学历教育		特色汉语体验夏令营
短期进修	长期进修	留学生专业	中国学生专业	常年开设特色汉语体验夏令营，短期班随时招生，可以根据团队的要求及时间予以安排课程，授课时间为1—4个星期不等，在短期内迅速培养和提高学生的听说能力，为进一步选择到中国留学起好宣传作用和打下基础。学生人数一般每班10—20人，以汉语课程学习为主，同时穿插中国传统民乐欣赏（二胡、古筝、扬琴等）、中国传统体育运动欣赏与尝试（武术、太极拳、中国象棋、围棋等）、中国传统民间工艺品制作（剪纸、中国结等）等中国传统文化课程，并可根据学生要求组织参观、旅游，学习结束发给结业证书。如在学习时间上有特殊要求，也可直接与我中心联系。
学制:3—6个月 1.普通汉语进修班:根据学生需求量身定制课程，主要包括基础汉语课程和特色文化实践课程。 2.专业汉语进修班:根据学生学习汉语1年后将要学习的专业制定教学课程，除基础汉语课外，归纳出所需的专业词汇，请专业教师运用生动易懂的方式进行讲解。课程包括基础汉语课程、专业词汇课程、特色文化实践课程。	学制:1年 1.普通汉语进修班:根据学生需求量身定制课程，主要包括基础汉语课程和特色文化实践课程。 2.专业汉语进修班:根据学生学习汉语1年后将要学习的专业制定教学课程，除基础汉语课外，归纳出所需的专业词汇，请专业教师运用生动易懂的方式进行讲解。课程包括基础汉语课程、专业词汇课程、特色文化实践课程。	1.商务汉语专业:开设基础汉语课、专业主干课、选修项课、文化实践课。 2.行政汉语专业:开设基础汉语课、专业主干课、选修项课、文化实践课。	国际汉语教育专业:语言学类课程、教学实践类课程、中国文化类课程等。	

第三章　云南省与周边三国的
教育交流与合作状况

　　我国的内陆边境线由南到北总计有 22000 多千米,分别与越南、老挝、缅甸、不丹、锡金、尼泊尔、印度、巴基斯坦、哈萨克斯坦、俄罗斯、朝鲜等 15 个国家接壤,同马来西亚、文莱、菲律宾、印度尼西亚、韩国与日本 6 个国家隔海相望。边境线上分布有 9 个省区(广西、云南、西藏、新疆、甘肃、内蒙古、辽宁、吉林、黑龙江),共 136 个县,总人口约两千多万,占全国人口的 1.94%,总面积达一百四十多万平方千米,约占全国总面积的 15%。① 总体来看,内陆边境绝大部分地区是后进的少数民族聚居地,属于贫困农村地区。但是边境地区土地辽阔、资源丰富,发展潜力大,加快边境地区经济、文化与教育事业的发展对于加速边境开发、巩固国防、促进民族团结具有重要的意义。

　　继 20 世纪 80 年代沿海开放及 90 年代沿江开放以来,中国迎来了沿边开放的第三波开放大潮,云南正逐渐成为中国沿边开放发展的新高地。云南直接与缅、老、越三国接壤,与周边三国国境线长达 4060 千米,占我国内陆边境线的 1/5,其中中缅国境线长 1997 千米,中老国境线长 710 千米,中越国境线长 1353 千米。在中南半岛有被称为"东方多瑙河"的湄公河,发源于中国的唐古拉山,流经缅甸、老挝、泰国、柬埔寨和越南,在中国境内称澜沧江。这条黄金水道将中国和包括缅甸、老挝与越南在内的中南半岛诸国紧紧地联系在一起,众多民族在远古时期就开始了密切交往,中国中南半岛诸国的文化交流源远流长。在

---

　　①　王锡宏:《中国边境民族教育》,中央民族学院出版社 1990 年版。

地理条件上,云南省处于东亚与东南亚、南亚次大陆的结合部,全省共有 52 个少数民族,26 个世居民族,其中有 16 个民族是跨境而居的,占全国跨境民族总数的一半。地理上的"山同脉,水同源"与人文环境上的文化同流和民族同宗,将云南与东南亚、南亚的广大地区紧密地联系在一起,使云南成为中国通往中南半岛及南亚次大陆并直接沟通两大洋的陆上走廊和重要桥梁。

云南省边境一线分别有文山、红河、普洱、西双版纳、怒江、保山、临沧、德宏 8 个州市,部分州市的情况简介如下:

文山壮族苗族自治州东北和东南与广西百色接壤,南部与越南接壤,位于云南省的东南部,被称为"滇东南大门"。境内有汉族、瑶族、苗族、壮族、彝族与回族等 11 个民族。1993 年,国务院批准天保口岸为国家级口岸,天保口岸位于文山壮族苗族自治州麻栗坡县南部,与越南社会主义共和国清水口岸相对应,是中国走向东南亚的重要口岸之一。

普洱市位于云南省南部,原名思茅市,是云南省面积最大的边疆少数民族地区,辖 1 个市辖区、9 个自治县,国境线长达 625 千米,东南与老挝、越南接壤,西南与缅甸比邻,澜沧江—湄公河黄金水道纵贯普洱,流经缅甸、老挝、泰国、柬埔寨、越南五国,具有"一市连三国""一江通五邻"的独特区位。陆上边境通道有 18 个,是著名的南方丝绸之路之一。

怒江傈僳族自治州是中缅滇藏的结合部,地处云南西北部的青藏高原南延部分横断山脉纵谷地带,西与缅甸接壤,国境线长 449.67 千米。独龙族和怒族是怒江所特有的少数民族。

保山,古称永昌,地处云南省西南部,西北、正南同缅甸交界,国境线长 167.78 千米,有国家一类口岸 1 个(猴桥口岸,2000 年 4 月被批准为国家一类口岸),进出境通道 16 条,民用机场 2 个。保山与缅甸山水相连,市内腾冲县猴桥镇、滇滩镇、明光乡,龙陵县木城乡与缅甸接壤,对应缅甸边境地区分别为克钦邦第一、第二特区和掸邦第一特区。

德宏傣族景颇族自治州位于云南省西部。"德宏"是傣语的音译,"德"为下面,"宏"为怒江,意思是"怒江下游的地方"。德宏的南面、西面和西北面与缅甸联邦交界,德宏州除梁河县外,其他县、市都有国境,全州国境线长 503.8 千米。德宏州拥有畹町口岸和瑞丽口岸 2 个国家级口岸,陇川章凤和盈江小平原口岸 2 个省级口岸。德宏的口岸不仅是对缅甸贸易的主要口岸,也是通往东南亚和南亚的重要口岸。

临沧市,古称缅宁,位于云南省西南部,澜沧江畔。临沧市的沧源、耿马、镇康三个县与缅甸接壤,国境线长 290.8 千米。临沧全市有孟定清水河、南伞、沧源三个陆路口岸。"孟定清水河口岸"与缅甸掸邦第一特区清水河口岸相对接,与缅甸掸邦第二特区(佤邦)南登特区隔河相望。南伞口岸位于云南省的西南部,中缅边界中段,与缅甸掸邦第一特区(果敢县)接壤。沧源口岸有两个主要通道,即芒卡通道、永和通道,口岸与缅甸掸邦第二特区接壤。此外临沧还有 5 条公路通道与缅甸相连,是云南省通往缅甸仰光最近的陆路通道。

西双版纳傣族自治州,古代傣语为"勐巴拉那西",意为"理想而神奇的乐土"。西双版纳东、南、西三面与老挝、缅甸接壤,与泰国、越南等国相邻,国境线长 966.3 千米,其中,中缅段国境线长 288.5 千米,中老段国境线长 677.8 千米。1992 年,我国开放沿边地区,西双版纳傣族自治州被国务院列为首批开放的沿边地区。2007 年 11 月 13 日,打洛口岸被批准为国家级一类陆路开放口岸,至此,西双版纳州已拥有 4 个国家一类口岸(即通往老挝的磨憨陆路口岸,通往缅甸的打洛陆路口岸,通往老缅泰等国的景洪港水运口岸以及西双版纳国际机场航空口岸),有 60 余条边境通道,其中 9 条公路直通老挝、缅甸(曼庄、磨憨、岔河、新民、曼栋、勐宋、打洛、巴达、布朗山)。

表 3 – 1　云南省与越南、缅甸、老挝边境接壤州市概况①

接壤国家	云南省州市名称	国境线长度(千米)
越南	文山壮族苗族自治州	438
	普洱市	67
	红河哈尼族彝族自治州	848
缅甸	保山市	167.8
	德宏傣族景颇族自治州	508
	临沧市	294
	普洱市(原思茅市)	303
	西双版纳傣族自治州	288.5
	怒江州傈僳族自治	450
老挝	普洱市(原思茅市)	116
	西双版纳傣族自治州	677.8

---

① 常锡光、陶天麟、韦晓、王天玉、方贵荣、施涌:《中国云南边境教育向周边三国辐射的战略研究》,http://www.doc88.com/p – 399517624295.html。

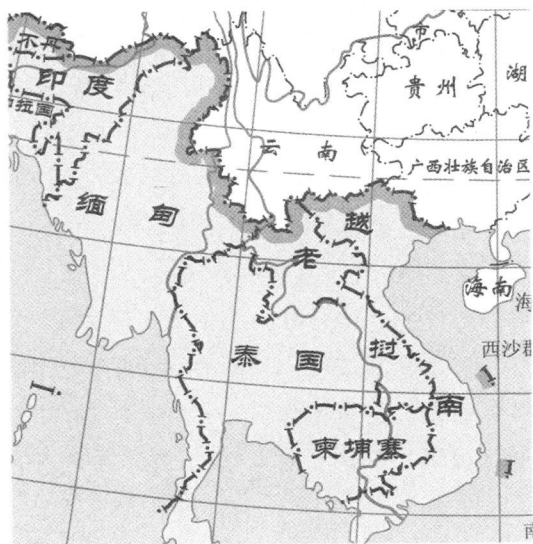

图 3 - 1　云南省与周边国家接壤示意图①

一、云南与周边三国交流状况

（一）云南省与越南的交流

1. 云南省与越南社会文化、经济交流状况

中国与越南江河同源、山脉同缘，习俗相近，中越两国自古以来就建立了深厚的传统友谊。在两国关系发展的历史长河中，两国经历了从"同志加兄弟"到弹雨纷飞的中越战争，再到 1991 年两国关系恢复正常化的历史历程。两国关系正常化后，两国都制定了相应的政策措施增进云南与越南交界地区的交流与合作，以促进滇越边境经济社会的发展。这些政策措施对于中越两国增进边境地区的交流与合作，促进兴边富民、维护边境地区社会稳定及巩固国家国防起到了积极的促进作用。②

越南位于中南半岛（Indo - China Peninsula，旧称印度支那半岛，又称中印半岛）东部，东面和南面临南海，海岸线长 3260 多千米，西南与老挝与柬埔寨交

---

① 审图号：GS(2008)1372 号。

② 陈刚、程敏、李继云：《中国云南和越南西北边境四省合作发展机制研究》，《经济师》2011 年第 3 期，第 209 页。

界,北与中国接壤。越南全国面积大约 32.9 万平方千米,其地形狭长,东部分割成沿海低地、长山山脉及高地,北部地区由高原和红河三角洲组成。该国平地面积不超过 20%,森林占 75%,山地面积占 40%。越南是一个多民族的国家,有 54 个民族。主要语言为越南语,越南语属南亚语系孟—高棉语族。主要宗教有佛教、天主教、和好教与高台教。有华人 100 多万。

1996 年越共八大提出要大力推进国家工业化、现代化。2001 年越共九大确定建立社会主义市场经济体制。越南共产党是该国唯一合法的政党。通用越南语,华语与英语也被广泛使用。越南是东南亚国家中,历史上受中国文化影响最深,而且唯一一个接受儒家思想的国家。越南也是东南亚国家联盟成员之一。越南 1945 年 9 月 2 日宣布独立,1950 年 1 月 18 日与中国建交。截至 2010 年 5 月,在中越边境线共有 9 个边境口岸,边民互市点 54 个,其中广西有 25 个,云南 29 个。①

越南是受中国传统文化影响最早的一个国家,自秦始皇三十三年(公元前 214 年)派兵掠取"陆梁地"一统岭南,设置象郡,实施移民戍边开始,便掀起了中原汉文化南传的浪潮。秦朝末年,南海郡尉赵佗趁陈胜、吴广大起义,秦军无力南顾之时,于公元前 203 年起兵兼并桂林郡和象郡自立为南越武王,建南越国,设立交趾、九真二郡(包括越南北部和中部北区)进行了长达 90 多年的统治,其间赵佗沿用秦朝的政治体制,并大力推广中原的先进生产技术和文化。越南古代史学家黎嵩在《越鉴通考总论》中称赵佗"武功慑乎蚕丛,文教振乎象郡,以诗书而化训国俗,以仁义而固结人心"②。可见儒家经典与孔子的仁义道德思想已传入越南。汉武帝灭南越国后,于公元前 111 年在越南设立交趾、九真、日南三郡,实施直接的行政管理。在之后的一千多年时间里,越南北部交趾地区虽然屡有反抗,但是大体上一直受到中国古代政权各朝代(汉朝、东吴、晋朝、南朝、隋朝、唐朝和南汉)的直接管辖,一直到宋朝以前都是中国的郡县,当时越南称为"交趾""安南",这就是越南历史上的郡县时代。968 年,丁部领(丁先皇)以武力征服境内的割据势力,确定国号大瞿越(丁朝),两年后(970 年)又自称皇帝,使用年号"太平",定都华闾(今宁平省宁平市),这是越南正式脱离

① 李金发:《中越边境边民互市中的族群互动与国家认同——以云南地西北边民互市点为例》,《广西民族研究》2011 年第 4 期,第 47—48 页。
② 杨焕英编著:《孔子思想在国外的传播与影响》,教育科学出版社 1987 年版,第 39 页。

中国而自主之始,但其依然接受宋太祖册封为交趾郡王,中国皇帝自此正式承认越南是自治的藩属国而不再是直接管理的中国本土,从此开始了越南历史的新时期。1407 年至 1428 年,中国明朝成祖(永乐皇帝)趁越南皇朝内乱之际,出兵收复越南,并在升龙设立了交趾布政使司(行省),进行直接统治。1428 年,黎利击败明朝军队,自立为帝建立后黎朝,明朝从越南撤兵,承认越南独立。但无论在中国的郡县时期还是相对独立时期,越南一直属于中国文化圈,就是越南独立后,无论是上层人士的交往,还是学校教育以及文学作品的创作,均以汉字为工具,汉字曾经是越南封建国家的正式文字和官方文字。公元 13 世纪,越南出现了自己的语言文字——喃字(又称字喃),但是越南的上层社会人士由于有很浓厚的"尊汉"思想,把汉语文字视为高贵的语言文字,因此一直很排斥这种文字。喃字是以汉字为基础,运用形声、会意、假借等造字方法创造出的一种新型文字。越南的历史学家指出:"中国语言文字已经成为越南语言文字的有机部分。越南语言文字和中国语言文字之间的关系比拉丁字与法国语言之间的关系还要密切。因此,要想真正了解越南语言文字就不得不了解中国的语言文字。"①中国与越南语言文字的相同和相通,使儒家学说不必翻译就能直接为越南人民所了解和接受。

越南的文庙(国子监)就是一个典型的文化代表。公元 1009 年,前黎朝权臣、亲卫殿前指挥使李公蕴乘前黎朝嗣主幼冲,篡夺皇位称帝,建立李朝,是为李太祖。李公蕴称帝后,于公元 1010 年改元顺天,并打算把国都从华闾城迁到大罗城(后称升龙,即现时越南河内),下《迁都诏》以询示群臣:"昔商家至盘庚五迁,周室迨成王三徙。岂三代之数君,徇于己私,妄自迁徙? 以其图大宅中,为万亿世子孙之计。上谨天命,下因民志,苟有便辄改,故国祚延长,风俗富阜。而丁、黎二家,乃徇己私,忽天命,罔蹈商周之迹,常安厥邑于兹,致世代弗长,算数短促,百姓耗损,万物失宜。朕甚痛之,不得不徙。况高王故都大罗城,宅天地区域之中,得龙蟠虎踞之势,正南北东西之位,便江山向背之宜,其地广而坦平,厥土高而爽垲,民居蔑昏垫之困,万物极蕃阜之丰,遍览越邦,斯为胜地,诚四方辐辏之要会,为万世京师之上都。朕欲因此地利,以定厥居,卿等如何?"②

---

① [越]文新:《中越辞典·序言》,《古代中越关系史资料选编》,中国社会科学出版社 1982 年版,第 755—756 页。

② 《大越史记全书.本纪》(卷之二),《李记·圣宗皇帝》。

这是越南现存最早的历史文献,引用中国盘庚迁殷、周朝三徙的史例来阐明迁都的必要性。1070 年,李圣宗开始在升龙城"修文庙,塑孔子、周公及四配像,画七十二贤像,四时享祀"①,越南文庙效仿中国采用因学设庙的形式,当时年仅 5 岁的皇太子李乾德便是文庙的第一个学生,1072 年,他继位成为李仁宗皇帝。升龙文庙的建成是儒学在越南成为教化信仰的开端,也是越南后世广修文庙祭祀孔子之滥觞。越南文庙的横梁、碑文上全是用中文记载,充分体现了汉语言文化对越南的影响。

在日常的生活中,汉字也伴随越南人的一生。河内的寺庙当中,随处可见汉字题刻。玉山寺的一处入口,两侧分立很大的"福、禄"二字和嵌名句"玉于斯,山仰止"。门柱对联云"临水登山,一路渐入佳境;寻源访古,此中无限风光"。另一处通口不仅有联,还有"影动龙蛇"题额。这些古雅文句,均系纯正的中国文化印记。此外,越南过年年画挂历上常见有"福"字,红灯笼上有"顺""安""泰"等字,结婚时必用红双"喜"字,拜祭亡者冥钱模板要用汉字刻制等。随着中国经济社会的发展,越来越多的越南人开始学习汉语,在越南的一些主要城市,中文培训班多如繁星,边工作边学汉文的人随处可见。此外,儒家思想对越南影响至深,中国儒家学说比佛教更早传入越南。目前,越南还保有很传统的伦理道德,仁、义、礼、智、信思想,如在人物的称谓方面,他们没有"你、他"这样的人称代词,而是用家庭称谓的关系来称,根据你的年龄,对说话人的对象,用"哥哥、姐姐、弟弟、妹妹、姑姑、叔叔、爷爷、奶奶"这些来指代人称。"欲问安南事,安南风俗惇,衣冠唐制度,礼乐汉群臣。"②这是 15 世纪越南胡朝皇帝留下的诗句。即使到了 21 世纪的今天,无论在心态层面还是制度习惯层面,或是物态层面,中越文化还是如此地相同、相似或相近。近年,越南观看中国电视连续剧可分为三个阶段:第一是古典文学作品,如《红楼梦》《三国演义》《西游记》等;第二是改革开放后的情感伦理作品,如《渴望》《情满珠江》等;第三是后来的反贪腐影片,如《省委书记》等。晚上一有中国的电视连续剧,河内常常是万人空巷,人人都在家看电视了。如果没有高度的文化认同感,另一个民族的文学作品是很难引起如此的共鸣的。③

① 《大越史记全书·本纪》(卷之二),《李记·圣宗皇帝》。
② 贺圣达:《东南亚文化发展史》,云南人民出版社 1996 年版,第 138 页。
③ 古小松:《中越文化关系略论》,《东南亚研究》2012 年第 6 期,第 94—101 页。

近年来,中越两国官方和民间文化交流发展势头良好。据统计,每年两国在教育、体育、美术、考古、宗教、博物馆、广播、影视、新闻、出版、摄影、旅游、青年、妇女等领域的团组互访达数十起。两国政府文化主管部门高层互访频繁,有力地推动了两国文化交流与合作。2010 年中国文化部长蔡武率团成功访越,越南文化体育旅游部长黄俊英从 2009 年起每年均率团访问中国。中国积极派团参加历届越南顺化艺术节,越南也派团参加了历届在中国举办的亚洲艺术节。每年两国都互派多个规模较大的演出、展览团组,多角度地介绍各自文化的独特魅力。两国文化产业交流与合作起步良好。中越两国国情相似,在该领域有着广阔的合作前景。自 2008 年起,中国文化部每年召开的"中国—东盟文化产业论坛",越南均派代表参会。

两国新闻媒体保持着传统友好的合作关系。两国的国家电台、电视台之间签有合作协定,省、市级电台、电视台之间的合作富有成效。新华通讯社、经济日报社、人民日报社、中央电视台等中国媒体已先后在越南设立分社和记者站。

云南省与越南的经济贸易合作是在中国与越南两国友好交往的大环境下发展起来的。云南省对越南出口的商品主要有铝、锌、石膏、水泥、稻谷种、烤烟、咖啡等。云南从越南进口商品主要有木材、干果、鲜水果、铁锌铬矿砂、包装纸等。2007 年 6 月,由云南省政府和越南外交部共同举办的共建"两廊一圈"经济合作论坛在昆明举行,这标志着云南与越南北方诸省将开展更加深入的经济合作。① 在双方的共同努力下,越南已成为云南省的第三大贸易伙伴,2007 年双边贸易额突破 6 亿美元。

2012 年,云南省人民政府和越南工商会在河内共同举办中国(云南)—越南经贸合作推介会,孔铉佑大使应邀出席,越南工商会武进禄主席、计划投资部邓辉东副部长、工贸部亚太司范氏洪清副司长以及滇越近 400 家企业 600 多人出席推介会。

云南省省长李纪恒在推介会上的主旨演讲中指出,越南是云南省第二大贸易伙伴,也是云南对外投资第三大目的地。双方经贸往来呈快速发展势头,2011 年贸易额达到 12.13 亿美元。为深化云南与越南经贸合作,建议双方继续

---

① "两廊一圈"经济合作是指"昆明—老街—河内—海防—广宁;南宁—谅山—河内—海防—广宁"经济走廊和环北部湾经济圈。

加强各级别各阶层往来;加快双方交通运输互联互通网络建设;务实推动"两廊一圈"合作以及河口—老街跨境经济合作区建设;深入探索双方金融合作。推介会上,双方签署 7 项合作文件,涉及金额 7.2 亿美元,涵盖贸易投资、经济合作和缔结友城等多个领域。此外,双方达成 14 个项目合作意向,涉及金额近1.26亿美元。

2. 云南省与越南教育交流现状

越南目前已形成包括幼儿、初等、中等、高等、师范、职业及成人教育在内的完整的教育体系。其普通教育分为三个阶段,学制为 12 年,第一阶段为 5 年制小学,第二阶段为 4 年制初中,第三阶段为 3 年制高中。1991 年越南国会通过了《普及小学(5 年)义务教育法》,到 2000 年越南宣布已基本实现普及 5 年义务教育,其教育经费占国内生产总值的 15%。2001 年,越南开始普及 9 年义务教育。1998—1999 学年,越南全国在校各类学生人数约 2000 多万名。全国共有 123 所公立高等院校、16 所民办高等院校、3 万多所三级(小学、初中及高中)普通学校。2001 年越南高校录取新生人数达 20 万人。著名高等院校有河内国家大学、胡志明市国家大学、顺化大学、太原大学及岘港大学等。

2008 年 12 月 30 日,越南教育与培训部颁布了《2009—2020 年教育发展战略草案》,对未来十多年教育事业的发展进行了全面谋划和前瞻性部署。该战略草案是继《2001—2010 年教育发展战略》之后,越南在 21 世纪提出的第二个中长期教育发展战略纲要,不仅对越南教育事业发展具有重要推动作用,而且将对越南建设现代化工业国家产生深远的影响。该战略充分体现了可持续发展的教育理念:(1)强调教育为国家服务的价值理念,同时重视学生的个性发展,关注学生的学习兴趣及学生自我发展的需求;(2)强调教育发展要兼顾公平与质量,教育既要为所有公众特别是少数民族子弟、贫困地区学生、残疾学生、弱势学生提供学习机会,同时要保证教育的质量;(3)强调统筹兼顾各级各类教育,促进教育协调发展,既重视儿童早期教育,确保良好的教育开端,又重视发展职业教育,强调教育为社会发展服务,同时也强调终身学习、终身教育;(4)强调提高学业标准,注重教育质量,在全球竞争的环境下,培养有知识、有道德,既具有国际化素质,又具有批判性思维的,拥有扎实的学力的人才;(5)强调推动教育国际交流合作要处理好国际化与民族化的关系,注意维护、发挥本民族文化的特色,建设充满人文又先进的教育体系。可持续发展的教育理念为越南教

育改革与发展提供了方法论指导,同时指明了教育改革与发展的根本方向和应
承担的价值使命。①

　　中越关系由来已久,在历史发展长河中中越友好关系始终是主流,这是不
争的事实。1945 年 8 月越南人民在越南共产党的领导下发动"八月革命",胡
志明在 9 月 2 日发表独立宣言,宣告越南民主共和国成立。1946 年 12 月 19
日,法国侵略军进攻河内和越南北部,胡志明发表告全国人民书,越南全国抗法
战争开始。1950 年 1 月 15 日,越南外交部部长黄明鉴致函周恩来总理,宣布承
认中华人民共和国政府,并决定与中国政府建立正式外交关系和交换大使。1
月 18 日,周恩来复函越南外交部部长,表示欢迎中越两国建立外交关系。②
1950 年越南第一次教育改革后,小学生数量从 17 万(1946 年)增至 27 万(增
60%);中学生从 7600 人(1946 年)增至 13600 人(增 90%)。这为普通教育的
广泛发展提供了有利条件。1954 年 7 月小学生有 603460 人,中学生 58790 人。
与法国统治时期发展最高的年代相比,小学生增多两倍多,中学生增多八倍。③
随着战争的深入,办学条件与环境越来越恶劣,抗战期间,各校为躲避敌人的扫
荡,把学校搬迁到交通困难、偏僻的农村,为躲避敌机的轰炸,各级教育领导机
关也被迫转移到深山老林里办公。在长期的战争环境下,胡志明等越共领导人
开始考虑革命后代的安全和培养问题,毕竟战争总会结束,既要培养战争所需
要的人才,同时还要想到战争结束后国家建设所需要的人才,所以培养革命后
代的问题提上了日程。根据胡志明的要求,学校地址最好离越不远,且最好为
乡村,以便于越南学生可以上山砍柴、可以种菜等。1951 年 7 月,越南学校校址
最后选在邕宁县心圩镇(今南宁市西乡塘区心圩街道和德村九冬坡)。1957 年
中越双方在北京补签的《关于越南在中国设立学校的议定书》中同意"越南民主
共和国政府在广西南宁设立普通中学一所,在广西桂林市设立普通中学一
所"④。20 世纪 60 年代到 70 年代,北京大学、人民大学、清华大学、武汉大学、
中山大学、南京大学等多所中国大学也为越南培养了大批优秀人才。援越学校

---

　　①　欧以克:《越南 21 世纪教育发展的新战略、理念、目标及策略》,《外国教育研究》2011 年第 11
期,第 13—14 页。

　　②　郭明主编:《中越关系演变四十年》,广西人民出版社 1992 年版,第 23 页。

　　③　广西壮族自治区档案局(馆),全宗号 67,目录号 2,案卷顺序号 117,第 41 页。

　　④　广西壮族自治区档案局(馆),全宗号 37,目录号 2,案卷顺序号 2,第 55 页。

是在中国援助越南两次抗战救国战争期间在中国创办的一系列学校的总称。越南于抗法战争期间在广西南宁、桂林等地创办了越南育才学校,在抗美救国战争期间创办了"九·二"学校。南宁育才学校共培养学生 6700 名,桂林育才学校则培养了近 7000 名干部子弟,"九·二"学校共培养学生 5186 人。这些毕业生后来大都成为越南革命与建设的中坚力量。仅桂林越南育才学校毕业生中就产生了越南政治局委员 1 名,中央委员 3 名,上将 3 名,高级干部 14 名,"英雄称号获得者" 2 名,胡志明勋章获得者 1 名,国会代表 8 名,烈士 19 名,优秀教师 5 名,优秀医生 3 名,教授和副教授 32 名,博士 61 名等。南宁育才学校毕业生中近 2000 名学员成为越南教育战线上的骨干力量,100 名学生后来成为越共中央委员。① 通过这些数据我们可以看到援越学校的成就,这些学生毕业回国后,为越南的社会经济建设作出了重大贡献。广西援越学校是中越两国在 20 世纪 50—70 年代共同反对西方侵略的结晶,是一段深厚的友谊。20 世纪 70 年代末,由于中越关系恶化,两国之间的教育合作中断。

1991 年中越关系正常化以来,特别是 21 世纪以来,中国和越南教育合作在两国建设社会主义市场经济基础上得到进一步发展,合作内容丰富、形式多样。随着中国—东盟建立自由贸易区、中国—东盟博览会的举办和中越两国经贸合作的不断扩大以及两国建设"两廊一圈"的需要,在越南掀起学习汉语热潮。②

越南为了加快边境教育的发展制定了一系列的政策、工作措施。如对于边境地区那些不送适龄孩子入学或是让孩子中途辍学的学生家长,每学期处以折合人民币约 80 元的罚款;边境地区小学三年级及以下的学生,由国家负责其书费,学习用具费等按月发放;小学四年级以上直至大学,所有学生的衣、食、住、行均由国家负责;中越边境范围内的各级各类学校的学生,全部享受免费就医和免费看电影等特殊待遇。越南的兴教措施对我国边境贫困的少数民族学生来说具有很大的吸引力,这是出现边境少数民族学生外流的最根本原因。③

针对越南政府义务教育阶段的对外教育交流政策,云南省拓展思路,在初等教育汉语教材编写方面与越南开展积极的交流合作。云南大学出版社在成

---

① 宋宏宜:《广西援越学校的历史及其现实作用探析》,广西师范大学硕士学位论文,2008 年,第 1 页。

② 农立夫:《中国与越南现代教育合作回顾与展望》,《学术论坛》2012 年第 2 期,第 206—208 页。

③ 李怀宇:《云南边境地区少数民族教育的困惑与反思》,《民族教育研究》2004 年第 6 期,第 5—9 页。

功编写了中缅双语教材——《缅甸小学汉语课本》之后,适时跟进,在 2007 年两次赴越南老街省、河内市等地进行调研,拜会越南教育相关的主管部门,并赠送由出版社组织专家编写的《越南小学汉语课本》的样本,2007 年年底,越南教育出版社派代表回访,双方就合作出版《越南小学汉语课本》的事宜达成了一致。

　　云南省与越南在教育国际化领域积极开展多种形式的交流与合作,因地理相邻,双方互访频繁,合作办学的形式也是多种多样。云南省各类高等院校对越南招生力度逐年加大,在云南省接受教育的越南留学生人数呈逐年递增的趋势,学生受教育的层次与水平也在不断地提升。2011 年 10 月,温家宝同志在第十四次中国—东盟领导人会议暨中国—东盟建立对话关系 20 周年纪念峰会上提出"中方愿意设立 10 个职业教育培训中心,为东盟国家经济社会发展提供所需的人力资源"。为了落实温家宝同志的指示,外交部、教育部联合批准了 10 个国家级"中国—东盟教育培训中心",分别落户广西、四川、贵州、云南、福建、黑龙江 6 个省区。经外交部和教育部联合批准,作为我国对东盟国家教育培训 10 大基地之一的中国—东盟教育培训中心正式落户云南农业大学。杨健副司长表示,外交部将一如既往地对云南农大和教育培训中心给予大力支持,有云南省政府的高度重视和大力支持,有云南农大的雄厚资源和丰富经验,中国—东盟教育培训中心一定能够发挥优势,结合东盟国家的需求办出水平、办出成效、办出特色,成为中国与东盟的一座知识之桥、友谊之桥、合作之桥,为促进中国—东盟合作关系作出新的贡献。①

　　2012 年 4 月 3 日,中国云南省教育交流合作推介会在河内举办。时任云南省教育厅厅长的罗崇敏在推介会上表示,云南省将向越南全方位开放教育资源,为进一步加强在高等教育领域的各种交流,为越南学生到云南深造提供便利条件。昆明理工大学、云南民族大学、昆明医学院、云南农业大学等 13 所高校参加了此次推介会,其代表向来宾介绍了各自学校的教学情况。② 2014 年 3 月 29—30 日,由中国红河学院和越南老街省共同发起,老街省政府主办的"第五届中国云南红河学院—越南老街省教育培训厅文体交流活动"在越南老街省

---

　　① 《中国—东盟教育培训中心落户云南农业大学》,http://www. gx211. com/news/2012723/n1161109631. html,2014 - 12 - 15。

　　② 《中国云南—越南教育交流合作推介会在河内举办》,http://wcm. fmprc. gov. cn/preview/chn/slglgk/t920727. htm,2014 - 11 - 5。

举行。本届交流活动红河学院派出了以学院党委副书记罗家祥为领队的 76 人代表团参加。除红河学院、老街省外,越南河内社会科学与人文大学也首次派团参加。在为期 2 天的活动中,近 200 名中越青年代表围绕文艺、体育、书画等方面进行了友好交流。

3. 越南的华文教育发展状况①

越南有 54 个民族。中国主体民族汉族在越南分化成三个民族,即华族、艾族和山由族,一般指华族,也就是我们所说的越南华人。20 世纪 70 年代以前,越南华人有 180 万人口,其中 85% 在南方,而北方有 15%。70 年代中后期发生排华事件,约有 100 万人口离开越南,留在越南的一部分华人害怕受到牵连,改报成京族和其他民族。据 2009 年最新统计,越南华族只有 823071 人,减少 4 万人,降为第八大民族,排在京族、岱依族、泰族、高棉族、芒族、侬族、郝蒙族后,占越南全国近九千万人口的不到 1%。胡志明市是华族最多的城市,为 414045人,也只占全市七百万人口的近 6% 而已。

1907 年,越南第一所华校闽漳学校由福建帮华侨谢妈廷、曹允泽、林民英、颜庆富等人在堤岸霞漳会馆创办。② 到 20 世纪 50 年代初,越南北方有华校 45所,学生 5000 人;③南方华校 1956 年时达 228 所,学生超过 5.4 万。④ 西堤的穗城中学、义安中学、崇正中学,河内的中华中学,海防的华侨中学等都是当地著名的华校。20 世纪 70 年代越南南北统一后,政府不再允许办华校,也不允许私自教授汉语,越南的华文教育逐渐衰微,原有的华校或解散、或收归国有、或被普通学校合并。到 1985 年,华校减至 32 所,仅有 7200 名学生就读,而且这类学校汉语课时少,教材陈旧,具有浓厚的政治色彩,实际上脱离了汉语言教学的轨道。至此,越南华文科目形同虚设,华文教育已名存实亡。1986 年,越南开始革新开放,1991 年,中越关系步入正常化,到越南观光、考察与投资的中国人日渐增多,越南官方逐渐认识到华人在经济社会发展中的重要作用,华人政策有所放宽,华人的生产生活陆续恢复,华文教育也逐渐显现了复苏迹象。⑤

---

① 韦锦海:《越南华人华文教学当前存在的几个问题》,《东南亚纵横》2004 年第 8 期,第 63—68 页。
② 徐善福、林明华:《越南华侨史》,广东高等教育出版社 2011 年版,第 231 页。
③ 李白茵:《越南华侨与华人》,广西师范大学出版社 1990 年版,第 41 页。
④ 余以平:《越南华侨华人教育的兴衰及前景》,暨南大学华侨研究所编:《华侨华人研究》(第二辑),暨南大学出版社 1991 年版,第 195 页。
⑤ 衣远:《越南华文教育发展现状与思考》,《东南亚纵横》2014 年第 7 期,第 50—51 页。

　　1992 年，越南宪法第 5 条规定："国家实行各民族平等、团结和互相帮助的政策，禁止一切民族歧视和民族分裂行为。各民族有权使用自己的语言、文字，保持自己的民族特征和培养自己的优良习惯、传统和文化。"①越南华人积极抓住机遇，通过多种途径推动本民族语文教育的恢复发展。随着中国的日渐强盛，越南对华语人才的需求猛增，汉语言已成为越南发展对外经济活动的重要交际工具，越南民众对学习汉语言的要求也与日俱增。在这种情况下，越南政府放宽了针对汉语言教育的政策。1989 年，越南部长会议 256 号指示规定，在中国人聚居的地区，华人子弟可以学习汉语言。根据此规定，华文被列入中小学课程之中。

　　据统计，2007 年，越南有 40 所大学开设了中文专业，办学层次主要为本科和硕士研究生教育，直到 2010 年，河内国家大学所属外国语大学成为越南唯一一所具有培养中文相关专业博士研究生资格的高校。河内国家大学所属外国语大学、河内大学与胡志明市师范大学三所大学具有中文专业硕士学位授予权。在中文专业本科生招生方面，越南的多数大学招生人数在 30—60 人之间。2010 年，越南的海防大学、河内国家大学所属外国语大学、胡志明市国家大学所属人文与社会科学大学、胡志明市师范大学、河内大学、东方大学招收中文专业本科生超过 100 人。此外，还有 7 所大学开设了东方学或汉喃学，这些学科是以汉语为重要学习内容的，此外，没有开设中文专业的高等院校一般也都开设了汉语选修课。目前越南高等院校中文专业所使用的教材主要为中国大陆出版的教材、越南高校自编的教材、中国台湾编写出版的教材或越南学者编印的教材，其中使用较多的是中国大陆出版的教材，如杨寄洲主编的《汉语教程》、陈灼主编的《桥梁——实用汉语中级教程》、汪洪顺主编的《中国概况》等。

　　越南华人子弟学习华语的教学机构主要有如下几类：

　　一是直属于越南中小学的华文中心。华文中心设于越南华裔孩子就读人数较多的中小学校中，华文中心的校长由所在学校的校长兼任，只是在教学方面相对独立。华文中心一般设置校政主任 1 名，主要管理中心的日常教学工作，中心下设教务、训育两个部门，各设 1 名主任分管中心的教学教务与训导工作。华文中心租用普通学校的教室以及各种活动场地，主要进行汉语言的学习,不开设数学、物理、化学等自然科学的课程,另附有图书、音乐、体育与常识等副科。华文中心有的教授繁体汉字,也有的教授简体字并加注繁体字。2004年,胡志明市的华文中心达25个,学生约25000人。其中学生人数上千的华文中心占将近半数。其中如麦剑雄华文中心到2013年6月已累计培养了高中生586人、初中生1599人及高小生1962人,在胡志明市各华文中心中名列前茅。①

二是创办华文学校。这类学校一般由越南的华人社团创办,并成立学校董事会以便于统一管理。多数华文学校没有独立的校舍,他们一般在社团会馆内上课,或者租用场地作为校舍。较为有名的华文学校有富国岛华文学校、胡志明市陈开源电脑华语高中学校、同奈省春西华文学校、同奈省保平民立华文学校等。这些学校每周上课12节左右,有的只教汉语言,有的除教汉语言外,还设置电脑课程等。

三是创办越华民立学校(或称越华学校)。这类学校是有华人社团股份的具有民办性质的学校,由学校董事会进行管理。如坚江省华人余宜开、黄长江通过出资捐地于2009年兴建了该省首座民办双语学校——明正越华学校。胡志明市还开办了新堤岸幼儿园、立人国际学校等越华英三语学校。越华学校大多数有其独立的校舍,自己购置相应教学设备。这类民办学校所需的办学成本很高,所以汉语言课程比例在学校课程设置中不是太多。这类学校具有代表性的有平禄越华学校、同奈省定馆越华民立学校等。学校既开办有越文班,也有华文班。华文班的教学语言以华语为主,课程设置有华语、数学、地理、历史等。越文班教学语言以越南语为主,但是也会设置一定课时的华语课。这一点区别于设置于普通中小学的华文中心和由华人社团创办的"华文学校"。此外,随着华文人才需求量的增加,一些华文夜校也应运而生。

四是华文培训班。此类机构近年来在民间迅速兴起,主要面向需要提高华文水平的职场人士,常聘请中国老师教学,突出华文的实际运用,并开设电脑、商贸、会计等职业技能培训,受到了广泛欢迎。如2002年成立的胡志明市商业华语培训中心到2012年时已有1所正校、5所分校、80名教师、140个班,2000名学生。② 此外,胡志明市还开设了亲子华语辅导班等面向家庭成员的华文学

---

① 《麦剑雄华文中心毕业典礼》,《西贡解放日报》(华文)2013年6月8日,第1版。
② 《胡志明市商业华语培训中心庆祝教师节》,《西贡解放日报》(华文)2012年11月20日,第1版。

习机构,呈现出教学对象多样化的局面。

越南的华文教育随着中国经济的发展有了长足的进步,但是也存在不少的问题。首先是多数华语教学机构在教学中没有处理好越文学习与华文学习的关系。越南实施的是8年制义务教育(5年小学,3年初中),但目前大部分的华文学校、华文中心都没有开设越文课程,这类学校所发的学校文凭在越南是不被承认的。根据越南法律的规定,在越南,没有越语中学毕业文凭是不能在越南上大学的,也不能从事翻译工作。华裔孩子只学华文,不学越文,不利于他们的升学和就业。其实,越南政府在越南华文教育中提出的"在学好越文的基础上学好华文"的主张是切合实际的,但是这在华人地区没有得到很好的落实。因此,切合越南实际,要促进越南华语教育的稳步发展,需要越南各级各类教育管理部门、各类华文学校、华人社团以及华人学生家长的相互配合、通力合作。让学生中学毕业拿到华文学校文凭及越文文凭,让他们能顺利升入高中,继续攻读大学。其次是华文教学的管理较为混乱。目前,学习汉语已经成为越南的一种社会需求,学习汉语的人越来越多。而越南的华语教师却远远不能满足汉语教学的需求,这就使得两种不同性质的中文学习(将华文作为民族语言来学习和将华文作为外语来学习)时常相互交错,一些机构一味追求经济效益,流于经营,影响了华文教学质量。此外,缺乏统一的高质量的华文教材、教学参考书及课外读物也是制约越南华文教育发展的一大问题。现有的小学教材,普遍反映内容少,知识层次浅,不能满足小学生的学习要求,教学内容也缺乏统一计划。

（二）云南省与缅甸的交流

缅甸,全称缅甸联邦,位于中南半岛的西北部,与中国、印度、泰国、老挝、孟加拉国等国接壤,首都仰光。缅甸与中国毗邻,两国的共同边界绵延2171千米。缅甸全国面积676581平方千米,在东南亚居第二位。缅甸全国人口约5540万(2006年),共有135个民族,主要有缅族、克伦族、掸族、克钦族、钦族、克耶族、孟族和若开族等,缅族约占总人口的68%。缅甸华人移民约占总人口的1%。缅甸经济以农业为主,农业又以水稻生产为主,农业产值占国民生产总值的46.6%,加工制造业占92%。主要出口产品是大米、豆类等农产品,柚木、硬木等林产品和锡、锌、珠宝玉石等矿产品。①

1. 云南省与缅甸社会文化、经济交流现状

缅甸旧称"洪沙瓦底",是一个具有悠久历史的文明古国。1044 年形成统一国家后,经历了蒲甘、东坞和贡榜三个封建王朝。1824 年至 1885 年间,英国先后发动了 3 次侵缅战争并占领了缅甸,1886 年英国将缅甸划为英属印度的一个省。1948 年 1 月 4 日,缅甸宣布独立,脱离了英联邦,成立缅甸联邦。1974 年 1 月,改称缅甸联邦社会主义共和国。1988 年 7 月,因经济形势恶化,缅甸全国爆发游行示威。同年 9 月 18 日,以国防部长苏貌将军为首的军人接管政权,成立"国家恢复法律和秩序委员会"(1997 年改名为"缅甸国家和平与发展委员会"),宣布废除宪法,解散人民议会和国家权力机构。1988 年 9 月 23 日,国名由缅甸联邦社会主义共和国改为缅甸联邦。2008 年 5 月,缅甸联邦共和国新宪法获得通过,规定实行总统制。缅甸于 2010 年依据新宪法举行多党制全国大选。2011 年 2 月 4 日,缅甸国会选出吴登盛为缅甸第一任总统。2005 年,缅甸政府将首都从最大城市仰光迁至内比都(前称彬马那)。缅甸是一个以农业为主的国家,从事农业的人口超过 60% ,农产品有稻米、小麦、甘蔗等。

中国和缅甸壤地相接,山水相连,自古以来就有着传统的历史关系。据史籍记载,远在纪元前,两国人民就有了往来。他们通过有无互济的贸易,通过政治、文化、宗教的交流和相互影响,建立了亲密的友谊。缅语称中国为"德由"(意即"一个面貌"),缅甸人民昵称中国人民为"胞波"(意即"同胞兄弟"),且限定这一称呼只能是对中国人民的专称。这些都充分说明中缅两国关系的源远流长,表明两国人民友谊的淳厚、亲密。

中国和缅甸最早往来,从现有资料看,至迟可追溯到公元前 122 年,即汉元狩元年。据《史记·西南夷列传》记载:"及元狩元年,博望侯张骞使大夏来,言居大夏时,见蜀布、邛竹杖,使问所从来,曰:'从东南身毒国,可数千里,得蜀贾人市。'或闻邛西可二千里有身毒国。……诚通蜀,身毒国道便近……"又《史记·大宛列传》称"大夏在大宛西南二千余里","去汉万二千里,居汉西南。今身毒国又居大夏东南数千里,有蜀物,此其去蜀不远矣"。这些记载十分明确,中、缅、印三国之间在公元之前,就存在一条陆路通道。张骞出使大夏时听到

---

① 彭运锋:《缅甸基础教育发展简介》,《基础教育研究》2008 年第 1 期,第 49 页。

"通蜀,身毒国道便近",极力主张从我国西南开拓一条经缅、印直达中亚的"从蜀宜径"的"官道"。但为当时滇国所阻,没能够实现。① 但两国人民之间的往来和互市贸易在此之前或以后,都是很频繁的。如果不是这样,那么,公元前 2世纪初,张骞便不可能在大夏见着"蜀布"和"邛竹杖"。据记载,邛竹产于四川邛县之邛山,"竹节高实中,可作杖",故名"邛竹杖";而蚕丝远在公元前 3 世纪已经传至四川,古代蜀地,特别成都的丝锦一向载誉全国,西南一带的丝织业亦很发达。② 张骞在中亚所见四川的"蜀布"和"邛竹杖",无疑是由陆路自哀牢—永昌(现我国云南省西部地区)经缅甸辗转印度至中亚的。中缅两国和两国人民维系了这条交通线,并且由此而发生了日益亲密的关系。

公元前 2 世纪末叶以后,横贯中、缅、印三境的陆路交通不仅未中断,而且更显其重要;不但民商往返络绎不绝,而且不久便成为中缅两国使节往返的"官道"。如公元 1 世纪末叶至 2 世纪中叶,位于缅甸北部的掸国等就曾五次遣使朝贺。宋熙宁年间(公元 11 世纪),杨佐入大理国,著《云南买马记》说:"驿前有里堠,题:'……西至身毒国……'悉著其道里之详。"周去非的《岭外代答》卷三也有大理至蒲甘,去西天竺不远的记载。公元 13 世纪末,元人郭松年著《大理行记》说,大理"西去天竺为近"。由此足证,从西汉至元末上下千余年,中国与印度之间通过云南和缅甸的交通线,始终是通行无阻的。③ 中国西南和缅甸不仅有陆路交通维系,而且还有一条从海上经缅甸的伊洛瓦底江的内河航道直抵永昌,再转到中国内地的交通线。《三国志·魏志》卷三十引魏略记载:"大秦道既从海北陆通,又循海而南,与交趾七郡外夷比,又有水道通益州、永昌,故永昌出异物。"

两国正式建立邦交最早当在公元 94 年,即汉和帝永元六年。在汉代,缅甸曾五次遣使中国。从魏晋直到唐代,都称缅甸为骠国,中缅关系有了更大的发展。这个时期对于缅甸的地理方位、道里路程、风土人情、物产种类以及文物器具,都有着较翔实的记载和描绘。《唐会要·骠国》说:"魏晋间有著《西南异方志》及《南中八郡志》者云:'永昌,古哀牢国也,传闻永昌西南三千里有骠国,君臣、父子、长幼有序。'"居民"以金为戟"。郭义恭撰《广志》记载"梧桐有白者,

---

① 《史记》卷一一六《西南夷列传》、卷一二三《大宛列传》。
② 季羡林:《中国蚕丝输入印度问题的初步研究》,《历史研究》1955 年第 4 期,第 51—60 页。
③ 肖泉:《中国和缅甸的历史关系》,《暨南大学学报》1980 年第 2 期,第 17—18 页。

剽国有桐木,其华有白毳,取其毳淹渍,绩织以为布也"①。

8 世纪前期,云南地区崛起一地方势力,即南诏王国。樊绰《云南志》说南诏"西开寻传,南通骠国"。通过南昭,骠国同唐朝发生了友好的关系。公元 802 年,骠王"遣弟悉移城主舒难陀献其国乐"②,指的就是唐德宗贞元年间,骠国派一文化使团访问中国。这个使团包括乐工 35 人,备有国乐 12 曲,各种乐器 22 种。在唐朝宫廷表演,并且得到了很高的评价和称赞。唐德宗还写信给骠主,称赞友好的邦交,并封雍羌为检校太常卿,舒难陀为太仆卿,随来使臣(摩诃思那)也授了勋职。③ 此后,两国互派使节,交往频繁,长时期维持着友好关系。不仅如此,唐朝还通过南诏和骠国,联络了缅甸境内各族部落国家以及缅境以外的国家。明、清两代,朝廷开设了专门的翻译机构——缅甸馆,专门从事教授缅文、翻译工作及其他相关工作。

随着政治、经济联系的加强,随着华侨逐渐移居缅甸,进一步促进了两国的文化和技术的交流,并且对两国的文化繁荣和技术进步都有着重要的影响。早在古代,缅甸变幻奇妙的魔术、优美多姿的舞蹈以及委婉动听的音乐,就已饮誉我国。汉永宁元年(公元 120 年),缅甸使者带来了魔术师,表演了吐火、人头变马头牛头等精彩节目。④ 唐贞元十八年(公元 802 年),缅甸王子到中国表示亲善,带来了乐工 35 人,乐曲 22 种,弹奏了缅甸古乐曲 12 曲,西川节度使韦皋还绘制了一幅《骠乐图》,并为缅甸国乐谱曲,唐代著名诗人白居易为此写了一首《骠国乐》的诗篇予以赞美,诗曰:"……玉螺一吹椎髻耸,铜鼓一击文身踊。珠缨炫转星宿摇,花鬘抖薮龙蛇动。曲终王子启圣人,臣父愿为唐外臣……"⑤

另外在缅甸北部许多地方建有"武侯庙"和"关帝庙"。缅甸迄今还流传着有关孔明的各种传说,并且人民都崇敬他,替孔明取了一个缅甸名字"吴巴蒂"。当然,孔明并没有到过缅甸,但传说之盛且生动,正好表明中缅文化的相互交流和影响。

近代,在对抗外来侵略、争取民族独立与解放的斗争中,两国彼此支持,相

---

① 《后汉书》(卷一—六章)怀太子注引有此书,《哀牢夷传》亦引《广志》。
② 《唐会要》(卷一〇〇)《骠国》。
③ 见《新唐书·礼乐志》、《旧唐书·骠国传》、《白氏长庆集》(卷三、卷四十)、《元氏长庆集》(卷二十四)、胡直钧《全唐诗石印本》(卷十七)。
④ 《后汉书·西南夷列传》。
⑤ 《白氏长庆集》卷三。

互同情。特别是在第二次世界大战期间,连通中缅两国的滇缅公路(长 1146 千米)成为国际援助抗战物资进入中国的战略大通道,为中国人民抗日战争的胜利提供了有力的支持。新中国成立仅两个多月,缅甸即宣布承认中华人民共和国,成为非社会主义国家中最早承认新中国的国家之一。1950 年,中缅两国正式建交并互派大使。1954 年,中国、缅甸、印度三国共倡"和平共处五项原则"。20 世纪 60 年代,两国圆满解决了历史遗留的边界问题。

中国、缅甸两国领导人长期以来一直保持着互访的传统。刘少奇、周恩来、陈毅与邓小平等老一代中国领导人都曾经访问过缅甸,缅甸的前领导人吴努、吴奈温等也多次访问我国。其中周恩来总理曾经九次访问缅甸,缅甸的吴奈温主席也曾经 12 次访问我国。陈毅元帅在访缅期间,先后写出十余首访缅诗篇,其中《赠缅甸友人》诗中"我住江之头,君住江之尾。彼此情无限,共饮一江水"的诗句至今被两国人民广为传唱。2000 年,为庆祝中国与缅甸建交 50 周年,胡锦涛同志与缅甸国家和平与发展委员会副主席貌埃进行了相互访问,双方签署了"中缅关于未来双边合作框架文件的联合声明"。2001 年 12 月,江泽民同志对缅甸进行了为期四天的国事访问,这是中国最高领导人首次访问缅甸,在 21世纪,为两国传统睦邻友好关系的不断发展奠定了坚实的基础。

长期以来,沿中国、缅甸两国边界的沿边村寨大多居住跨境民族,他们语言、文化及风俗相似,来往频繁,历来都有通婚的习俗。一般而言,如中方经济困难,则边境居民外嫁较多。改革开放以来,我国经济稳步发展,国家安定,人民生活水平日益得到改善,境外女青年嫁入我方边境地区甚至远嫁内地的也不少。以盈江县为例,从 2000 年至 2007 年七年之中,盈江县涉外婚姻发生数为791 起。畹町 2000 年至 2007 年在中国境内发生的跨国婚姻为 21 起。两地 7年间发生的 812 起跨国婚姻均为缅甸户籍人口嫁入或入赘中国籍人口。

中缅两国建交后,两国经贸关系持续发展。中国主要从缅甸进口玉石、木材、土特产等,中国向缅甸主要出口仪器仪表、机械设备、药品、轻纺产品、化工原料、百货日用品等。2014 年 11 月 14 日,中华人民共和国和缅甸联邦共和国在内比都发表了"中华人民共和国与缅甸联邦共和国关于深化两国全面战略合作的联合声明"。这份声明共 16 项,近 2000 字。在声明中,双方回顾了中缅两国友好关系的发展历史,高度评价中缅传统"胞波"友谊。双方同意,秉承和平共处五项原则精神,在相互信赖、互利共赢的基础上,全面加强两国政治、经贸、安全、军事、人文等各领域合作,将中缅全面战略合作伙伴关系推向新高度。[①]

2. 云南省与缅甸的教育交流现状

1948 年,缅甸独立后,政府开始致力于教育事业的发展。据缅甸教育研究署 1995—1996 年度教育事业统计,全国共有小学 35762 所,初中 2089 所,高中 914 所。中小学教师 22.6 万人,学生 720 万人。[②] 缅甸政府与人民对教育十分重视,其办学方式亦有独到之处。[③]

一是佛教信仰与寺院教育。缅甸人民大都信仰佛教。政府为避免形成和激化宗教矛盾,至今未将佛教定为国教,但佛教的主导地位是不容置疑的。佛教信仰给缅甸教育带来了深远而广泛的影响,形成了著名的寺院教育。在缅甸,男子一生中都要出家当一次和尚,时间长者三年五载,短者半年或三个月,否则不能算成人。孩子刚去寺庙,称为小沙弥。小沙弥们既诵经念佛,接受佛教的初级教义,也要学习小学课程。还有一些儿童由于种种原因暂时不能出家,也可就近到寺院去学习文化知识,而不必交纳任何费用。在缅文中,"学校"与"寺庙"是一个词,发音为 jiang,这是有其现实依据的。寺校合一是缅甸基础教育的支柱。

二是边疆地区的多种教育。由于经济发展缓慢和交通不便,缅甸边疆地区的教育水平比较落后,进而又阻碍了经济的发展,不利于民族团结和国家的政治稳定,为此,缅甸现政府通过各种方式大力推进边疆地区的教育工作。在基础教育方面,除维护传统的寺院教育之外,政府于 1989—1995 年期间,兴建了边疆小学 249 所,初中 30 所,高中 10 所。缅甸全境几乎都在热带地区,校舍无需防寒设备,且地广人稀,学校建筑用地没有问题,学校建设难度不大,但难的是师资缺乏。为此自 1990 年起,缅教育部基础教育司与联合国教科文组织及开发计划署合作,实施师资培训计划。联合国出资 100 万美元,缅甸政府出资 4000 万缅元,用以改善师范院校的办学条件,开设新的课程,提高教师的教学水平。

---

① 《中缅发表关于深化两国全面战略合作的联合声明》,http://news. cnr. cn/gjxw/gnews/201411/t20141115_516781944. shtml,2014 - 11 - 15。

② 缅甸教育研究署编:《1995—1996 年度教育事业统计》,第 3—21 页。

③ 刘钦有:《缅甸教育评论》,《比较教育研究》2000 年增刊,第 238—241 页。

三是"三会"目标与扫盲工作。缅甸的扫盲工作卓有成效。从全缅教育研究署研究员吴妙南先生发表在学术刊物《知识界》上的"从人口统计看文盲"一文可以看到缅甸文盲率的变化。1901 年,缅甸 15 岁以上的文盲百分比为70.1%,1953 年缅甸 15 岁以上的文盲百分比为 30.1%,1985 年缅甸 15 岁以上的文盲百分比为 21%。

表 3 - 2　1985 年世界各地区 15 岁以上的文盲百分比

地区范围	百分比(%)
全世界	27.7
发达国家	2
发展中国家	38
非洲	56.8
亚太地区	37.3
南美及加勒比地区	17.3
缅甸	21

缅甸的扫盲工作有了长足进展,到 1993 年,15 岁以上的文盲比例已降到11.1%。这在世界上属于文盲较少的国家,在东盟国家中,也比印尼、马来西亚低,因而受到联合国教科文组织的表彰。缅甸文盲较少,首先得力于国家对扫盲工作的重视。自 1948 年独立以来,缅甸经历了多届政府,虽然历届政府政见不同,但在重视扫盲工作方面是相同的。从 1948 年到 1952 年,国家实施了"人民教育计划";自 1952 年到 1964 年,推行了"创造新生活教育计划";1964 年到20 世纪 80 年代开展了"识字运动"。自 20 世纪 80 年代开始,教育行政部门每年都组织在校大学生利用假期到边远山区和农村去举办识字班、扫盲班,提出了要让农民"会写""会读"和"会算""三会"目标。为此,他们抛开传统教材,专门编写了有利于农民接受的生动形象的课本。例如,他们打乱缅文字母表上各字母的顺序,将发音较易且与生活联系密切的字母排在前面,编成顺口溜,使农民读起来朗朗上口,很快就能记住。对东部掸邦山区,还编写了少数民族的文化教材,将识字与传播科学知识结合起来。此外,专门编写了手工业编织、家禽养殖果树栽培和农产品加工等方面的教材,既传授了文化科学知识,也增加了识字班的吸引力。扫盲教材都是免费的,授课时间多选择阴雨天和晚上,以避免耽误农活。学生们还结合农村的真人真事,编排小话剧巡回演出。政府也利

用广播、电视和报纸宣传,造成很大的声势。这一活动大约持续了 11 年,累计扫盲二十多万人,取得很大成绩。

到 2005 年,根据缅甸教育部公布的统计资料,缅甸共有中学 40 所,小学 505 所,就读学生 764 万人。全国开设的大专院校达 156 所。缅甸的学制为五四二制,即小学 5 年,初中 4 年,高中 2 年。但由于缅甸政局的特殊性,缅甸义务教育地区差异大。中缅两国边境地区在义务教育阶段的交流与合作历史悠久,近年来,我国与缅甸友好合作关系发展较快,双边政治关系日益密切,高层互访频繁。在教育方面,2004 年 10 月,中缅两国签署了《中华人民共和国教育部与缅甸联邦政府教育部教育合作谅解备忘录》。为了吸引留学生和加强对留学生的管理,云南省还先后制定了《云南省接受外国学生管理暂行办法》《云南省政府奖学金管理办法》《关于进一步加强云南省高校对外管理工作意见》《云南省高校国际化评估体系》等规章制度,为云南省开展高等教育的国际合作与交流提供了政策上的支持与指导。

近年来,双方不断探索新的交流合作模式,推陈出新,以积极推进缅甸义务教育的发展。随着中国经济的发展,中国云南实施了"国门学校标准化建设项目",农村义务教育"三免费""两免一补"等一系列有效的边境教育保障政策,自 2008 年下半年开始,对于缅甸过来云南边境学校就读的学生,只需要交书本费就可以了。同时对缅甸边境一带的华人、华侨学校免费提供了部分中小学教材,云南省沿边居民到缅就读的中小学生人数大量减少,一些缅甸人还通过各种途径来云南就读,与云南相邻的缅甸部分县市和克钦邦政府也大量聘请中国籍教师任教。据统计,仅 2006 年,缅甸在德宏州新华书店购买的中小学教材达 182729 册,缅甸九谷市的华文学校多年来还一直向德宏州畹町开发区教研室订购中小学统测试题。

2008 年 8 月起,西双版纳傣族自治州为方便缅甸学生到中国求学,在打洛边境口岸检查站专门开通了求学"绿色通道",凭缅甸户口就可优先办理出入境通行证,不耽误孩子上学。此前,打洛边境检查站针对 200 多名缅甸学生采取了特殊的通关措施,凡到中缅友谊学校上课的缅甸学生,只要佩戴该校校徽或出示学生证,就可不用办理繁杂的出入境手续,一天之内能多次通过口岸边检站进出学校。同时,打洛边境检查站还延长了口岸的开关和闭关时间,早上 6

时 30 分就开关,晚上 10 时才闭关,多方位满足了缅甸学生的求学需求。① 此外,其他边境县市也对来华学习的学生提供了我国国民待遇。

据云南省思茅行署教育局统计,至 2002 年,共有 583 名学生因为贫困和家庭搬迁而到缅甸佤邦求学。随着我国一系列边境利教政策的实施,2009 年边境民族地区因为教育负担过重而失学、学生向国外流失的现象已经大大减少,并发生逆转。云南边境地区与境外教育的竞争格局形成。随着瑞丽作为国家重点开发开放试验区建设的不断推进,截至 2012 年 12 月,有 1088 名缅籍中小学生在瑞丽市的 43 所小学、5 所初级中学就读,瑞丽市各小学均有缅籍学生,初中段则只有勐秀中学无缅籍学生。瑞丽市教育局局长亢宏伟说:"我们敞开大门,让外籍学生在义务教育阶段与国内学生享受同等的待遇,实行民族语言和汉语双语教学,共享教学资源,增进了中缅两国友谊。"②

在高等教育方面,至 2010 年,云南省各高等教育机构共招收了 3105 名缅甸学生,省政府给部分优秀学生提供了全额奖学金;云南大学与缅甸合作举办了福庆孔子课堂;2003—2005 年,保山中医药高等专科学校为缅甸学生开办了西医专业,培训了 64 名学员,昆明理工大学也为缅甸学生举办短期培训班;云南农业大学、云南民族大学等也与缅甸高校开展了学术交流或培训。③

3. 缅甸的华文教育发展状况④⑤

1872 年,仰光就已有华侨开设私塾、蒙馆,传道授业。1904 年,缅甸华侨在仰光创办了第一所华校中华义学,此后,缅甸华侨、华文教育经历英属殖民地时期(1904—1942、1945—1947)、日本占领缅甸时期(1942—1945)、缅甸独立后的吴努政府时期(1948—1962)和奈温军政府初期(1962—1966)四个时期。从总体来看,自 1904 年缅甸第一所华校建立到 1962 年奈温军人政变掌权,缅甸华侨华文教育在师资、学校规模、学生人数等方面均呈不断发展趋势。到 1962

---

① 《云南边境"绿色通道"方便缅甸学生中国求学》,http://www. yn. xinhuanet. com/newscenter/2008 - 09/17/content_14419926. htm,2015 - 2 - 3。
② 《千余缅籍学生"留学"云南瑞丽》,http://news. xinmin. cn/world/2013/03/31/19495256. html,2015 - 2 - 3。
③ 朱耀顺、丁红卫、朱家位、李兴奎:《云南省与缅甸高等教育合作问题研究》,《中共云南省委党校学报》2012 年第 1 期,第 107 页。
④ 李祖清:《缅甸华文教育发展状况介绍》,http://www. mhwmm. com/Ch/NewsView. asp? ID = 2699,2015 - 11 - 15。
⑤ 范宏伟:《缅甸华文教育的现状与前景》,《东南亚研究》2006 年第 6 期,第 71—75 页。

年,缅甸有 259 所华文学校,39000 名学生。① 1965 年 4 月,缅甸政府颁布《私立学校国有化条例》,下令将全国所有私立中小学收归国有。不久,全缅 200 多所华校被缅甸政府接收。此后,一些失业的华文教师在各地兴办了不少华文补习班,但到 1967 年仰光发生"6·26"排华事件后,华文补习班被政府禁止。直到 20 世纪 70 年代末 80 年代初,一些华人华侨在讲授佛经的名义下,率先办起了一些华文补习班,华文教育才勉强恢复、发展起来。这种状况今天依然存在,不过华校的数量和规模已经有了较大发展。

目前,下缅甸地区华文教育发展最好的当属仰光。仰光现有庆福宫华文佛经补习班、甘马育观音庙佛经补习班、天后宫佛教华文补习班、九龙堂天后华文学校、晋江公会华文补习班、舜帝妙善华文补习班、三山福州同乡文化艺术中心、福星语言与电脑学苑、甘马育闽侨福同仁补习班、甘马育建德分社补习班、正友语文商业中心、东方语言与商业中心。在仰光的这些华文学校、补习班中,福星语言与电脑学苑、正友语文商业中心、东方语言与商业中心设施最好、师资力量最强,并对学生收费。其他补习班均无正式校舍,大多借华人寺庙、同乡会和宗亲会的会馆办学,师资、硬件设施差强人意,不分民族、宗教对所有学生均实行免费,具有慈善性质。

华校使用的教材主要有两种,第一种是台湾编写的繁体教材,主要是台湾国立编译馆编撰的《国语》《数学》《公民》《物理》《化学》《生物》等;第二种是大陆编写的简体教材,如中国语言文化学校编写的《汉语》(1—12 册)、《说话》、《中国文化常识》等。通过这些教材,我们可以看出两种华校教育的不同特点:使用大陆教材的华校是第二语言教育的语言教学,教学媒介语为缅语或双语,教学内容是语言、文化。采用台湾教材的华校是使用母语教育的语文教学,教学内容是知识、文化教育。

在中国侨联、侨办、汉办等单位的大力支持下,缅甸的华文教育取得了空前的发展。近十多年来的一些发展情况如下:

◎中国侨联

1997 年 4 月,云南省昆明市华侨联谊会举办了首届中缅青少年夏令营活

---

① Douglas. p. Murray,"Chinese Education in South east Asia",*The China Quarterly*,NO. 20,Oct – Dec,1964,p. 79.

动。缅甸北部的华裔青少年,第一次踏上祖籍国的土地,一睹祖籍国的新面貌;

自 1999 年起,每年三月,中国侨联举办"世界华人小学生作文大赛",获奖者均应邀来华参加颁奖仪式及夏令营活动。

◎国家侨务办公室、云南省侨务办公室

得到国家侨务办公室的支持,自 2001 年开始,与云南大学和云南师范大学举办汉语言文学系函授班,每届 2 年,目前为本科学历,授班培养了大批无法前往中国学习的汉语大专毕业生,为缅甸华文教育事业增添了骨干力量;

每年国家侨务办公室均举办"寻根之旅夏令营""才艺夏令营"等活动,让华裔学生有机会回国参加各种学习;

自 2001 年,国家侨务办公室在仰光、曼德勒、腊戌、东枝等地举办汉语教师培训班(现在称为巡回讲学),为缅甸的华文教育事业培养了骨干队伍;

2012 年 8 月开始,福庆学校举办侨办的"中华大乐园"活动,为孩子们创造了一个学习体验中华文化的平台。

◎中国国家汉办

2008 年 2 月 3 日,中国国家汉办孔子学院总部正式批准福庆学校与云南大学为合作伙伴,签署了关于建立福庆孔子课堂的协议。2009 年 5 月,福庆学校正式挂牌孔子课堂;

2009 年开始,在曼德勒的福庆孔子课堂,每年举办两次中国国家汉办支持的"汉语桥"中文比赛活动(一次是大学生,一次是中学生),"汉语桥"活动已经将缅甸籍的年青华裔与祖国联系在一起;

2009 年,福庆孔子课堂荣获汉办孔子学院总部颁发的"汉语考试优秀考点奖";

2009 年 10 月,福庆孔子课堂获中国国侨办批准,挂牌"海外华文教育示范学校";

2010 年 8 月,云南省侨办主任亲临福庆孔子课堂挂牌"云南海外文化教育中心缅甸中心";

2012 年 3 月云南省省长李纪恒亲临挂"云南海外文化教育中心曼德勒分中心"及"云南教育国际合作与交流曼德勒工作处"两个牌;

2012 年 8 月与云南大学民族研究院合作,并以高学历本土教师队伍组织成立"缅中语言与文化研究中心",其宗旨是"让中国人了解缅甸;让缅甸人了解中

国";

2013 年"研究中心"再度与云南大学国际留学生院合作,成立"缅甸汉语教学研究中心";

2013 年先后与云南大学留学生院、北京中央民族大学两所高等院校合作,设立相关学院的"研究生实习基地";

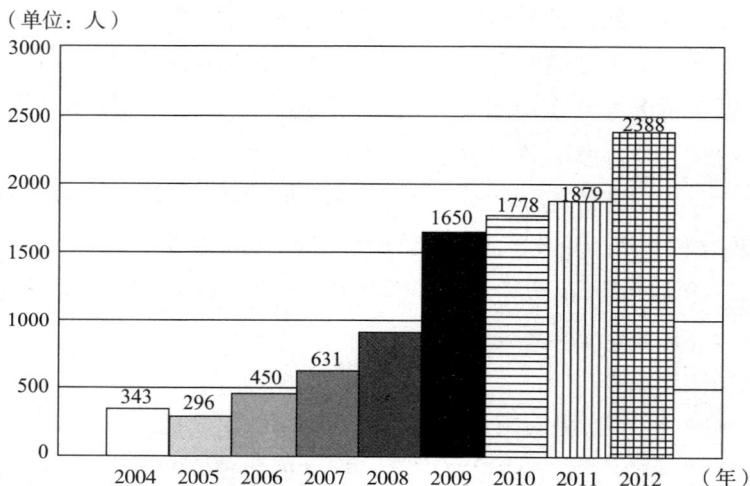

（单位：人）

图 3－2　曼德勒福庆孔子课堂历届汉语考试考生人数一览表

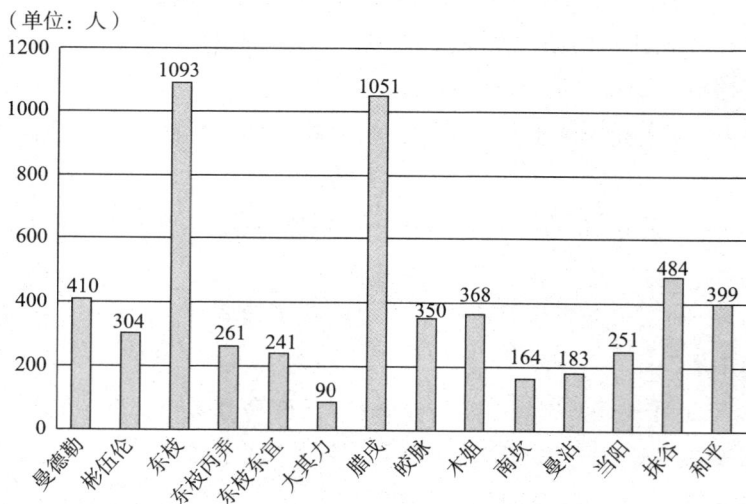

图 3－3　2012 年首届中华文化大赛参赛人数表

2013 年 2 月,与国侨办示范学校(腊戌果文、东枝东华)一起牵头成立"缅北华文/汉语教学促进会","促进会"秘书处设在福庆学校,"促进会"将缅北华校、汉语教学机构凝聚在一起。目前已与缅北 130 多所华校建立了互信关系;

2013 年 11 月在学校 20 周年校庆暨孔子课堂挂牌 5 周年之际,还举办了"第十届东南亚华文教学研讨会"国际会议。

2010 年 5 月,福庆学校首次外派本校的本土汉语教师前往缅甸中部马圭省马圭市设立第一个汉语教学点。随后,周边的旺兰市、勃固省的啤缪市、掸邦的旺邦市侨领纷纷与福庆教学中心联系,要求外派汉语教师,成立汉语教学点。目前,马圭市、旺兰市、啤缪市、旺邦市汉语教学点已经开办三年,已出现中级班(即初中班)。福庆汉语教学中心在努力扩大汉语教学的影响力,让汉语国际教学遍地开花,覆盖整个缅北地区。

(三)云南省与老挝的交流

1. 云南省与老挝社会文化、政治、经济交流现状

老挝人民民主共和国,简称老挝,是社会主义国家,是东南亚唯一的一个内陆国家。老挝是亚洲第二贫穷国家与世界低度开发国家之一,于 1997 年 7 月加入东盟。老挝北面与我国云南省为邻,边界线长 710 千米;东面与越南接壤,边界线长达 1957 千米;西面与泰国接壤,边界线长 1730 千米;西北面与缅甸接壤,边界线长 230 千米;南面与柬埔寨交界,边界线长 492 千米。

老挝历史上曾是真腊王国的一部分,13—18 世纪是南掌,之后遭暹罗和越南入侵,1893 年沦为法国保护国。老挝工业发展落后,基础薄弱,以锯木、碾米为主的轻工业和以锡为主的采矿业是最重要部门。老挝的琅南塔曾经是世界上出产鸦片最多的地方。2014 年 5 月 4 日,中国航天科技集团宣布,旗下卫星部门预定 2015 年为老挝发射通讯卫星,成为老挝第一颗卫星。

中国与老挝两国来往密切,文化交流源远流长。在殷商时期,中国南方地区生活着"百越"民族。《汉书·地理志》注引臣赞言:"自交趾至会稽七八千里,百越杂处,各有种姓。"在漫长的岁月中,"百越"民族不断迁居,最后形成了"东起自海、遍及长江与珠江两流域,经云贵高原而达中南半岛,而至印缅交界之阿拉干山脉"①的分布区域。"百越"人民俗风情几乎一样。陈序经曾著有

---

① 中华文化通志编委会编:《中国与东南亚文化交流志》,上海人民出版社 1998 年版,第 12 页。

《扶南史初探——古代柬埔寨与其有关的东南亚诸国史》一书。他认为,中南半岛的种族,包括老挝、柬埔寨和越南等国,都是来自中国的西南地区。[①] 他的结论已经为考古学和民族学的研究所证实。如在中国云南、广西、贵州等地出土的铜鼓,与老挝等中南半岛国家一些民族使用的铜鼓十分相似。这些铜鼓一般都镌刻有翔鹭纹、鱼纹、羽人划船纹等,特别是羽人划船纹表现的是当时的人们驾舟于水中祭祀的情形。又如,老挝流传的九龙创世神话说:古时老挝一部族住在湄公河畔,一个生育了八个儿子的妇女在湄公河捕鱼时,看到一根布满鳞皮的木头顺流而下,因躲避不及,被木头撞着大腿,因此怀孕而生下第九个儿子,取名为“九龙”。九龙刚会走路,就随母亲捕鱼,被蛟龙舔了其背。从此,九龙力大无穷,智力超群,长大后成为部落首领。这个妇女的九个儿子后来成为老挝民族的祖先,即哀牢族。类似的神话在中国的《华阳国志·南中志》《后汉书·哀牢传》等均有记载。

中国和老挝不仅有众多的民族拥有共同的族源、相同的风俗习惯、近似的思维方式,而且国家之间的友好关系也由来已久,绵延不绝。据老挝史书记载,坤博隆(中国史书称皮逻阁)为三国时期孟获的后裔,在唐玄宗时被册封为云南王。他统一洱海地区,并建立了南诏国。坤博隆的长子在南诏国的南部建立琅勃拉邦王国,为老挝一古老王国。明朝时期,老挝第一个统一的澜沧王国于公元 1353 年建立。明成祖在该地设置老挝军民宣慰使司,以刀线歹为宣慰使,驻芒能(今老挝琅勃拉邦)。从此,明政府与老挝建立了朝贡关系。老挝与中国的云南地区在政治、经济和文化上交往密切。明朝还把老挝列入《云南土司》条目,辖于云南布政司,成为明朝的“内属国”。后因缅甸洞吾王朝兴起,并将老挝纳入自己的势力范围,加上明朝此时国势衰落,老挝一度中断入贡。直至清代,老挝才恢复了与中国的往来。中国与老挝还通过贸易来往加强双边友好关系。据统计,从东吴至明清,老挝对中国的朝贡共 72 次,其中明清两代就有 65 次。[②]老挝多以象、金银进贡,中国的回赠则以丝织品、瓷器居多。中国和老挝的边民贸易也很活跃。中国商人的马帮商队载铜锡器、丝织品、瓷器、盐等与当地人民

① 中华文化通志编委会编:《中国与东南亚文化交流志》,上海人民出版社 1998 年版,第 22 页。
② 周一良主编:《中外文化交流史》,河南人民出版社 1987 年版,第 724 页。

交换棉花、象牙、孔雀毛等土特产。①

　　老挝现存三大族系,即老龙族、老听族和老松族。它们的来源都与百越民族相关。"老龙",老挝语的意思是"平原地区的老挝人"。老龙族人约占全国人口的74%,是老挝的主体民族。老听族,属于土著民族。老松族,老挝语的意思是"山顶上的老挝人",主要指瑶族与苗族,这两个民族在18世纪从中国的南方迁徙而来。18世纪末,云南的苗族从现在红河哈尼族彝族自治州的金平、河口,文山壮族苗族自治州的马关进入越南,其中一部分云南苗族在1810—1820年间越过了老挝与越南边界到达老挝。在语言方面,老挝苗族使用川、黔、滇语方言。此外,老挝还有约20万人口的泰族(中国称为傣族),瑶族3万人,哈尼族(老挝称为卡果族)1万人,彝族2000人左右。这些民族的婚葬、宗教禁忌、服饰、节日习俗、伦理道德等均与中国云南边境一带的少数民族基本一致。

　　虽然移居到中南半岛,但民族根源于中国西南地区少数民族,并没有放弃原有的信仰和生活习惯。远古的瑶族和苗族的宗教信仰属于自然神崇拜。老挝的瑶族和苗族崇拜自然神灵,意在五谷丰登、人畜兴旺,盘瓠传说也被他们带到了中南半岛。老挝的瑶族以盘瓠为本民族的祖先和英雄,每年都举行盛大的盘王节。在老挝的苗族中,每当请来的巫师为死者主持丧葬仪式时,都会在吟唱中为死者指路,以便其灵魂能回到"中国"和"祖先居住的地方"。老挝的华人和部分少数民族至今还保留着与中国人一样的过春节、元宵节、清明节、中秋节等生活习惯。如在老挝被人们称为"月福节"的中秋节夜晚,全家男女老少齐聚赏月,而青年男女翩翩起舞,通宵达旦。共同的宗教信仰和生活习俗使中国西南地区与中南半岛诸国在民族文化上具有一种与生俱来的不可分割性。

　　中国与老挝自1961年4月25日正式建交以来,双边关系稳定发展,政治互信不断增强。在经贸合作方面,两国经贸关系不断深入,合作领域不断拓宽。2003年,中老双边贸易额首次突破1亿美元。2007年,中老双边贸易额达2.49亿美元。中国驻老挝大使馆经济商务处公布的最新统计数据显示,2012年,中国与老挝双边贸易总额为17.28亿美元,2011年中国对老挝出口额为9.37亿美元,增长96.8%;中国从老挝进口额为7.91亿美元,下降4.1%。中老双边贸

---

　　① 陈建锋:《中国传统文化对老挝的影响与老挝的传统伦理》,《东南亚纵横》2007年第9期,第70—71页。

易额及中国对老挝出口增速居中国对东盟各国贸易首位。①

2. 云南省与老挝教育交流现状

老挝人民民主共和国建立以前,老挝王国政府实行的是精英教育,广大老挝民众受教育的机会少。在农村,小学教育是由僧侣在佛寺中进行的,但所学知识基本上都是有关佛学的,教学内容比较单一。老挝人民民主共和国建立以后,老挝政府开始在老挝推行大众教育政策,广大民众的受教育权得到了保障。老挝政府基本在全国每一个村庄都建立了小学,并规定老挝的小学教育学制为5年。但是建国之初由于多方面原因,即使在文化教育最发达的老龙族中,15—45岁的成年人的识字率据估计也只有35%—40%,全国教育整体水平十分低下。

老挝最早的小学教育起始于19世纪末,20世纪初期才开始有初中学校教育。1962年首次进行课程改革,从小学三年级开始使用老挝语和法语进行双语教学,教育体制是13年制(6+4+3)。大约在同一时期,老挝爱国统一战线开始在革命解放区施行十年制(4+3+3)普通教育体系,开设老挝爱国教育课程。1975年老挝新政府执政后,对普通教育学制进行了改革,由原先的13年制和10年制改为11年制(5+3+3)。在80年代中期,老挝的学龄儿童入学率就已经达到了90%多,但由于老挝物质基础十分薄弱,又经历了长期的战乱,新政权发展小学教育的努力面临不少困难。在建国后的前10年,在小学,不但缺少受过正规训练的合格的教师,而且缺乏校舍,粉笔、铅笔、课本等其他必备的教学和学生学习用品严重不足。即使在这种困难条件下,老挝政府仍坚持大力发展小学教育,这充分体现了老挝人民革命党对教育的重视。②

1996年,老挝政府颁布了老挝人民民主共和国小学义务教育法令,这个法令确认了小学义务教育的一些关键性原则:(1)小学教育是普通教育的基本阶段,明确规定所有老挝公民应该达到五年基本教育水平;(2)所有居住在老挝境内的老挝公民,不管其种族、宗教、性别、族群以及社会与经济地位,从6岁开始必须平等地接受小学教育;(3)所有注册的学生必须完成小学教育,除了那些已

---

① 《中国与老挝贸易去年大涨三成》,http://news.xinhuanet.com/world/2013－02/08/c_114658749.htm,2014－12－5。

② 张传鹤、梁大宗:《老挝人民民主共和国的教育文化政策和教育文化事业》,《东南亚》2007年第2期,第60—61页。

经得到充分照顾却仍然不能读书的身体或大脑有缺陷的孩子之外,在 14 岁之前,他们应该继续读书,做到不辍学、不退学。① 法令还规定,在小学教育阶段学校所有服务都是免费的。近年来,老挝政府开始把教育工作的重点放到了初中义务教育阶段。到 2015 年,老挝已全面实现小学义务教育,初中教育有充裕的生源,因此,政府把教育工作重点转移到初中教育阶段。据老挝政府统计,在初中教育阶段,学生入学率由 2000 年的 23% 提高到 2005 年的 28%。值得指出的是,女童的入学率明显提高,在所有教育阶段基本实现性别平等。虽然女生的入学率有所提高,但与东南亚其他国家相比,老挝学校教育的整体入学率依旧很低,特别在初中和高中阶段。同时,15 岁以上女性的识字率在最近十几年间有了显著提高,尤其是农村地区女性的识字率大大提高,如 1995 年她们的识字率为 47.9%,2005 年提高到了 63.2%。尽管如此,与周边国家相比,老挝全民的识字率依旧比较低,为提高全民的教育水平,老挝政府任重道远。值得注意的是,老挝不同族群之间的入学率的差距也越来越大:泰-老语族的小学入学率为 76%,孟 – 高棉语族为 49%,苗 – 瑶语族为 47%,藏 – 缅语族为 35%。② 这与教育资源配置尤其是师资力量的分配、各群体所处的地理环境、各族群自身的历史文化传统以及他们对学校教育的群体态度等主客观因素密切关联。③

为了促进教育的发展,老挝出台了一系列教育法律法规。为响应 2000 年的《达喀尔宣言》,2004 年 12 月老挝政府内阁会议通过了《全民教育法案》。在这个法案中,一个最重要的举措就是把普通教育体制由原来的 11 年制(5 + 3 + 3)改为 12 年制(5 + 4 + 3),在初中阶段多加了一个学年,以加强初中阶段的知识基础。④

2006 年 3 月,老挝政府颁发了具有指导性意义的"国家教育体制改革法案",该法案主要包括以下六方面:(1)国家教育体制改革战略旨在发展人力资

---

① Hirosato, Y. and Y. Kitamura, eds., The *Political Economy of Educational Reforms and Capacity Development in Southeast Asia*, New York: Springer, 2009, p. 269.

② Government of Lao PDR(GOL), *National Growth and Poverty Eradication Strategy*, Vientiane: GOL. 2006b.

③ 袁同凯:《老挝基础教育改革述评》,《云南民族大学学报》(哲学社会科学版)2012 年第 6 期,第 121—125 页。

④ Government of Lao PDR(GOL), *National Education for All Action Plan*. 2003 – 2015, Vientiane: Ministry of Education. 2004.

源以满足国家经济发展的战略需求以及与国际接轨的需求;(2)教育改革应该重点改革教育结构;(3)为保证教育持续稳定发展,全社会应该参与到国家教育体制改革战略中来;(4)国家教育体制改革战略应该拓宽全民的知识生活,保护民族传统与文化,弘扬全民团结精神;(5)国家教育体制改革战略应该拓宽全民接受教育的机会,提高全民素质,改善人民生活条件;(6)国家教育体制改革战略应该提高教师的社会地位,形成全社会尊师重教的良好风气。① 为了全面实现《全民教育法案》确立的宏大目标,老挝政府面临着包括发展高中教育、技术教育、职业教育以及高等教育等一系列新的挑战。为此,老挝教育部在亚洲开发银行的指导下,制定出 2020 年老挝教育发展纲要,并在亚洲开发银行的协助下贯彻落实该发展纲要。作为中介,亚洲开发银行重点资助基础教育发展项目,这些项目以教育部门的短期和中期改革为目标,力求实现以下目标:增加初中教育的入学机会,如增加和改善学校基础设施,以满足初中生入学的需求;提高初中阶段的教育质量,如把普通教育体制由原来的 11 年制(5 + 3 + 3)改为 12 年制(5 + 4 + 3),在初中阶段多加了一个学年,以加强和提高初中阶段的教育质量;加强教师培训;加强中央及地方教育机构的行政与管理能力的培养和建设。②

从 1990 年开始,中老两国恢复教育交流与合作。老挝派遣留华学生人数逐年增加。近年来,云南省积极拓展与老挝在高等教育领域的交流途径,探索新型合作模式,加强双方人才交流力度,协助老挝培养高层次专业人才。

1998 年,普洱市侨办与市教委、招生办、台湾事务办公室共同下发了《关于华侨、归侨及其子女,侨眷、港澳台同胞及其子女照顾入学就读问题的通知》,对其相关子女就读各类学校的入学和收费标准与本地学生同等对待作了具体规定,境外学生到普洱市就读中小学享受国民待遇,在边境地区引起强烈反响,到普洱市就读的老挝等国家的外籍学生逐渐增多。丰沙里省部分中小学生经批准可到思茅市辖区中小学校学习,学费从优。丰沙里省中门中学、仙沙里小学分别与思茅民族中学、思茅一小结为友好学校,双方可以互派师生交流。2009年云南省教育厅与老挝签署了官方教育合作协议,此后双方合作明显加快。

---

①   Ministry of Education(MOE) ,*Education for All*:*Mid − Decade Assessment* ,Vientiane:MOE. 2008.

②   Asian Development Bank(ADB) ,*Report and Recommendation of the President* ,*Basic Education Sector Development Program* ,Metro Manila:ADB. 2006b.

2012 年云南省教育厅在老挝万象举行中国(云南)—老挝教育合作推介会,从增加留学生互派、加强医学教育合作、推广农业教育三方面加强与老挝的教育合作。2013 年 7 月,云南省教育厅以财政资助的方式在云南和老挝范围内选拔和培养中老翻译官 50 人,旨在为中国、老挝两国培养高水平的双语、口笔译专业人才,以更好地服务于两国之间多层次、宽领域的交流与合作。①

　　老挝高等教育发展相对缓慢,至 2007 年,全国仅有大学 3 所。从 1990 年开始,中老两国恢复教育交流与合作。老挝派遣留华学生人数逐年增加。近年来,云南省积极拓展与老挝在高等教育领域的交流途径,探索新型合作模式,加强双方人才交流力度,协助老挝培养高层次专业人才。

　　探索新型办学模式,培养高层次专业人才。昆明冶金高等专科学校与老挝教育部占巴塞大学、老挝百细中华理事会(华侨公学)共同签署教育合作备忘录,合作方将充分利用各自资源,优势互补,采用股份制形式,在老挝占巴塞省百细市合办一所高等技术学校,招收老挝籍学生,为老挝的经济建设和当地华侨企业培养急需的人才。西双版纳职业技术学院与素芳大学签署了合作备忘录,学院将在汉语教学方面给对方提供最大的帮助,而素芳大学将为西双版纳职业技术学院老挝语专业的学生提供实习、实训基地;与老挝万象大学、老挝林业技术学院就双方今后合作的一系列具体事宜作了探索性交流;2007 年 8 月,学院与老挝丰沙里省教育厅签订教育合作协议,每年丰沙里省教育厅向学院推荐 25 名学生,其中 5 名学生由中方免费培养。同时,双方还签署了互派教师进行支教活动。昆明理工大学与老挝联合培养 MBA 高层次人才,在当地产生了重大影响。

　　积极拓展对外汉语教学。西双版纳职业技术学院 2004 年 7 月开始招收来自老挝南塔省、乌多姆赛省、丰沙里省的 57 名学生到校学习汉语。之后的 4 年时间里,共计招收老挝留学生 155 人,已毕业 41 人(其中 11 人获得学院大专文凭)目前在校老挝生共计 114 名。2005 年 4 月,老挝琅勃拉邦省教育部门组团到西双版纳职业技术学院参观访问,通过会谈,双方初步达成教育合作的意向性协议。

　　加大人才交流力度。普洱市于 2005 年与老挝丰沙里省签署了经贸及文化

---

① 《云南与老挝方面签订相关条款助推教育等交流合作》,http://scitech. people. cn/n/2013/1017/c1057 - 23228561. html,2014 - 12 - 10。

教育等全面合作框架协议。在此框架的基础上,双方相关部门分别签署了农业合作协议、教育合作协议、矿业开发合作协议和友好城市协议。按照双方签订的合作协议,投资近 500 万元人民币为丰沙里省培训三批留学生(每期 20 名,学制 4 年)。2005 年 12 月,普洱市教育局与老挝丰沙里省教育厅签订教育合作协议。该协议规定:从 2006 年 9 月起,普洱市教育局为老挝丰沙里省培训三批 60 人的专业技术人员,主要是种植业、养殖业、医疗、采矿技术和中文翻译等专业,学制 4 年,学习结束考试合格者,由思茅师专颁发毕业证书。从 2006 年 9 月起,思茅市教育局共为老挝丰沙里省培训三批 60 人的专业技术人员。2007 年 11 月普洱市与老挝万象寮都公学签订《中华人民共和国云南省普洱市民族中学与老挝万象寮都公学关于缔结为友好学校的协议书》。丰沙里省从 2007 年至 2010 年每年通过考试,选拔 20 人到思茅师专留学,经费由普洱市承担,每月每生还补助 600 元人民币的生活费。2008 年,双方决定投资近 200 万元人民币为琅勃拉邦省培训两批留学生(每期 20 名,学制 4 年)。到目前为止,留学生已有 40 人分别于 2006 年 9 月、2007 年 9 月到思茅师专学习,2008 年 9 月也有 40 人到思茅师专学习。学习年限是四年,前两年学语言,后两年选专业插入各专业就读。为确保外国留学生在思茅师专顺利完成学习任务,思茅师专制定了一系列留学生管理规定,并严格按照规章制度开展教育教学和管理工作。思茅师专不仅把老挝学生"请进来",还把自己的毕业生"派出去",于 2007 年选派了英语、计算机、数学、物理、生物专业各 1 名毕业生到老挝万象的寮都公学任教。

2013 年 10 月 12 日,在 2012 年 12 月签署的备忘录基础上,云南省教育厅与老挝教育体育部签订了谅解备忘录补充条款,以推进双方教育、文化、卫生、传媒之间的交流与合作。根据补充条款规定,云南省教育厅将与老挝教育体育部共同编排制作电视节目,内容包括中国语言学习与文化宣传、专科教学、职业技能教学等,周一至周五每天在老挝国家电视台播放一小时。协议签订后五年内,云南省教育厅每年向老挝卫生部提供 10 名本科奖学金名额,由老挝教育体育部负责筛选学生前往昆明医科大学学习。作为联合制作卫生健康电教节目单位,昆明市第一人民医院也是老挝医务人员定点临床教学医院。①

---

① 《云南与老挝方面签订相关条款助推教育等交流合作》,http://finance. china. com. cn/roll/20131017/1879629. shtml,2014 - 11 - 15。

3. 老挝的华文教育发展状况①

老挝华侨华人的迁徙史和东南亚许多国家有相似之处,但由于老挝交通不便,经济比较落后,华侨华人相对较少。19 世纪末以前,移居老挝的华侨华人总人数没有超过其全国总人口的 2%,此后则逐渐增多。20 世纪初,法国殖民当局限制华侨进入印度支那地区,到 20 世纪 30 年代,老挝华侨锐减至 3000 人左右。第二次世界大战以后,迁往老挝的华侨逐渐增多。1954 年老挝独立后,老挝华侨华人数量增加很快。之后,随着商贸发展机会的不断增多,吸引了大批华侨华人移居老挝。到 20 世纪 70 年代,老挝的华侨华人人数接近 10 万,其中万象最多,达 3 万多人,占万象人口总数的 1/3。当时老挝有华校 12 所,华文日报 3 家:《寮华新闻》《永珍日报》《寮声日报》,总发行量 3000 份。② 1975 年,由于当时老挝与中国关系不正常,许多华侨华人被迫逃离老挝,致使老挝华侨华人人口剧减。1988 年,老挝政府调整政策,允许华侨华人从事各种经济活动。华侨华人的经济利益得到了保障,很多华侨华人重返老挝。此后,中国与老挝的关系一直保持着良好发展的势头,华侨华人数量稳步增长。据万象中华理事会理事长林泽民估计,目前,老挝华侨华人约有 20 万。万象街头的商铺门市广告牌文字除了老挝语以外,最多的不是英语、法语,而是汉语,但华文媒体至今在老挝仍然缺失。"有华人的地方就有华校",老挝华人数量稳步上升催生了华文教育的诞生、发展和壮大。③

20 世纪 50—70 年代中期,中国在技术、资金、人才等各个方面给予老挝大量援助,是中老关系的友好时期,华文教育也在这时达到顶峰。中老关系不正常时期,华侨华人受到排挤,老挝华文学校纷纷停办。20 世纪 80 年代中期以后,中老关系得以恢复发展,华文教育随之迎来了发展的新时机。在今天,5 所华文学校已经在老挝教育部正式注册,纳入老挝国民教育体系,但依旧不享受任何政府补贴。主要靠华侨华人社会捐赠和学费收入维持学校正常运转的华文学校教师的待遇明显高于一般公立学校,办学成绩也在万象乃至老挝遥遥领先。

---

① 《老挝华文教育别具一格》,http://paper. people. com. cn/rmrbhwb/html/2006 - 08/18/content_10175966. htm,2014 - 11 - 15。

② 傅曦、张俞:《老挝华侨华人的过去和现状》,《八桂侨刊》2001 年第 1 期,第 14—17 页。

③ 唐悠悠:《老挝华文教育发展的社会背景探析》,《东南亚纵横》2014 年第 6 期,第 77—78 页。

　　老挝的 5 所华文学校是创办于 1929 年在百细市的华侨公学、1931 年在沙湾拿吉省的崇德学校、1937 年在万象市的寮都公学、1939 年在甘蒙省的他曲华侨学校、1943 年在琅勃拉邦省的新华学校。这些华语学校都经历了创办—停办—恢复的发展过程。在新的时期,华文教育迎来了发展的新机遇。但老挝教育部同时也下了规定,所谓的华文学校,不能只教华语,还要教老挝语,要能够完成老挝教育部规定的中小学必修课程,所以现在华文学校既进行华语教学也进行老挝语教学。现在的 5 所华文学校是由当地的中华理事会管理,设立了学校董事会,华文学校的董事长或者校长都是由当地董事会会长或者副会长兼任。目前只有寮都公学可以办成完全学校,因为有从幼儿园到高中所有班级,而沙湾拿吉崇德学校、巴色华侨公学、琅勃拉邦新华学校和他曲华侨学校只有从幼儿园到初中。全老挝从幼儿园上到高中的华文学校就这么几所,看起来是不多,可是在老挝的华人华侨很少,而这些学校的运营费用全都是华人华侨共同来负担,包括校舍建设、教学用品用具、教师工资等都由他们负担。各地中华理事会不仅在经济上保障华文学校的教学能够正常运行,还重视教学的质量。万象、沙湾拿吉和巴色的中华理事会还从广西、云南聘请了非常有经验的中学校长去担任各个学校的副校长,尽管各个董事长都有自己的事业,但他们还是会抽空来学校的。华文学校的教学管理和学生纪律管理都非常严格,每个学期学校都会派教师到中国来培训,学生们都有学生手册和课堂的规定,尽管在华文学校的任务很繁重,但是还是要完成国家教育部规定的目标,所以不仅学生的负担很重,老师们也不例外,他们要找适当的教材,还要分配课程,一些教材由中国国务院侨办赠送,还有部分是学校自己在云南边境购买。

　　相比于其他东南亚国家,老挝的华文教育有其特点。

　　其一是老挝的华文教育是华文和老挝文并重的双语教育。老挝的华文学校一方面从中国购买中国的中小学教材、教参资料,设置华文、数学、物理、化学、英语等课程;另一方面华文学校也设置老挝中小学的全部必修课程。由于中国中小学的课程设置目标、要求高于老挝的课程设置,所以学生即使学习中老两套课程,也并不需要花费他们过多的时间、精力。

　　其二是老挝的华文学校已形成完整的华文的教育体系。老挝的华文学校为学生提供从幼儿园、小学、初中直至高中的"一校兼容"的教育,因而,这些学校不以"小学""中学"命名,而称之为"公学"或"学校"。这一教育体系可有效避免生源的流失。

其三是为保证华文学校的办学质量,老挝华人社团对学校进行了有效的管理。老挝的五所华文学校全部隶属于当地的中华理事会。理事会专门设置负责华文学校工作的岗位,对华文学校进行有效的管理。理事会全程参与筹建学校、解决经费问题、师资、教材及教育教学方法的改进等事务,因而老挝华文学校的教学质量高于一般的老挝公办学校,具有很好的声誉。

其四是华人在老挝营造了良好的华语环境,有利于华文教育的发展。在东南亚各国,华裔主要来自于中国的云南、广东与福建等地,华人社区方言混杂,普通话也非老挝当地华裔的共通语言,这对华文教育的发展非常不利。但是,老挝的华人却达成了共识,积极营造良好的华语环境。1939 年,百细客家帮创办的华侨学校和潮州帮创办的崇德学校合并为华侨公学,大家约定都讲普通话。现在,老挝的百细华人都会讲普通话。

始建于 1937 年的寮都公学至今已有 76 年历史,最早是由当地华侨华人集资兴建的供华人子女学习中文的学校,后来逐渐加入了老挝文教育,并形成现在华文和老挝文并重的双语教育。据校方提供的数据,2012 至 2013 学年,学校在册学生共有 2207 人,其中老挝籍学生有 2158 人。"很多老挝政府官员都把自己的孩子送到我们学校,"寮都公学董事长林俊雄告诉新华社记者,"这在东南亚地区华校中都是极为少见的现象。"

二、云南省扩大与越南、缅甸、老挝三国教育交流的基础依据

(一)全面反映云南省经济和社会发展的现实需求

教育的发展受到社会政治、经济和文化因素的制约并对其产生能动作用。在诸种因素中,教育与经济的关系最为直接,最具基础性。最近三十年,中国社会发展所发生的最深刻的变化莫过于经济体制由计划经济向社会主义市场经济的转变。与经济体制转变过程同步,我国经济增长方式正在由粗放型向集约型转变。在相当长的时期里,中国教育的发展必须正视这样的国情、立足于这样的实际。中央要求,在实现我国跨越式发展过程中,要立足于"两种资源""两个市场",充分调动一切可以调动的积极因素,以务实开放的姿态参与经济全球化进程。为此,需要借鉴与吸收一切人类先进的文明成果。作为深入接触、领会、吸收与传播不同文明的重要手段,教育国际化扮演着桥梁和纽带作用。东

南亚、南亚地区与我国山水相连、唇齿相依,双方的发展互为条件,也是中国走向大洋洲、太平洋、印度洋的捷径。经济全球化要求教育培养出国际谈判人才、加入国际组织的人才、驻外服务人员和跨国公司的经营人才,需要教育来调适不同国家的文化差异。

(二)我国教育交流具有悠久的历史与传统

在任何时候,教育的发展都需要认识传统、尊重传统,努力吸收以往有益的经验,尽量避免重蹈覆辙。正如学者所指出的,"1300 年前,中国正值初唐盛世,中国的文化学术达到一个高峰。各国游学之士 7000 余人,云集长安。当时,中国是知识和技术的输出国,也是东西方文化交流的总汇。……可是人类文明此消彼长,西方诸国先后崛起。……而中国则堕入黑暗时代,内乱频生,列强入侵,天灾人祸,文教废弛。如此到了 20 世纪,中国在国际学术界的角色,已经由过去的施予者沦落为今日的求取者了"①。与这种中外文化地位上的浮沉相对应的是中国人对待本民族文化和历史的态度。就当前而言,在推进教育国际化进程中,首先应当避免落入"西方中心主义"的窠臼——认为西方教育国际化的一切方面都是好的,缺乏理性的批判和过滤,照搬照抄。近现代,因为云南经济、教育的落后,一些居住在边境的居民曾因贫困而到邻国就学。因此,云南的边境一线一直都是反文化侵略及反和平演变的前沿阵地。到了 20 世纪末期,随着中国经济的发展和国力的增强,我国采取了一些有效的边境教育政策,如"边境学校标准化建设""三免一补""农村义务教育保障制度"的实施,才使云南边境教育与周边三国教育互动发生了逆转,云南成为中国教育影响周边国家的前沿阵地。目前,邻近云南的越南、老挝、缅甸三国的边境省区大量聘请中国的老师,使用中国的教材,而且不少邻国边民通过非正式渠道到中方边境甚至昆明的一些学校就学。

(三)云南具有发展教育交流的地理优势和人文环境

从地理位置上看,云南与东南亚、南亚"山同脉,水同源",云南是中国通往中南半岛及南亚次大陆并直接沟通两大洋的陆上走廊和重要桥梁。因此,从古至今,云南都是中国西南的门户,是中国与东南亚、南亚地区人民友好交往与贸

---

① 杜祖贻:《建立利己利人客观自主的国际学术水平》,胡显章、杜祖贻、曾国屏主编:《国家创新系统与学术评价——学术的国际化与自主性》,山东教育出版社 2000 年版,第 16 页。

易往来的重要通道。这为云南对外教育交流与合作提供了地缘优势。

从人文环境上看,云南与周边三国接壤的共有 8 个州、市,边境总人口占全省总人口的 13.6%。云南有 25 个边境县市,其国土面积占全省国土面积的 23.38%;边境县市总人口为 574 万(少数民族占 59%)。全省 26 个世居民族中有 16 个民族跨境而居,占全国跨境民族总数的 1/2,这些跨境而居的民族与东南亚、南亚部分国家的民族同宗,血缘相连,语言相通,文化同流,民间婚丧商旅及日常交往从未间断。这种人文渊源,使中国与周边三国人民的交往难舍难分。这又为云南对外教育交流与合作提供了"人和"优势。

(四)云南省对对外教育交流与合作的重视

云南立足边疆、背靠祖国、扎根西南,其远离国际化大都市且较为局限的地理位置,使云南省的经济社会发展落后于中国平均水平。云南省教育国际化发展起步较晚,其发展进程可归纳为以下三个阶段。

自然发展阶段(1986 年以前):1986 年以前,由于云南省经济、社会、教育等发展都较为落后,因此,要在国家和地方政策指导下开展。云南省不仅难以实现高等教育国际化,民间的高等教育国际化交流也处于自然发展阶段。

缓慢发展阶段(1986—2006 年):1986 年,云南大学招收第一批外国留学生,由此拉开了云南省高等教育国际化的序幕。云南大学、云南师范大学、昆明理工大学、云南财经大学等一批高校先后进行了交流合作及中外合作办学方面的探索。但由于国家政策和地方执行间的差异,先行开展合作办学的云南大学、昆明理工大学、云南师范大学等高校均因项目未获准而被迫终止,只有云南财经大学的 4 个合作项目获得批准并迅速发展起来,逐渐成为云南省中外合作办学的标杆。

快速发展阶段(2006 年至今):进入 21 世纪以后,我国区域性高等教育的一体化进程逐渐发展起来,在"中国—东盟自由贸易区"建设向着纵深不断发展的同时,澜沧江—湄公河次区域的经济合作也日趋升温。在此宏观背景下,地处中国西南边陲的云南省因其立足边疆、地接东南亚的地域优势而迎来了难得的发展机遇和良好的政策环境。为充分抓住中国—东盟自由贸易区建设和中国与东南亚、南亚等国全面展开合作交流的历史机遇期,云南省各部门先后出台多项政策及规定,积极推动教育对外交流与合作。

表 3 - 3　云南教育国际化政策的发展历程

年份	政策内容
2003	《云南省接受外国学生管理暂行办法》
2006	《关于加快推进高等院校实施"走出去"战略　提高高等教育国际化水平的若干意见》
2008	《关于深化改革大力发展高等教育的决定》
2009	《云南省非高等院校教育机构招收外国留学生管理办法》
2010	《云南省中长期教育改革和发展规划纲要(2010—2020 年)》

(五)可充分借鉴世界各国教育交流的有益经验

尽管我国教育参与国际化进程有着悠久的历史,但是以现代教育为例,特别是在市场经济条件下参与教育国际化交流进程,我们的经验还是有所欠缺。相对而言,欧美发达国家教育不仅有着更为长远的历史,特别是由于这些国家在科学技术方面的领先优势,在吸收外国留学生和派遣技术专家援外方面有过大量的实践,在教育国际化交流方面有着更为丰富的经验、较为成熟的机制。尤其值得注意的是,欧美发达国家由于有着较为成熟的市场体系,在包括教育服务贸易等方面的相关法律、法规、政策方面也有相当的积累。欧洲高等教育国际化政策集中体现在国际化的师生交流、国际化的教育目标、国际化的课程设置、国际化的科研合作、国际化的学分转换、国际化的质量评估体系以及国际化的办学模式。

表 3 - 4　欧洲教育国际化政策整编进程

年份	进程内容
1975	欧共体发布了欧洲国家第一份文凭与资格证书相互承认的指令
1976	欧共体委员会推出了欧洲国家第一份教育行动方案
1983	欧共体的 10 个成员国首脑共同签署《欧洲联盟神圣宣言》
1987—1990	欧共体先后制订并实施一系列高等教育行动计划
1991	欧共体委员会发表《欧共体高等教育备忘录》
1998	英国、法国、德国和意大利的教育部长共同签署《索邦宣言》
2001	欧洲 33 个国家的教育部长在布拉格召开圆桌会议
2005	举行博洛尼亚进程的第四次欧洲教育部长会议

第二次世界大战后,日本开始恢复高等教育国际化。1968 年,日本制定了选派留学生制度,积极派遣本国学生出国深造;20 世纪 80 年代后,日本为改变

70 年代以来以"输出"为主的教育国际化方式,加快本国教育国际化步伐,开始注重吸引更多外国学者赴日本留学;随着优惠政策的不断加大和入学条件的不断降低,赴日留学生的质量开始出现问题,海外犯罪率持续上升,为日本的社会安定带来极大隐患。为此,日本于 2004 年开始提高留学生的入学门槛,通过政策改革措施来确保留学生质量。澳大利亚的教育国际化与其历史密切相关,通过对其教育国际化政策的几次重大调整,澳大利亚现已形成一套颇具特色的高等教育国际化政策体系,其内容可归纳为以下几点:一是进行教育改革,使其在内容和形式上适应国际化教育发展的需求;二是鼓励国内学者出国留学,吸收国外学者到国内学习;三是提高高校课程国际化程度;四是鼓励国际合作办学;五是成立教育国际化专门机构。[①] 在引领经济全球化和推动教育国际化交流与合作方面,这些国家所走过的道路,相关理论和政策研究都值得我们认真吸取和借鉴。当然,在政策借鉴方面我们也不能仅仅局限于欧美发达国家,一些发展中国家甚至我国的台湾、香港、澳门等地区在教育国际化交流与合作相关政策方面也有不少经验、教训值得我们重视。

三、云南省扩大与越南、缅甸、老挝三国教育交流的对策[②]

随着知识经济时代的到来、科技的发展和社会的进步,人类社会从来没有像现在这样形成相互依存与共同发展的状态。任何一个国家和民族都不可能远离其他的国家和民族而独立存在。教育交流与合作不仅需要输入,而且也需要输出,要变单方的交流为双向的输入输出,以增加相互的了解和沟通。

(一)实施"走出去""引进来"的战略,寻求教育交流与合作发展的新空间

面对经济全球化、教育国际化的现实,我国的对外教育政策一方面是积极鼓励本国学生出国留学,充分利用外国的教育资源为国家培养人才;另一方面是要制定相应的对外教育政策,积极改善大学办学条件,扩大外国留学生的招生人数。既让中国文化走向世界,也让来华学生学习汉语和中国文化,以促进世界各国人民之间的友谊,扩大中国的影响力。同时,招收外国留学生也能增

① 王沥涓、赵洋、路阳:《"桥头堡"战略下云南省高等教育国际化政策支撑体系研究》,《中国管理信息化》2015 年第 2 期,第 234—235 页。
② 常锡光、陶天麟、韦晓、王天玉、方贵荣、施涌:《云南边境教育向周边三国辐射的战略研究》,http://www.doc88.com/p-399517624295.html。

加学校的经济收入,促进我国教育事业的发展。目前,我国招收的外国留学生人数远远低于发达国家的比率,如果按在校生的 10% 来比较的话,我国招收留学生人数应该达到 70 万人以上才合理。在调研中我们发现,随着我国经济的快速发展和综合国力的不断增强,在国际事务中所起的作用越来越大,国外对中国的了解和认识正逐步加深。海外来华留学生从学习汉语、中国文化、中医中药等传统优势专业开始,正在向学习中国的政治、经济、科技等领域扩展。因此,对于云南的边境教育而言,充分认识自己与周边越南、老挝、缅甸三国的比较优势,借助各类优惠政策和经济发展实力,提供优质的教育服务,是实现扩大边境教育对周边三国影响的关键。

(二)创新思维,寻求教育交流与合作的发展新思路

由于文化传统、生活习惯、地理位置与周边国家接近,学费相对优惠,近年来云南吸引了越来越多的周边国家学生,到中国各院校学习的周边国家留学生呈逐年上升之势。但是长期以来,留学生的生源问题并没有得到充分的重视。各类学校在不断提高办学条件和办学质量等硬环境的同时,并未给予外国留学生教育相应的软环境建设,许多学校未能给予来自不同国家、有着不同生活习惯和宗教信仰的外国留学生充分的关怀和帮助,使留学生在中国的学习生活困难较多,也直接导致了来华留学生选择非语言文化专业学习生源的不足。因此,从国家层面来讲,要扩大中国特别是云南省教育对周边三国交流与合作的力度和范围必须在以下几个方面进行重大变革:(1)改被动接受为主动出击,增加政策扶持,为本国本地区的留学生教育争取更多的优秀生源;(2)改善办学条件,增加政策扶持,从留学生流出国转变为留学生流入国;(3)加强人员交流,改变合作办学形式单一、效率较低的状况。此外,对外教育政策制定和执行的不到位是产生一系列问题的重要原因,针对这一现状,寻找中外双方利益的平衡点,尽快制定具体的鼓励政策并落实到位,利用区域经济一体化发展趋势,积极扩大面向周边国家的教育交流与合作,是解决中国对外教育问题的关键。

(三)以区域经济一体化发展为龙头,抛开单一的地缘和亲缘优势,扩大云南边境教育对周边三国影响的新局面

教育国际化是经济一体化的重要组成部分及必要条件,两者存在着本质的联系。经济一体化促进了贸易的发展、资源的优化配置、分工的合理化,从而推

动了经济的发展,而经济发展需要与之相适应的高素质人才,因而带动教育的发展;反之,教育的渗透和人才的流动,有助于科技、管理知识的创新和传播,推动经济的联动发展。对于东南亚、南亚国家而言,原有的地缘、亲缘关系早已突破简单的对民族、文化的认同,正伴随着区域经济一体化进程,从政治、经济、战略利益、教育等多层面、多角度地进行着相互的补充和融合。

云南省经济长期保持强劲增长,2014 年全省生产总值(GDP)达 12814.59 亿元,比上年增长 8.1%,高于全国 0.7 个百分点。其中,第一产业完成增加值 1991.17 亿元,增长 6.2%;第二产业完成增加值 5281.82 亿元,增长 9.1%;第三产业完成增加值 5541.6 亿元,增长 7.4%。三次产业结构由上年的 16.2:42.0:41.8 调整为 15.5:41.2:43.3。全省人均生产总值(GDP)达 27264 元(折合 4438 美元),比上年增长 7.5%。非公经济实现增加值 5958.78 亿元,占全省生产总值的比重达 46.5%,比上年提高 0.4 个百分点。①

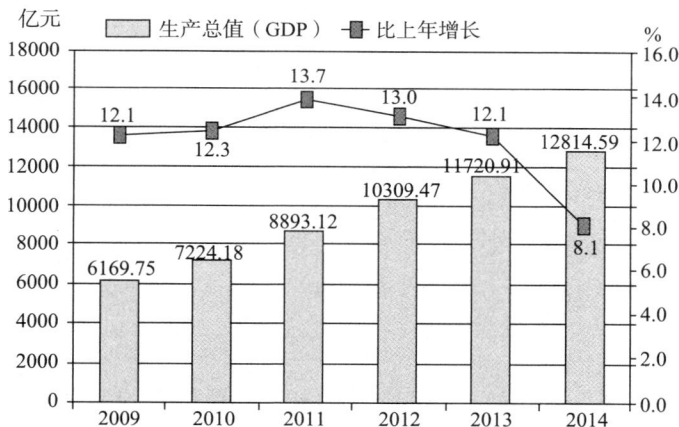

图 3-4　2009—2014 年云南生产总值及增长速度

2014 年外贸进出口总额达 296.22 亿美元,比上年增长 17.1%。其中出口总额 188.02 亿美元,增长 20%,进口总额 108.20 亿美元,增长 12.3%。全年对欧盟进出口 17.82 亿美元,增长 2.4%;对东盟进出口 143.14 亿美元,增长 31.5%;对南亚进出口 7.87 亿美元,增长 2.2%。②

———————

① 《云南省 2014 年国民经济和社会发展统计公报》(1),http://yn.yunnan.cn/html/2015-05/17/content_3733945.htm,2015-3-2。

② 同上。

云南省经济的发展对周边相对落后的国家具有良好的示范作用,有利于吸引这些国家的学生到云南学习先进经验。近年来,云南采取增加经费、增设政府奖学金名额等措施,招揽了大批留学生。2013 年,来滇留学生人数突破 3 万人,其中,东南亚、南亚留学生占 75% 以上。然而,云南省至今还没有专门的汉语国际推广机构、人员和经费。省属层面上的汉语国际推广,主要依托国家不定期给予的项目支持,云南省各高校在周边国家设立的汉语培训中心,也主要依靠自筹资金来维持。云南省虽身处"前沿阵地",却难以主动出击、更难有所作为。"起步早、走得慢"是业内人士对云南省设置省政府奖学金支持教育国际化至今,与省外后起之秀相比差距渐显的形象比喻。相反,上海、北京等省市虽然"起步晚",却后来居上,奖学金总额起步就是几千万元并且逐年大幅度增加,雄厚的资金实力,无疑对国外生源具有强大的吸引力。

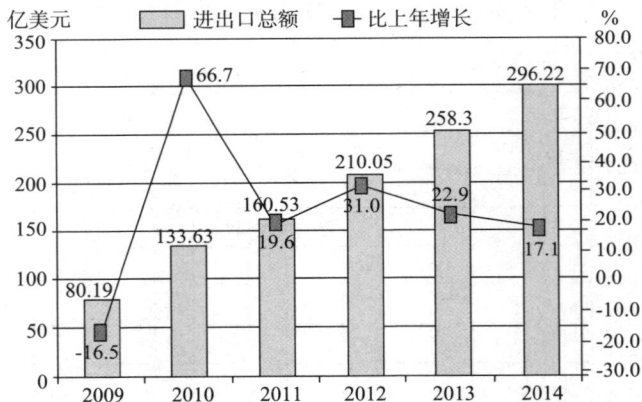

图 3 - 5 2009—2014 年云南进出口总额及其增长速度

(四)"桥头堡"战略中云南扩大边境教育的战略思路、行动策略①

1. "桥头堡"战略中云南扩大边境教育的战略思路

从国家的层面,将从以保障国家安全和扩大国际教育交流与合作的角度,确定"远近并重、以邻为先"的教育发展战略思路。以"睦邻友好、和平发展"为主线,加大政策倾斜和资费扶持,加大中国与东南亚、南亚的友好交往,在南亚、

---

① 常锡光、陶天麟、韦晓、王天玉、方贵荣、施涌:《中国云南边境教育向周边三国辐射的战略研究》,http://www.doc88.com/p - 399517624295.html。

东南亚区域经济一体化趋势下,赢得与周边三国共同发展的契机。从云南省国际教育交流与合作的层面,将实现由单纯的教育贸易向教育贸易与发展友谊相结合的工作重点转变,克服以往与周边国家交流与合作中存在的只重地缘、亲缘关系而导致交流与合作力不强的弱点,实现对外教育交流与合作由小范围、低层次、自发性向大范围、深层次、统筹部署的方向转变;云南边境对外教育的发展要充分考虑边境地区经济发展状况和地理条件,合作的内容和交流的程度要有所提高,针对边境教育的特殊性,制定相关优惠政策,让边境地区的跨境居民和身份难以确认的居民在接受义务教育时获得相同的国民待遇,不仅从教育服务贸易的层面,而且从国家安全、文化传承和扩大交流的角度,实现边境教育由管理协调不足和教育效益不高向管理充分完善和教育效益较高的转变。

2."桥头堡"战略中云南扩大边境教育的行动策略

(1)进一步扩大中国与越南、缅甸、老挝的经济贸易交流

经济经贸交流是教育交流的前提和基础。近几年,中国与 GMS 区域、东盟之间的贸易往来日益频繁,进一步促进了双边、多边的文化教育交流与合作。2007 年,中国与老挝、缅甸、越南贸易额分别为 2.49 亿美元、20.57 亿美元和151.15 亿美元,比 2004 年分别增长 218.4%、179.7% 和 224.2%,有力地推动了次区域各国的经济社会发展。① 贸易交流的扩大为云南边境教育与周边三国的交流与合作奠定了坚实的物质基础。在 2010 年,云南与周边三国(越南、缅甸和老挝)的外贸额累计达到 29.1 亿美元,同比增长 34.1%。其中,缅甸与云南全年累计贸易额达到 17.6 亿美元,同比增长 43.4%,成为云南最大的贸易伙伴,与越南 9.5 亿美元,同比增长 20.2%,与老挝的全年累计贸易额为 2 亿美元,同比增长 31.5%。②

(2)促进教育交流与合作的领域扩大化、方式多样化、主体多元化

一是纯服务性质的教育辐射。针对边境一线各少数民族杂居或跨境而居、经济发展水平较低的地区,面向周边国家的教育交流与合作应该以纯服务性质为主,由国家财政给予一定的补贴和相应的政策倾斜,协调边境各部门的管理职能,提高当地的基础教育水平和办学效益,以基础教育为核心开展教育服务,

---

① 资料来自新华网:《大湄公河次区域经济合作成果回顾与展望》。

② 《云南与东盟贸易持续升温缅甸成最大贸易伙伴》,http://www.chinanews.com/cj/2011/05 - 19/3053317.shtml,2014 - 12 - 15。

以保障边境地区的稳定和平发展;二是服务与贸易相结合性质的教育交流与合作。针对与中国具有较强地缘和亲缘优势关系的周边国家中心地区,要开展服务与贸易相结合性质的教育交流与合作。利用云南省政府奖学金和地区企业奖学金,扩大云南教育在其大中城市的影响力,在加强中等职业教育服务和技术援助的同时,推进高等职业教育和普通高等教育贸易;三是纯贸易性质的教育交流与合作。针对经济发展状况较好,具有较强国际竞争力的国家和地区,随着中国与周边国家各类交往的不断深入,国际影响力的不断提高,将开展以纯贸易性质为主的教育交流与合作,教育部门要针对对象国的需求,加强相关的学科建设和学校服务软环境建设,引进欧美教育贸易出口大国的先进经验,加强制度变革和管理规范,开展具有中国国情特色和云南省区域特色的对外教育贸易,扩大云南教育的交流与合作竞争力。

(3)加快涉外师资队伍的培养与涉外学科建设的步伐

云南省要加快涉外学校师资队伍的建设,采取灵活多样的形式,迅速壮大涉外师资队伍,以适应云南教育对外交流与合作的需要;要加强管理,对涉外教师的资格进行认定,严防不合格的教师进入涉外教育的行列。

此外,云南省还要扩大高校增设涉外教育本科专业的范围,对一些条件较好的中文专业,要加大投入,让其快速拥有培养涉外教育硕士的能力。大力培养相关的双语教师、涉外教育硕士,以满足中国教育对外交流与合作及世界各国对中文教师的需要。

与云南接壤的周边国家的经济发展水平特别是农业、工业的发展水平较低,受此制约,其教育也无法超越社会经济的发展水平,无法满足社会经济发展的需要。这些国家急需诸如农业(种植、养殖)、机械制造、矿业、商贸、旅游、IT、冶金、化工等各行各业的专业人才,而自身又无力培养,这都是云南教育拓展国际空间的切入点。因此,云南省涉外教育要找准自身的优势,针对周边国家的实际需要,打造、培育出一批优势专业,为他们培养出社会发展急需的专门人才。

(4)积极探索行之有效的教学方式,优化校园文化建设,帮助留学生尽快融入中国社会

各相关学校和专任教师要努力学习涉外教育教学理论,积极探索有效的涉外教学方法,用外国学生可以接受的双语教学方式,如讲故事、活动、展览等进

行教学,要让学生先听、说最后再写、画(从象形文字入手),降低学生学习的难度,提高他们的学习兴趣和效率,保证中国的对外教育交流与合作能沿着科学的轨道发展。同时,中国式的考试也要进行变革,要充分考虑对象国学生的特点,在保证教学质量的前提下,淡化考试的功能,以水平考试为主,保护外籍学生的学习积极性。

另外,留学生会由于生活及文化背景的骤变、语言的障碍、学习的挫折等而产生诸多不适,各涉外学校除要建立专门的心理辅导室外,还要着力加强校园文化建设。涉外学校除要尊重留学生的宗教信仰和生活习俗,尽可能照顾其饮食起居外,还要大力开展丰富多彩的校园文化活动,经常采取诸如跨国运动会、讲座、圆桌会、文学交流会、音乐表演、戏剧表演、研讨会、课外兴趣活动等丰富留学生的业余文化生活。针对留学生语言存在障碍、生活因远离祖国而存在诸多不便的实际,学校可以采取中外学生结对子、师生结对子等办法,创造条件让他们参加力所能及的勤工俭学活动,帮助他们尽快融入中国学校。

(5)建立专门的管理与研究机构

云南省政府要尽快组建起专门负责对外教育交流与合作的政府机构,尽快制定出针对各种教育类型对外交流与合作的相关法律法规,编制出相应的计划和规划,落实相应的专项经费。同时还要规范各级各类涉外学校的管理,定期对其办学水平和质量进行考评。对于办学过程中存在问题的要给予黄牌警告,严重的要取消招生资格。坚决维护中国教育的声誉,以确保对外教育事业健康稳定地发展。

针对云南教育国际影响力较低,涉外招生相互恶性竞争难以形成合力,政府奖学金资金不足、影响力较小等问题,省级教育部门可牵头建立"云南国际学院",统筹安排全省学校的国际招生事宜,合理规划全省的涉外学科建设,建立东南亚、南亚语言文化教育中心,以政府奖学金海外招生为招牌,以区位优势为基础,以多民族文化优势为特点,以本土产业为支撑,以共赢为目的,扩大云南教育的知名度和影响力。整合全省的涉外教育资源,通过设置云南省国际学生奖励基金,设立云南省留学生招生网站,建立留学生(学历)远程计算机考试系统,举办年度周边国家云南教育巡回展等方式,不断扩大筹资和招生渠道,扩大合作办学层次和对外教育招生规模,提高留学生教育质量和就业区域。同时,牵头与相关国家签署"学历和学分相互承认"文件,加强云南省与周边国家学历、学分互认工作，有力地提高云南教育与周边国家的交流与合作力，推动云南职业教育和高等教育"走出去"并在周边国家的大中城市成长起来。

云南省独特的人文环境资源、自然环境资源和特殊的区域发展模式，形成了云南省对周边国家甚至欧美发达国家独特的吸引力。许多国家的师生都提出了到云南各级各类学校进行短期访学和合作研究的诉求，但往往得不到有效的回应，而只能以非正式的方式开展活动。世界金融危机爆发以来，中国稳定的经济社会发展势头、云南优美的教育居住环境和低廉的生活学习费用再次赢得了周边国家甚至欧美国家假期游学与调研项目的关注。建议以省级教育部门牵头，建立"云南国际研究院"，加大对周边国家的研究力度，整合全省的教育科研与教学服务资源，申请国际基金和省政府资金资助，发展云南省教育国际合作研究项目。同时，组建"东南亚教育研究中心"，对相关国家的教育发展规律进行研究。建立"东南亚教材研发中心"，成立中国与周边国家合作的"双语教材编写协作委员会"，尽快研发出适合于相关国家学生学习的各类教材，尤其是中外双语教材，以解云南教育对外交流与合作的燃眉之急。另外，拓展"湄公学院"只针对次区域国家政府行政管理人员的培养模式，面向所有具有国际培训需求和来滇进行调查研究的人群，提供高效的教、学、研配套服务支持，使"云南国际研究院"成为云南教育与周边国家以至全球交流与合作的实训基地和合作科研中心。

第四章　欧盟、美国、日本教育国际交流与合作平台的发展

教育全球化的主要表现形式之一是教育交流,大学从欧洲中世纪建立之初就有国际化的特征,大学教师与学生的国际流动频繁。可以说,自大学产生以来的千余年中,教育的国际性一直是大学教育的重要特征。20 世纪 80 年代以来,随着各国经济、政治与文化交流与合作的日益频繁,各国教育要顺应时代发展的潮流,并引领时代的发展,就必须增进与国外其他教育科研机构的交流、合作,调整其办学的方向,不断地进行教育教学改革。欧美等发达国家的教育国际化取得了显著的成绩。下文就美国、英国、日本政府在教育交流平台建设方面所采取的措施进行分析,找出其有益的经验,为云南省的教育交流与合作平台建设提供借鉴。

一、欧盟教育国际交流与合作平台建设及保障机制概况

高等教育从诞生之日起就具有国际性特征,主要表现为"游学""游教"。在古代欧洲如希腊、罗马时期,大学跨国的游学、游教之风就相当盛行。希腊七贤中的梭伦、泰勒斯以及哲学家柏拉图等曾到古埃及的寺庙学校游学,学习当时比较高深的科学知识如数学、天文学等。公元前 5 世纪中叶,希腊的智者学派就开始一个城邦到一个城邦地传授知识,教授辩论术,其活动使古希腊的高等教育超越了城邦的狭小范围。游学、游教作为特殊的教学方式,集中体现了古代高等教育的国际性特征。在古代地中海周围及其后的欧洲中世纪大学中,学习的主要内容就非常相似,教学语言通行的是希腊语、拉丁语。古希腊的一些著名哲学家创办学园,传授、研究高深知识,如柏拉图创办的阿加德米学园、

亚里士多德创办的吕克昂学园等。学园的学生不仅来自希腊各城邦国家,也有来自古埃及和其他国家和地区的,学校对贫寒学生进行补助。教师也不局限于一国一地。亚历山大城的博物馆从各国延聘人才,西欧中世纪大学的教师也来自许多地方。实际上,中世纪大学是广大区域内杰出学者的汇集之地。学生与教师的来源广泛也体现了欧洲古代高等教育的国际性特征。1694 年成立的德国哈勒大学和 1737 年创办的格廷根大学是世界上最早的现代大学,其主要特征是采纳现代科学和哲学,提倡学术自由。1810 年创办的柏林大学强调教学与科研相统一,成为德国大学新精神的代表。德国大学迅速成为各国学习的榜样,许多国家派遣留学生到德国大学学习,促进了高等教育的国际交流。在 19 世纪共有约一万名美国青年到德国大学学习,仅柏林大学一校,前后接纳的留学生就超过五千。从 19 世纪直至第二次世界大战前,德国的高等教育一枝独秀,不仅英、美等欧美国家,东方的日本也向德国的现代大学看齐,高等教育的国际交流呈现出从德国向其他国家单向传递的特点。① 第二次世界大战以后,美国取代德国成为留学生最多的国家,包括德国在内的许多欧盟国家又开始向美国大学派遣留学生,与美国大学开展多种方式的教育交流与合作。这一跨文化学习的优良传统促进着欧盟国家高等教育国际化的进程。

(一)欧盟教育交流与合作平台建设的举措

伴随着欧洲经济一体化的不断深入,国际教育市场的驱使以及信息技术和互联网学习的发展,高等教育国际化越来越成为欧盟继经济联盟和统一货币之后的另一重要行动。

1. 欧盟高等教育一体化的主要举措②

(1)欧共体时代的高等教育合作

20 世纪 80 年代中期,欧共体仍然仅是一个经济—技术体,各成员国开始考虑一些有关社会、文化或政治方面的合作,几次成员国教育部长会议上所达成的共识为今后欧盟国家的教育合作奠定了一定基础。1971 年,六国(法国、德国、比利时、卢森堡、荷兰、意大利)教育部长第一次就教育问题正式会晤;在 1976 年的会议上产生了被称为里程碑的《教育领域的行动计划》(An Action

---

① 吴式颖主编:《外国古代教育史》,人民教育出版社 2004 年版,第 17—88 页。

② 陈学飞主编:《高等教育国际化——跨世纪的大趋势》,福建教育出版社 2002 年版。

Program in the Field of Education）；1983 年的"欧盟所罗门宣言"（Solemn Deci-mation on European Union）是高等教育在欧共体的法律和政治上的转折点。各国政府达成一致意见，推动了高等教育机构之间的亲密合作。

（2）欧盟成立初期的高等教育政策

1992 年 2 月，欧共体各成员国签订欧盟条约，其中有两条涉及教育和培训的内容。第 126 条：共同体将通过鼓励成员国之间进行合作的方式提高教育质量，在需要的时候对成员国的行动进行支持和补充。第 127 条：共同体应该执行那些对成员国具有支持和补充性行动的职业培训政策。条文表明，教育领域的合作将成为各欧盟成员国之间的职责之一。

（3）逐步形成"欧洲高等教育区"

1999 年 6 月 19 日，欧洲 29 国教育部长在意大利波洛尼亚共同签署了《波洛尼亚宣言》，即"创建欧洲高等教育区域的宣言"。计划在 2010 年之前建立一个欧洲的高等教育区域。《波洛尼亚宣言》主要内容有：①采用一套可比较和易读的学位制度，包括文凭补充计划；②采用本科生和研究生两级学位体制；③建立一项学分制度，如欧洲学分转换制度（ECTS），以促进学生流动；④克服障碍使学生和教师自由流动，促进欧洲区域内高等教育质量保证方面的合作；⑤发展高等教育中的"欧洲坐标"。《波洛尼亚宣言》还决定在 2010 年前建成一个欧洲高等教育区域，为欧洲公民提供高质量的终身学习机会。《波洛尼亚宣言》为实现"欧洲教育区域"的建立制定了时间表，并确定了后续工作，开启了"波洛尼亚进程"（2002）。

2. 欧盟高等教育国际化的主要举措[①]

（1）开发援助项目——提姆普斯（Tempus）项目

始于 1990 年的提姆普斯项目是一个旨在推动中、东欧社会、经济改革进程的高等教育合作项目。主要目标是协助合作国高等教育体系的改革、加强双边对话等。提姆普斯项目鼓励欧盟成员国与合作国的高校通过建立教育集团进行有效的多边合作。目前，该项目包括了 27 个东欧和中亚国家和西巴尔干地区。在 2002 年参与国扩展后，还包括了地中海国家中的非欧盟国家。

---

① 陈向明：《欧洲一体化与欧洲高等教育国际化》，福建教育出版社 2002 年版。

（2）加强与发达国家之间的多边合作

自1990年起,欧盟同美国和加拿大的具体合作计划开始实施。在双方签署跨大西洋协议后,1995年10月,又签署了有关教育和培训合作的正式协议及一系列合作项目的协议。在签订协议的合作项目中,主要是支持以学生为中心的计划、鼓励创新和可持续性的跨大西洋合作、交换所开发的课程、学分转移和认证、学生和教师的交流、网络学习(e. 1earning)、开放和远程教育等。此外,欧盟委员会以同样模式,建立了同日本和澳大利亚在学分承认和学生交流方面的高等教育合作实验计划。

其中,欧盟在教育、文化领域为拉美各国提供了许多便利和帮助,并达成了一系列战略合作协议。共同建设"拉美—欧盟"高等教育区的计划,使得两个地区间的合作上升到了新的高度。1999年6月,第一届"欧盟—拉美"国家政府首脑峰会在巴西里约热内卢举行,目的在于加强双边在政治、经济、文化、教育、科技与社会等领域的交流与联系。这标志着两个地区正式开启了交流合作的进程。①

表4-1 《2002—2004"拉美—欧盟"高等教育区建设行动计划》具体内容

目标	行动方案
扩大教育主体在地区内及地区间的自由流动	1. 针对现行学生交流项目进行调研,评估其效果; 2. 举行关于地区间的自由流动与学生交流学习时间的认证的专题研讨会; 3. 为从事拉美研究或欧洲研究的教师制订专项计划。
提升地区内及地区间高等教育高质量评估活动的效果	1. 举行专家研讨会,讨论如何对高等教育机构及项目进行高质量的评估; 2. 举办地区间的专家论坛,探讨高等教育高质量评估活动及学分、学历互相认证等热点话题; 3. 在"拉美—欧盟"高等教育区的框架内,开展学位项目认证与统一的研究。
交叉领域内的工作	1. 在欧洲建立拉美、加勒比海地区研究中心,同时在拉美建立欧洲研究中心; 2. 举办高级职业技术教育专家研讨会; 3. 支持建立网络虚拟图书馆; 4. 开设一门介绍地区一体化进程的课程。

---

① 夏培源:《高等教育国际化背景下"拉美—欧盟"高等教育区发展研究》,《比较教育研究》2014年第7期,第81—82页。

2005 年,在墨西哥首都墨西哥城召开了第二届"拉美—欧盟"高等教育部长级会议,会议主要议题为进一步提升高等教育质量,深化高等教育区建设进程。

"拉美—欧盟"高等教育区建设的举措有:制订针对拉美高等教育的专项计划,覆盖高等教育的很多方面;开展跨地区的人才流动;开发和建设国际化的课程;实施学术与科研的无国界性。

(3)促进与发展中国家的合作

与发展中国家的合作主要表现在欧盟"伊拉斯谟世界项目"(Erasmus Mundus)的实施。该项目的目的是提高欧盟高等教育的品质及促进与发展中国家(非成员国)的合作,迎接教育国际化的挑战,使欧洲成为富有吸引力的发展中国家学生(特别是研究生)留学目的地。该项目为欧洲及非成员国学生提供250 个著名的欧盟大学校际合作的"欧盟硕士"课程,申请该项目的研究生至少需要在两所大学就读,以获得该文凭。[①]

(二)保障机制

1. 制定欧盟高等教育国际交流与合作政策

随着欧洲一体化进程的逐步推进,欧盟高等教育的政策和研究都围绕着国际化问题展开。1993 年,《马斯特里赫特条约》(the Treaty of Maastricht)第 126条指出,"共同体将通过鼓励成员国之间进行合作的方式提高教育质量,在需要的时候对成员国的行动提供支持和补充"。欧盟于 1993 年 3 月推出了苏格拉底计划(SOCRATES)等,主要是通过与欧盟伙伴的合作改善这些国家的高等教育质量,发展其高教体系。1997 年,对质量监管认可程序进行改革,建立国际学分转移认可系统;同年,通过《里斯本高等教育资格认证协定》,在提高学生学术认证的公平性和资格评定的透明度方面,为各国高等教育机构规定了一个更综合的法律框架和规章制度。欧盟高等教育国际化政策体现了如下特点:高等院校课程的非国家化倾向;从强调高等教育国际化的欧洲维度到强调国际维度;强调研究生层次教育的国际化。[②]

---

① 李霞:《欧盟高等教育政策实施进展一览——以德国、瑞士、瑞典、芬兰、丹麦五国为例》,《中国大学教学》2009 年第 12 期,第 87 页。

② 耿益群:《全球化背景下的欧盟高等教育国际化政策研究》,《复旦教育论坛》2007 年第 2 期,第70—73 页。

2. 建立健全高等教育质量保证制度

2001 年 5 月 18—19 日各国教育部长会议在布拉格再次举行。会议签署了《布拉格公报》,明确提出了欧洲委员会和它的"建设性支持",并对《博洛尼亚宣言》中所设立的目标逐项进行了评估,指出了仍需努力之处。对质量保证认证方面在泛欧区域层面上安排了新的活动。会议决定将于 2003 年聚会柏林,对欧洲高等教育区建设过程进行监控并对此前所产生的问题进行讨论。2005 年 5 月 19—20 日,欧洲高等教育区教育部长会议在挪威卑尔根召开。部长们强调,欧洲学术资格框架、欧洲高等教育质量保证体系以及学位和学时的互认是欧洲高等教育区最关键的三大特征。关于第二个特征,是肯定了欧洲高等教育质量保证网络(ENQA)所制定的欧洲高等教育区质量保证标准和准则(The Standards and Guidelines for Quality Assurance in the European Higher Education Area),并要求各国的质量保证体系都要遵循这一标准和准则。从此,欧洲高等教育区有了自己的学位标准和质量保证准则。[①]

3. 加大对教育交流与合作的投入

欧盟委员会预计,到 2020 年,欧盟国家的国际学生的总数将从当前的 400 万增至 700 万,增加的学生中大部分将来自中国、印度和韩国。为了保持欧盟国家在教育国际化上的领先地位,欧盟高等教育机构需要进一步加强对国外学生的吸纳能力。瓦西利乌表示,欧盟委员会将会预留资金支持欧洲大学之间分享经验以及相互学习。欧洲国家必须密切合作,确保高等教育机构提供更好、更国际化的课程,增强欧洲高等教育对全球学生的吸引力。2014—2020 年,欧盟将每年投资 4 亿欧元用于欧洲高校的国际合作与交流,这也将促进欧洲成为全球学习与研究的基地。欧洲高校需要根据自身实力进行自我定位,并在欧洲内外寻找合作伙伴,包括进行商业性的国际化战略合作、与发展中国家及其高等教育机构合作等。数字化教育的新趋势和大规模网络课堂的兴起将促进欧洲高等教育机构在全球建立伙伴关系,通过多样化学习方式提高教学质量。[②]

---

① 曾志东、施式亮:《欧盟政策对我国高等教育国际化的启示》,《求索》2008 年第 6 期,第 164—165 页。
② 邓莉编译:《欧盟委员会制定高等教育国际化新战略》,《世界教育信息》2013 年第 16 期,第 75 页。

二、美国教育国际交流与合作平台建设及保障机制概况

美国对外教育交流的历史可以溯源至殖民地时期,当时美国大多数富有家庭为继承其宗主国的贵族传统,都积极将子女送到欧洲接受教育。这一时期的国际教育交流是一种个人主义的教育,服务于美国富有家庭子女的个人发展需要。美国独立后,出于国际经济竞争和作为独立国对外合作与交流的需要,美国人逐渐认识到对外教育交流与合作的发展对国家建设的意义,他们开始从理论上思考对外教育合作与交流重要性,并形成相关的初步构想。第一次世界大战之后,随着国际联盟的成立,国际教育交流与合作开始成为美国正统学术的研究对象。第二次世界大战之后,高等教育国际化被作为国家安全的一部分提出,并成为有组织的尝试。而这一国家安全的维度最终在 20 世纪 80 年代被保证美国全球竞争力的需要所打破。[①] 曾满超认为,美国高等教育有近一个世纪的国际化经验,但高等教育国际化的历史实际上是从 20 世纪 20 年代开始的。[②] 维卡什(Vikash)认为,美国第二次世界大战之后的国际化是以教育消灭非理想的国家主义,同时通过教育对抗苏联,传输资本主义的价值观,因此,这一时期的教育国际化从属于美国的外交政策,其最突出的特征是教育援助(aid)。而进入 20 世纪 80 年代以后,援助的国际理念逐渐向贸易的方向转移,并进一步商业化。[③] 20 世纪美国教育国际化发展的主体、动因、策略呈现出了非常强的阶段性特征。

---

① Aaron S. Horn,Darwin D. Hendel &Gerald W. Fry,"Ranking the International Dimension of Top Research Universities in the United States",*Journal of Studies in International Education*,2007,(1),p. 332.

② 曾满超等:《美国、英国、澳大利亚的高等教育国际化》,《北京大学教育评论》2009 年第 2 期,第 75 页。

③ Vikash Naidoo,"International Education;A Tertiary – level Industry Update",*Journal of Research in International Education*,2006(5),pp. 325 – 327.

表 4 - 2　美国 20 世纪高等教育国际化主体、动因、策略概述①

时间\内容\主体	国际化主要主体	国际化动因	国际化策略	
			政策	活动
20 世纪上半叶	组织	文化动因:促进和平与共同理解	半政府或私人组织发布具有一定影响力的报告	私人组织与基金会以设立奖学金形式推动学生与教师交流
	大学	学术动因:学生发展 文化动因:和平与共同理解	—	校际交换项目;设立区域和外国文化研究机构
第二次世界大战后至 20 世纪 80 年代	国家	政治动因:国家安全与外交 文化动因:文化/意识形态输出	《信息及教育交流法案》;杜鲁门的"第四点计划"与国际教育援助;《国防教育法》《富布莱特法案》;《富布莱特—海斯法》;《国际教育法》	教育交流访问项目;教育援助项目;设立国际问题(区域问题)研究中心
	组织	文化动因:和平与共同理解	非政府组织和基金会通过调查、发布报告等形式提高高等教育国际化地位	推动区域研究与外国语课程
20 世纪 80 年代后	国家	政治动因:国家安全、世界领导地位 经济动因:高等教育市场上的竞争力	博伦国家安全教育法	国防安全教育项目(NSEP)
	组织	经济动因:劳动力市场竞争力	发布有影响力的调查报告,为国际化发展制造舆论环境	—
	大学	文化动因:跨文化理解;文化价值观输出、融合 学术动因:国际地位、声誉、学生与教师发展、战略联盟研究与知识产品 经济动因:经济创收	院校将国际化维度融入高校的使命、目标与规划	吸引优秀留学生、课程国际化、国际化管理机构专业化

① 金帷、马万华:《20 世纪美国高等教育国际化历程——以动因—策略为脉络的历史分析》,《教育学术月刊》2012 年第 1 期,第 46 页。

目前,美国是世界教育强国,是全球学者、专家、学生的向往之地,是世界科研、技术发展的中心,也是高等教育的中心、国际留学生与全球各类人才的聚集地。美国著名高校的研究生院被誉为"世界的研究生院",吸引着全球各地最有潜质、最聪明的学生。美国对世界高等教育产生了难以磨灭的影响。半个世纪以来,在美国对外教育交流的历史长河中,高等教育交流不仅起着政治控制、经济赢利、外交渗透、文化与教育输出的重要作用,而且还巩固了美国与世界各国的战略关系,维护了美国的世界霸主地位。① 美国教育的强大与其多元化及多层次的对外教育交流与合作体系密切相关,竞争和自主成为美国对外教育最显著的特征。美国高等教育的建立、发展和成熟与其长期以来实行的对外教育交流政策息息相关。

(一)美国教育交流与合作平台建设的动向

1.推出"国际教育周",构建国际教育交流与合作的新环境

2000 年,美国联邦教育部和美国国务院共同主办了"国际教育周"(International Education Week,IEW)活动,此后,每年 11 月的第三周为国际教育周的庆典期。此后,虽然每届"国际教育周"的主题各不相同,但该活动的主旨相当明确,即通过"国际教育周"推动多元文化间的交流与合作,既可以拓展美国人的国际视野,也能促进并吸引海外最为优秀的未来领导者到美国学习与交流。目前,世界上已有一百余个国家与地区参与了该项活动。在美国,参与该项活动的机构有美国各级各类学校、国际组织、驻外使馆、学术研究机构及海外各类教育组织等。其活动内容包括多国语言与多元文化体验、海外学校或大学探访、学术演讲与研讨会、国际教育成就展示与个人留学经验介绍、国际教育项目介绍,等等。作为美国一项前所未有的跨国教育发展的全球化战略,"国际教育周"活动涉及面极为广泛,其承办单位包括了美国 50 个州在内的高等院校,驻外大使馆、领事馆,相关国际组织、社会团体等。②

2.增加美籍"非传统大学生"教育交流资助项目,促进参与者的多元化

2000 年,根据《2000 年国际学术机会法》(the International Academic Opportunity Act)法案精神,由美国国务院教育和文化事务局管理,美国国际教育研究

① 李梅:《高等教育国际市场:中国学生的全球流动》,上海教育出版社 2008 年版,第 81 页。
② 邵兴江、黄丹风:《美国国际教育周计划述评》,《世界教育信息》2006 年第 3 期,第 52—56 页。

所(IIE)承办了本杰明·吉尔曼奖学金(Benjamin A. Gilman International Scholarship Program)。该奖学金向有意赴海外留学的美国籍经济困难学生、社区学院学生、残疾学生以及有不同种族背景的学生(这些学生被称为美国出国留学生中的非传统学生)提供为期 1 年(含 1 年以内)的海外研习机会。鼓励这些学生到欧洲和拉丁美洲以外的冷僻留学目的地学习,以增加学生对这些地区文化的了解,增强他们的外语技能。① 该项目于 2001 年正式启动,截至 2010 年,申请该奖学金的学生人数达到 3.1 万人,有 8800 名美国学生获得该奖学金,其中赴中国留学的学生达 745 人。最近两年该奖学金的规模不断扩大,2011 年资助人数达到 2300 人。②

3. 构建百万人留学海外的宏伟蓝图,倡议更多的美国学生走向海外

2004 年,美国国会成立了"亚伯拉罕·林肯海外留学委员会",这一机构主要负责制定美国学生海外留学的国家发展战略。2005 年,该留学委员会发布了"全球竞争力与国家需要:100 万美国学生海外留学"(Global Competence & National Needs:One Million Americans Studying Abroad)的报告。这份报告构建了到 2017 年时每年派出 100 万大学生到海外学习的宏伟蓝图。自 2007 年起,政府拨款 5000 万美元启动新的留学资助项目,此后每年追加经费,到 2011 年时该项目年度金额已达到 1.25 亿美元。如此,至 2017 年,该项目将使海外美国留学生人数达到 100 万人,占美国高校本科和大专年度毕业人数的 50%。③美国国会通过了这一计划,并以官方名义宣布 2006 年为"海外学习年"(Year of Study Abroad)。2009 年,美国参议院还出台了"2009 年参议员保罗·西蒙留学基金法"(Senator Paul Simon Study Abroad Foundation Act 2009),将海外留学教育正式确立为美国大学教育的一部分。④

---

① Benjamin A. Gilman International Scholarship (2010), Program Overview, http://www.iie.org/en/Programs/Gilman – Scholarship – Program/About – the – Program.

② 《美国政府赴华学习项目资助情况调研》,http://www.xzbu.com/9/view – 3169480.htm,2015 – 3 – 6。

③ Commission on the Abraham Lincoln Study Abroad Fellowship Program,Global Competence & National Needs,2005,p.11.

④ NASFA,International Education:The Neglected D – imension of Public Diplomacy,http://www.nafsa.org/public_policy.sec/public_diplomacy_internationalizing/,2014 – 1 – 7.

4. 强化已有的旗舰对外教育交流计划,开拓新的项目领域

富布莱特计划(Fulbright Program)是美国的旗舰对外教育交流与合作项目。1943 年,富布莱特就任美国众议院议员,1946 年,他提出一项建立教育交流项目的议案,在他的领导下这一议案获得通过。富布莱特说:"增进我们对其他人的理解和他人对我们的理解的必要性从未像现在这样迫切。""过去和现在我都认为,如果更多的人对别国人民有所了解和理解,他们就有可能培养起同情、厌恶战争和爱好和平的能力。"①他希望全世界的学生和教育工作者通过交流,能从不同视角、从与自己不同的视角观察事物以及熟悉其他文化,这是创建相互理解的关键。2008 财政年度,美国政府通过双边机构或基金会直接资助约6000 万美元。2009 财政年度,美国国会为富布莱特计划拨款 2.349 亿美元,并将每年资助的人数增加至 7500 人。② 自计划实施到 2010 年年初,大约有 30 万人参与了该计划,其中约 12 万人来自美国,参与者中已有 40 人获得诺贝尔奖。

2009 年 11 月,美国总统奥巴马宣布了"十万强"动议计划,旨在大幅增加在中国学习的美国学生数量。希拉里·克林顿(Hillary Clinton)于 2010 年 5 月在北京正式启动该动议。中国政府大力支持该动议并已承诺提供 10000 份"桥奖学金"。③ 奥巴马总统强调了更广泛的教育机会和更大的区域繁荣之间的关键联系,强调在当今互联网技术驱动的世界中,未来的领导者和革新者需要具有国际意识和跨文化的经验,因而必须扩大留学的机会。④

此外,美国还全面推进与非洲国家、东南亚国家、澳大利亚、拉美、俄罗斯、印度等国家和地区之间的教育交流与合作。2008—2009 学年,来自非洲的留学生增长了 4%,共 36937 人,占美国留学生总数的 6%。2010 年 12 月,在亚的斯亚贝巴举行了"建设可持续的美—埃(埃塞俄比亚)大学之间的合作伙伴关系"的主题会议,会议汇集了来自美国和埃塞俄比亚的高等教育管理人员和教师,

① J. William Fulbright, "The Creative Power of Exchange", Exchange 11 (Summer 1975):4. On the Fulbright – Hays Act, see A Quarter Century:The American Adventure in Academic Exchange (Washington, D. C.: Board of foreign Scholarships,1971) and Walter Johnson and Francis J. Colligan, *The Fulbright Program:A History*, Chicago, Ⅲ.:University of Chicago Press,1965.

② CIES, Fulbright Program, http://www.cies.org/about_fulb.htm.funding,2014 – 3 – 7.

③ 《十万强动议:增加到中国留学的美国人数量》,http://chinese.usembassy – china.org.cn/100k – strong.html,2015 – 7 – 5。

④ 100000 Strong in the Americas, http://www.state.gov/p/wha/rt/100k/index.htm,2015 – 7 – 1.

进一步考虑在这两个国家共同利益的基础上建设更大规模的大专院校,以期实现美国—埃及乃至美国与整个非洲地区教育机构之间的更大联系。① 美国政府也相应加强了与东南亚各国的教育交流与合作力度。首先,国际教育协会(IIE)确定了其在印尼的教育交流与发展战略,并举办研习会,以期将美国与印尼在双方国家相互交流学习的留学生数量提高一倍,以支持奥巴马政府所制定的目标。② 其次,在国际教育协会的推动下,泰国众多高校也开始调整自身的学年日程安排,以期与美国教育机构保持一致。相近的学年日程安排,不但可以消除对学生毕业进程的时间阻碍,而且会最大限度地解决美泰两国学年日程安排差异带来的教育资助困难等问题。③

(二)保障机制

1. 政府给予政策和法律支持,坚持实施国际教育交流与合作项目④

长期以来,美国政府将对外教育交流作为其对外关系和实施对外政策的一种重要工具,并将其作为发展全球化战略的重要组成部分。在政策上,如果说通过 1944 年的《退役军人权力法案》(G. I. Bill of Rights),联邦政府开始了干预美国高等教育的历史的话,那么,1946 年《富布赖特法案》(Fulbright Act)的颁布则标志着联邦政府对美国国际教育的正式介入。从 1961 年起,通过《1961 年多元文化与教育交流法案》(即《1961 年富布赖特—海斯法案》),富布赖特教育交流计划获得了国会的拨款资助。1950 年国会通过《国际开发法》(Act of International Development),并在国务院设立技术合作署负责执行这些新政策。国际开发计划涉及对外援助、科学咨询人员培训以及农业和工业综合发展计划。同年,联邦政府还通过《国家科学基金会法案》(The National Science Foundation Act),支持美国和外国科学家的交流和国际科学教育计划的开发;鼓励在美国和外国科学家之间进行信息交换,并对外国科学信息的翻译提供资助。1958年,即苏联人造地球卫星震惊美国朝野,并引发美国人对教育重新进行评估之

---

① 徐辉、张永富:《美国国际教育交流与合作的基本价值和具体实施——以国际金融危机为视角》,《外国教育研究》2012 年第 6 期,第 37—39 页。

② ECA, "Expanding U. S. Study Abroad To Indonesia: U. S. Perspectives and Strategies for Expansion", ECA, 2011(1), p. 22.

③ IIE, "U. S. Study Abroad in Thailand: Host Country Perspectives and Guidelines for Partners", IIE, 2010, p. 3.

④ 聂名华、黄云婷:《美国高等教育国际化发展战略分析》,《学术论坛》2011 年第 6 期,第 199—200 页。

后一年,在参议员卡尔·埃里奥特(Carl Elliott)的领导下,美国通过了《国防教育法》(National Defense Education Act)。在健康、教育与福利部的管理下,《国防教育法》为大学国际研究工作的持续进行提供了最直接的资助。① 苏联解体后,美国的国际教育发生了转向,"第二次世界大战后美国高等教育的国际化受到政治的左右,但冷战结束之后,美国国际教育的重心从政治转向了经济"②。它开始从全球劳动力市场的需要出发思考国际教育,将国际研究与发展计划视为技术竞争的手段。1990 年,参议员大卫·博伦(David Boren)和克莱本·佩尔(Claiborne Pell)共同发起《教育交流促进法案》(Educational Exchanges Enhancement Act,EEEA),扩大美国学生,包括本科生到与美国有关系的国家(新的东欧民主国家、苏联,以及非西欧国家)留学的人数,同时,吸引这些国家的学生到美国。博罗恩认为《教育交流促进法案》是美国为"承担一种不同的领导角色,一种不是建立在军事强权,而是建立在才能与培训基础上的领导角色,而迈出的重要一步,是一个大目标的信号"③。1991 年,美国《国家安全教育法案》被作为公共法修正案的一个部分由国会通过并经布什总统签署形成法律文件。法案提出三种新的国际教育计划:(1)为本科学生提供海外学习奖学金;(2)为研究生提供国内国际研究奖学金;(3)为学院与大学提供资助加强国际计划。"国家安全教育法表明,联邦政府重新承担起对国家利益关系重大的国际领域研究的资助责任。高等教育现在有可能提供更系统的知识和接受过更高层次培训的、能够捍卫国家幸福和利益的重要人才。同时,高等教育也能够继续进行这方面的研究:为了创造一个更稳定和和平的世界而提供一定的条件、政策与行动。"④

美国国际外交咨询委员会在其文件"21 世纪的国际外交"中提出:"对美国的对外关系而言,对外交流和培训是其最有价值的工具之一,有着直接的和多

---

① Clarence B. Lindquist,NDEA Fellowships for College Teaching,1958 – 68;Title Ⅳ,NDEA of 1958,U. S Department of HEW,OE,1971;*Barbra B. Clowse,Brainpower for the Cold War:The Sputnik Crisis and National Defense Education Act of* 1958,Westport,Conn. :Greenwood Press,1981.

② Hans DE WIT,Changing Rationales for The Internationalization of higher Education,In Paper on Higher Education,Internationalization of Higher Education:An Institutional Perspective,ed by Bucharest,UNESCO,CEPES,2000,p. 17.

③ David L. Boren and Claiborne Pell,"Give students the World",St. *Louis Post Dispatch*,31 August 1990.

④ Theodoer M. Vestal,"International Education:it's History and Promise for Today",Published by Praeger in 1994,p. 7.

重的影响。"美国教育委员会也提出,美国的未来取决于政府是否有能力开发国民的国际能力,美国在世界上的地位将决定其自身是否自强(Competent)、自在(Comfortable)和自信(Confident)。2005 年,美国有 34 个州制定了指导开展全球化教育的章程。同年,美国参议院通过了"健康、服务和教育机会法案的修正案",其中提出要将美国高校纳入世界竞争的轨道,要塑造欢迎外国学生的开放的美国形象。美国国会还专门颁布了《美中文化交流促进法案》,以法案形式从正面强调文化交流在中美关系中的重要性。在政府有关政策和法律的支持下,美国规划和实施了一系列对外教育交流与合作项目。

2. 建立完整科学的国际教育交流与合作管理体系①

完整科学的管理体系是确保有效实施国际教育交流与合作策略的坚实基础,由美国联邦政府部门、众多的非政府机构和名目繁多的支撑项目所构成的"三位一体"的保障体系在处理相关教育交流与合作的事务中发挥着非常重要的作用。政府部门负责教育国交流与合作事务的主要机构有:

(1)美国教育部(U. S. Department of Education),是负责教育事务的主要联邦政府机构。教育部负责协调国际教育政策和对外合作与交流活动。在美国教育部内,美国教育信息中心(U. S. National Education Information Center)、国家教育统计中心(National Center for Education Statistics)根据国际协定收集、传播国际教育、比较教育、国际测量等方面的信息,并与国际统计机构进行合作。

(2)美国国务院(U. S. Department of State)。美国国务院领事事务局(Bureau of Consular Affairs of the U. S. Department)负责批准和发放外国学生和教师赴美签证。美国国务院教育与文化局(Bureau of Educational and Cultural Affairs of the U. S. Department)负责管理海外教育咨询事务,监管联邦政府资助的交换学者项目。美国国务院国际组织事务局(Bureau of International Organization Affairs of the U. S. Department)负责监管美国与国际组织或地区性组织的有关活动。

(3)白宫"美国贸易代表办公室"(The Office of the United States Trade Representative,USTR),负责国际贸易谈判,包括 WTO 与 GATS 的谈判。教育服务

① 汪霞、钱小龙:《美国高等教育国际化的现状、经验及我国的对策》,《全球教育展望》2010 年第 11 期,第 60—61 页。

贸易也是 USTR 的管理职责范围。

（4）美国移民和归化事务局（U. S. Immigration and Naturalization Service），负责批准外国人进入或居留美国，管理实施美国居住条例。

（5）公共外交咨询委员会（Advisory Commission on Public Diplomacy，ACPD），接受两党监督，开展海外国家国际广播、公共事务与教育交流活动。

（6）美国新闻署（United States Information Agency，USIA）为美国海外使节团制订与实施广泛的教育计划，并逐渐成为美国负责有关教育与文化交流的主要政府机构。

（7）美国国际开发署（USAID），通过与美国赠地学院和别的大学签订合同，管理这些学校的海外技术援助计划。

此外，美国教育信息网络（USNEI）为留学生提供了美国教育的官方信息，包括美国的各类教育机构、各级教育体系、院校与课程等。美国的非政府部门教育交流与合作管理机构有美国教育协会（AECT）、美国国际教育交流协会（CIEE）、国际研究与交流理事会（IREX）、美国外国学生事务协会（NAFSA）等，这些机构功能不一，有的通过提供大量的项目和服务来强化校园国际化，有的负责管理青年学生和教师出国学习和教学的相关项目和经费资助等。大量的非政府机构在教育交流与合作管理体系中发挥了基础性的主体作用，有利于降低管理的成本，淡化行政权力，强化学术权力和恢复学术的自主性。

3. 完善教育国际交流与合作资助体系

要推动国际教育交流与合作的进程，相应的政策支持必不可少，而在政策的指导下通过设置奖学金或项目基金的方式直接进行资助则更为有效和实际。美国政府部门、民间企业、机构等为美国的教育国际化提供了多元化、多层级的资助类型，构建了稳定的国际教育交流保障体系。一方面，尽可能多地设置出国留学项目和奖学金。国际教育学会会长古德曼（Allan E. Goodman）在公布《2007 年门户开放报告》（Open Doors 2007）时说：“总统、国务卿及国会、实业界与学术界领导人的共同目标是提供机会，使更多的年轻美国人到国外学习。”国际教育学会管理着 250 多个资助项目，并以每年提供超过 2 万个名额的规模帮助美国学生出国参与国际学术和专业交流活动。① 在这些项目中，最著名的是

---

① U. S. ，“Department of S tate，Campus connections”，*ejournal USA*，2009，14（8），pp. 27 – 29.

受到美国国务院直接领导的三个资助项目,即"富布赖特美国学生交流项目"(Fulbright U . S. Student Program)、"吉尔曼奖学金"(Gilman Scholarships)、"国家安全语言计划"(National Security Language Initiative)。"富布赖特美国学生交流项目"共提供 2. 754 亿美元的经费资助、300 个名额帮助美国的学生、教师、学者和专业人员赴多达 155 个国家从事教学、研究和考察活动。[①] "国家安全语言计划"在 2007—2008 年度投入了 1. 406 亿美元,旨在增加资助美国人学习紧缺外语如俄语、印地语、阿拉伯语、汉语、波斯语等语种的人数。[②] 另一方面,为去美国留学的外国留学生设置留学项目、奖学金。美国的大学、研究机构因其教学水平高、尖端专家云集、专业类型多样,以及学习科目设计安排灵活对外国留学生充满了吸引力,但是美国大学的费用也是外国留学生所面临的最大问题。为此,美国为留学生设置多种资助项目,有校方资助:各院校基于学习成绩(奖学金)和学生的经济需要(助学金)提供的资助;基金会与国际组织资助等。[③]

三、日本教育国际交流与合作平台建设及保障机制概况

近代以来的曲折发展道路,使日本社会对于国际关系与自身利害的密切关系有深刻体验,因此,在当代全球化浪潮中,日本成为各领域国际化的积极参与者之一。以培养生存于国际社会的日本人为宗旨,从中央到地方,从学校到社会,日本大力推进教育国际交流。

(一)日本教育的交流平台建设

1. 设立对外教育交流与合作的管理机构

"求知识于世界"是 19 世纪明治维新以来日本政府一贯奉行的教育政策。自 1877 年日本第一所大学——东京大学创立以来,就开始大量招聘外国学者任教,提倡采用外语进行教学。这一制度一直延续到 19 世纪 90 年代,日本开始大力推进教师的国产化与日语教学,从而呈现出西方化与日本化双轨发展的

---

① About Fulbright,http://us. fulbrightonline. org/about. html.

② National Security Language Initiative,http://en. wikipedia. org/ wiki/ National_S ecurity_Language_Initiat ive,2011 - 07 - 2.

③ U. S. Higher Educat ion:The Financial Side,http://www. america. gov/ st / peopleplace - english/ 2005/ September/20080530124651xjsnommis 0. 7369806. html,2011 - 07 - 2。

格局。第二次世界大战之后,大学的国际化成为新时期日本政府和高等学校的共同行动纲领。日本文部省(现改名为文部科学省)的教育咨询机构——中央教育审议会于 1966 年明确指出:文部省适应大学国际化潮流,并努力培养"世界通用的日本人"。日本从内阁到地方当局都有推动对外教育交流与合作的专门管理机构。内阁总理府下设日本学术会议,负责有关教育交流与学术交流的调查研究和政策拟定。文部科学省设有学术国际局和留学生科,具体负责国际教育与学术交流及合作事务。1967 年设立的特殊法人"日本学术振兴会",1972 年设立的"国际交流基金",都是由政府出资以促进国际学术和教育交流的机构。还有专门服务于留学生的留学生中心、日本学生支援机构等。日本国际教育协会、日本学术振兴会等为海外赴日留学生服务的全国性机构有五个。地方负责国际教育交流与合作的管理机构,有各都道府县市的专门外事机构,如外事局、国际部等。另外,各地方的教育委员会也设有相应机构,管理本地区的国际教育交流与合作事务。同时,日本为外国留学生及研究者提供了高质量的居住环境、学习与知识交流的场所。在此可与国内外各领域一线研究人员研究开发新型产业,促进国内外研究人员的交流、研究成果的普及等。如,1998 年开始,在东京都江东区建设占地 6.6 公顷的国际大学交流村。大学交流村设有传播媒介大厅、国际交流会议场、自习室、进修室与体育室等,经常举办各类专题讨论会和座谈会等,成为国内外科研人员研究与学术交流的重要场所之一。

2. 大学教育的交流与合作

大学教育的国际教育交流与合作主要有如下三种形式:

一是与国外大学建立合作关系。日本国立大学协会设有专门推动大学间合作的第五常设委员会,近 30 年来其职能转变为专门促进大学的国际交流。如名古屋大学,目前已和 78 所外国大学建立了友好校际关系,院系间的国际合作达到 182 个,而且合作形式多样,有联合办学、校际学分互换制度等。

二是教学与科研的内容和方式的国际化。日本的各大学都积极开展外语特别是英语教学,或设置国际经济、国际关系、对外贸易等系科,或增设有关国际内容的课程,如美洲史、亚洲史、外国文学、比较教育研究及比较文化研究等。还积极在国际一流刊物发表论文,主办或者参与各种国际学术会议。

三是在海外建立分校。日本的大学在海外建立分校始于 20 世纪 80 年代末,至 90 年代中期已在 7 个国家开办了 26 个分校。名古屋大学法政国际教育协力研究中心在乌兹别克斯坦(2005 年)、蒙古(2006 年)、越南(2007 年)、柬埔寨(2008 年)的国立大学建立了日本法教育研究中心。① 私立帝京大学在美国、英国、马来西亚、中国香港也设有分校。② 为吸纳国际人才,形成国际性研究基地,文部科学省于 2005—2009 年投资 5 亿日元实施了"强化大学的国际化战略计划"。培植推进国际战略的先进典型,促进其他大学自主开展具有创意的国际化活动。国际财团如环太平洋大学协会、东亚研究型大学协会等积极参与大学的国际化。日本的各类大学为了加强国际教育交流,多数设立了专门的管理机构或专职人员,如大阪大学设立"国际教育与学术交流委员会",委员长由校长兼任。委员会下设国际学术组、国际交流组和国际交流会馆组,分别管理国际学术与教育交流事务。

3. 社会教育的国际交流

社会教育是与学校教育并列的公共教育系统之一。自 1992 年生涯学习审议会提出政策建议后,日本开展了许多以国际理解、国际贡献为宗旨的青少年国际交流事业。

表 4－3　2005 年度政府主持的青少年国际交流事业

事业名	国际青年育成交流	日中青年友好交流	日韩青年友好交流	世界青年之船	东南亚青年之船	21 世纪文化复兴青年领导招聘	外国日语教师青年招聘事业	青年社会活动核心领导培养项目	合计
派遣人数	70	30	29	118	39	0	0	18	304
接受人数	95	27	30	132	132	39	5853	39	6347

除了上表所列外,还有中央青少年团体联络协议会、世界青少年交流协会、国际青少年研修协会日本海洋少年团联盟、全国青年之家协议会等团体组织获得国家部分经费补助的对外交流事业,2003 年度有 42 项,交流对象除涉及东亚外,还有美、英、法、德、澳等广泛地域。志愿者活动属于社会教育的一个重要方面。2007 年约有 600 名日本学生参加了欧美、亚洲约 30 个国家的 800 个项目。有些大学如关西外国语大学、名古屋商科大学等将海外志愿者活动计算为学分。支持和推广日语教学,是日本教育国际化的一个重要方面。在日本国内以

---

① 杨红:《试论日本大学的国际化》,《文化学刊》2009 年第 5 期,第 63 页。
② 鹤蒔靖夫:《大学が変わらなければ日本は変わらない》,IN 通信社 1998 年版,第 12—19 頁。

外国人为对象的日语教育,分布在研究生院、大学、短期大学、高等专门学校及社会上的日语培训机构,主要面向外国留学生、劳工、归国者子女及外国儿童等。1990 年到 2007 年间,日语教育机构从 821 个增加到 1801 个,日语教员数量从 8329 人增加到 31234 人(其中兼职教员、志愿者等占 84.5%),日语学习者从 66010 人增加到 163670 人。[①]

(二)日本教育交流平台的保障机制

1. 积极制定教育交流法律法规

1956 年,日本中央教育审议会在其咨询报告《关于推进教育、学术、文化的国际交流》中提出了推进国际交流的初步设想。1965 年,中央教育审议会的咨询报告中首次提出了“要培养具有国际视野的日本人”。1974 年的《关于教育、学术、文化的国际交流》的咨询报告主张用国际化的眼光考察教育,并阐明了日本国际化教育的基本观点、措施、必要性与意义,将培养“活跃于国际社会的日本人”作为其重要课题之一。1984 年首相中曾根将“教育国际化”作为日本面向 21 世纪教育改革的五项原则之一,在教育审议会的咨询文中提出,适应社会的巨大变化及经济、文化的发展,对外教育交流是其发展的必然趋势。自 20 世纪 50 年代以来,日本的教育咨询报告都将对外教育交流与合作列为重点发展的课题之一,这些报告为其对外教育的交流与合作提供了政策基础。1988 年,日本的教育白皮书——“我国的文教政策——终身学习的新发展”——正式确定将对外教育交流与合作作为日本教育发展的主要方向。2008 年,日本政府发表了“30 万留学生计划”,该计划提出,把日本作为向全球开放的国家,作为开展扩大与亚洲、世界间人员、物、金钱、信息流动的“全球战略”的一环,在 2020 年时接收 30 万留学生。[②]

2. 重视寻求多元合作

日本高等院校为了保护和发展自己,做大做强,并在日益激烈的市场竞争中占得先机,一直致力于挂靠名牌学校及发展名牌专业,其主要措施有:引入海外教育集团或通过国内院校间联合、重组以及融资等模式,建成具有国内、国际竞争力的一流高等院校,以参与更多的教育市场竞争。

---

① 周建高:《日本教育国际化发展现状》,《东北亚学刊》2012 年第 3 期,第 41—45 页。
② 李莉:《中日两国职业教育国际化政策及现状对比》,《前沿》2012 年第 1 期,第 151 页。

3. 日本各大学不断调整高等教育对外交流与合作的发展战略

为了促进高等教育对外交流与合作的发展,日本的高等院校不断地探索改革教育教学思想,根据时代要求调整学科的专业结构,探索新的教学方法,补充完善教学内容;鼓励教师、学生积极参与国际交流,获取国际经验,将学校师生的国际化程度作为评估学校的标准之一;将世界文化史、世界发展史、国际交流史等在全球经济竞争中所必需的知识和技能作为大学重要的教学内容等。[①]

四、欧盟、美国、日本经验对云南省教育国际交流与合作平台建设及保障机制的启示

西方发达国家教育交流与合作的发展,与各国政策法规的保障、强大的对外宣传攻势及教学质量保障措施密切相关。回顾世界教育交流与合作的发展历程,我们不难发现,教育交流与合作的历史发展过程其实就是一个不断创新的过程。欧美能够长时间主导世界教育交流与合作的发展,不仅在于这些校院具有浓厚的文化底蕴、优良的学术传统,更重要的是他们注重教育交流与合作的创新与变革。注重高等教育的创新,勇于学习先进的经验,使美国教育从"后发外生型"一跃成为"先发内源型",成为教育国际交流与合作大国。如果仅是学习先进的经验与模式,就没有超越的可能,只有根据本国社会、经济的发展条件,了解国际发展趋势,在学习的基础上不断创新改革,才有可能超越。如果美国一味地学习、移植欧洲的,那么它只有追赶的份,不可能超越。它是学习、移植了教育交流与合作的一些普遍规律,然后在其基础上根据本国的实际情况,适时调整教育交流与合作的方向,改革教育交流与合作的体制,才使教育国际化在本国繁荣和发展,并成为世界其他国家争相学习的对象。实践证明,创新才能发展,教育交流与合作也是如此,特别对于教育国际化的"后发外生型"国家来说,在积极学习其他先进国家经验的同时,更要注重自身的创新,只有创新才能更好地发展本国的教育国际化,才能为本国社会、经济发展服务,才能在教育国际化的过程中争取主动,取得更多的利益。

(一)切实更新对外教育交流与合作观念,强化国际意识

强化国际意识,首先要努力参与全球教育市场,要强化国际竞争和国际合

---

① 熊博晖:《日本高等教育国际化发展战略及启示》,《大连理工大学学报》(社会科学版)2006 年第 3 期,第 93—94 页。

作意识。我们不仅要关注人才的国际性流动、信息资料的国际共享和最新国际发展动态,还要进一步加强与国外高水平大学的合作,完善云南省接收留学生的制度,加大引进力度,通过"走出去"与国外高校合作办学、在海外设立分校、互派访问学者、交换培养学生等多种方式加强云南省对外国际教育的交流与合作。我们要借鉴他国教育的成功经验,主动了解外国的社会、经济、历史与文化,在教育交流合作的思想观念上实现创新与突破,扩大在人才、知识与技术等多方面的交流与合作。

(二)完善政策法规,保证对外教育交流与合作的顺利实施

我国政府非常重视教育国际化。早在 1978 年邓小平就提出留学生要"成千上万地派,不只是派十个八个",江泽民在党的十四大、十五大报告中也提及过。欧美等国在教育国际化发展的每个阶段都有政策支持,保证了教育国际化政策的稳定性和连续性。如第二次世界大战后,美国颁布了一系列法案和政策措施,如《富布赖特法案》《马歇尔计划》《国际教育法》等,以推动美国教育交流与合作的发展。1974 年,日本在《关于教育、学术、文化的国际交流》的报告中正式提出《国际化时代的教育、学术、文化、体育等国际交流的基本方案》,为日本政府制定对外教育交流政策提供了依据。法国通过"语言培训计划""佩特拉计划"和"伊拉斯谟计划"等政策推进本国教育交流与合作进程。20 世纪 90 年代后,欧盟同各国政府逐步协商要统一欧洲各国的教育体系。1998 年,法、英、德、意四国共同发表了《建设和谐的欧洲高等教育体系之联合宣言》(即《索邦宣言》),呼吁要建设一个对外开放的欧洲教育区域,并提出了具体的构想和进一步改革的措施。[①]

(三)设立专门负责国际教育交流与合作活动的机构

国际教育交流与合作的实质是现代教育理念和教育管理思想的交流,是大规模跨国科学研究的开展,是全球多元文化间的碰撞与交融,是日新月异的最新科研情报、科学技术的协同开发与交流,也是现代教育模式、教学形式与方法的交流。在国际教育交流与合作方面,欧美、日本等国为我们提供了可供借鉴的经验,如美国大部分的高等院校均设有负责教育国际交流与合作的机构,开展专门的研究与组织相关活动等。开放对外教育交流与合作服务,我们不能被

---

① 王玉霞、刘巍:《西方发达国家高等教育国际化研究》,《当代世界》2010 年第 1 期,第 76 页。

动地等待外国教育机构的进入,而应通过合作办学、海外办学等方式积极主动地抢占国外教育市场。我们在积极学习发达国家教育的先进经验的同时,还应该设立专门负责国际交流与合作的机构,制定符合我们实际情况的对外教育交流与合作政策,规划教育国际化的目标,引导教育国际化方向,保证我国的教育国际化有计划、有步骤地健康发展。①

(四)积极倡导和推动南亚、东南亚国家教育合作及平台建设

南亚、东南亚国家有着共同的利益和愿景,中国是当今世界最大的发展中国家,也是新兴大国的重要成员,在促进南亚、东南亚国家合作方面发挥了重要作用。为此,应积极倡导南亚、东南亚各国教育交流与合作平台建设,主动与其他南亚、东南亚国家进行磋商,尽快建立南亚、东南亚国家教育交流与合作管理委员会,作为南亚、东南亚国家实施教育交流与合作平台建设的协调组织机构,并争取在云南设立南亚、东南亚国家教育交流与合作平台秘书处,负责处理南亚、东南亚国家教育交流与合作中的各类事务,每年组织教育交流与合作高层论坛,组织开展教育政策、法律服务及教育统计等方面的交流合作,逐步形成南亚、东南亚国家教育资源共享机制。

(五)发挥民间教育交流与合作组织的独特优势

1981 年,中国教育国际交流协会成立,这是一个中国教育界开展对外教育交流的全国性非营利机构,其宗旨是积极推动中国教育界同世界各国、各地区的交流与合作,促进教育、科技和文化事业的发展,增进各国和各地区人民之间的了解和友谊。该协会直属于中国教育部,已经与 170 多个国外的教育机构、组织建立了友好的合作关系,在国内的合作单位已达 1000 多个。但是,该协会与美国国际教育协会相比,其扩展性、国际性明显不足,美国国际教育协会的分支机构遍布全球,而中国教育国际交流协会的主体还主要在国内,呈现出发展的被动性。美国民间教育组织更主动,例如,在服务国内这一维度上,民间团体曾经开展了一些针对院校的宣传活动,并大造舆论说,"谁先意识到这一点(国际化),谁就可以成为未来院校的领军者"②。此外,中国教育国际交流协会几

---

① 李振全:《世界高等教育国际化的发展趋势探析》,《高教研究》2004 年第 2 期,第 110 页。

② Secretary Condoleezza Rice. Remarks at the Summer of US University Presidents on International Education, http://www. whitehouse. gov/news/releases/2006/0 1/20060105 – 1html,2010 – 12 – 28.

乎不从事任何研究工作,而美国国际教育协会既发布关于留学生流动情况的年度报告,又有大量出版物。整体而言,中国教育国际交流协会的总体实力明显偏弱,在国际教育交流的大舞台上,它必然无法掌握主动权,只能扮演美国国际教育协会的配角。教育交流与合作的发展需多方力量的促进,政府应给予非营利教育国际化组织更多的自主权,发挥民间组织国际教育交流的独特优势。

（六）积极引导省内有关单位参与与南亚、东南亚国家的教育交流与合作

长期以来,省内的相关单位在选择国际合作伙伴时,倾向于选择美国、欧盟、日本等发达国家。为此,应进行适当的战略调整,在与发达国家各类教育机构交流与合作的同时,也要加强与南亚、东南亚国家的教育交流与合作,积极引导省内的企业、科研机构、高等院校和教育专家把合作的视角转向南亚、东南亚国家。应该充分利用中国—东盟平台给云南国际教育交流与合作带来的新机遇,把同南亚、东南亚国家的教育交流与合作放在国际战略的重要位置来进行规划和部署,加大与南亚、东南亚国家的教育合作与交流,努力增强国际教育交流与合作的综合效益。云南省可以根据南亚、东南亚国家对外教育工作的目标和需求,寻求符合各方共同利益和需要的新的合作领域和形式,制订面向南亚、东南亚国家的教育交流与合作工作计划,引导国际教育交流与合作的发展方向。

（七）积极推进云南省面向南亚、东南亚教育交流与合作平台的机制建设

加强面向南亚、东南亚国家的教育交流与合作平台机制建设,是吸引其他国家教育资源、扩大国际交流与合作滋出效应的重要前提。因此,要加大对教育交流与合作平台建设基础研究的投入,把增强创新性摆在基础研究和战略性前沿研究的突出位置;加强教育交流与合作研究基础设施建设,培育形成一批高水平的合作研究基地,形成局部优化的科研环境和优势;努力营造有利于自主创新的良好文化环境,鼓励创新,克服人为的学术壁垒,在尊重知识产权的基础上扩大信息资源共享。要加强协调机制,发挥整体优势,完善对外教育交流与合作工作的规章制度,建立和营造有助于国内单位参与南亚、东南亚国家教育交流与合作的机制和环境。

教育是一个特殊的产业,有着丰富的内涵。要从更广阔的视野来看待教育在国家发展中的作用。它关系一个国家的未来,关系一个民族的根。西方国家在发展中国家的教育投资是一种经济投资,也是一种政治投资。有其近期效应

和长期效应、公开效应和潜移默化的隐形效应。当然,对外教育交流与合作进程也是国家之间的互惠互利行为,有利于国家间的联合办学、信息交流、合作研究、资源共享,还可提高本国的国际教育竞争力,促进世界教育的发展,培养时代需要的国际型人才。处于新世纪的云南省各级各类教育机构,必须根据实际情况,走有云南特色的国际化之路。首先,要大力发展教育产业,尽快确定我国教育国际化发展战略,这也是跻身世界教育前列的需要;其次,站在 21 世纪的高度和世界范围的大背景中,必须增强国际化意识,借鉴国外发展高等教育的正反经验,在知识、人才、技术、信息等方面积极认真地开展广泛的国际交流与合作;再次,借鉴教育交流与合作化程度较高国家的经验,可使云南省各类院校特别是高等院校在教育质量、科研水平、管理水准等方面有较大的提高;最后,积极开展对外教育交流与合作的相关活动,比如,在积极派遣出国留学生和访问学者的同时,尽力接受更多的外国留学生和专家学者,努力缩小云南省大学与外国著名大学在这方面的差距。

第五章 云南省教育国际交流与合作平台建设的战略思考与设计

　　在 2007 年召开的"两会"上,胡锦涛同志提出要把云南省建成中国与南亚、东南亚的区域性信息交流中心及商贸、物流、加工制造基地。《云南省长期科学和技术发展规划纲要(2006—2020 年)》提出,要充分发挥云南省的独特区位优势,建立云南与南亚、东南亚、泛珠江三角洲地区及香港、澳门、台湾的教育交流与合作机制,有效利用国内、国际教育信息与资源,加强相互间的沟通与交流。建立教育交流与合作平台已经成为国家政策和地方教育计划的一项重要内容。由于云南省目前仍属于经济欠发达地区,国际教育交流与合作的理论与实践还不完善,目前国际教育交流与合作的能力尚不能满足国际化、全球化经济合作新格局的形势需要。为了加强云南与南亚、东南亚国家的教育、经济与文化的合作与交流,建设云南—南亚、东南亚区域性的信息交流中心,为国内各省(区、市)与南亚、东南亚各国提供最新的教育成果展示、前沿的教育信息交流服务,促进云南—南亚、东南亚国际教育交流、合作的不断深化,构建云南省对外教育交流与合作平台不仅十分必要而且意义重大。

　　云南省国际教育交流与合作平台建设具有可行性。一是国际优势。中国—东盟博览会(CHINA – ASEAN Exposition,简称 CAEXPO)以展览为中心,同时开展多领域多层次的交流活动,搭建了中国与东盟交流合作的平台。经国务院批准,已经成功举办了 5 届的南亚国家商品展从 2013 年起正式更名为中国—南亚博览会,2013 年后,南亚博览会在昆明举行。这些博览会的举办为对外教育交流与合作的开展打下良好的基础。二是国内已经具备建立教育交流平台的条件。国内不断发展的互联网技术、通信技术、教育网络等为教育交流平台的建设提供了软硬件保障。随着信息服务的多样化、成熟化,信息逐步涵盖了社会生活和国民经济的各个领域。目前我国地区教育网络的建设也初具规模,云南省也建立了具有地方特色的教育信息网,建立国际教育交流与合作网可以以这些软硬件为基础。

目前,为适应对外经济合作和自由贸易区建设的需要,云南积极参与南亚、东南亚教育的交流与合作,建设了招商引资、教育成果产业化和项目交流等信息交流平台,如云南国际教育交流与合作网、中小企业创新教育服务网、云南国际合作网、中越教育贸易网等,此外,还建设了中越教育贸易网和云南国际合作网,与新加坡、越南在信息互换、人才培养、产业合作等方面进行合作。截至2006年年底,云南与东盟教育交流与合作相关网站群共建有近100个栏目、30个数据库、12个应用服务系统,为网站搭建、建设与运营大型信息服务平台、信息体系建设、提供国际教育交流合作服务奠定了经验与技术基础。

一、云南省扩大面向南亚、东南亚教育开放交流平台建设的指导思想和原则

(一)基本思路

认真贯彻落实中央"周边是首要""与邻为善,以邻为伴"和"睦邻、安邻、富邻"的重要外交方针,紧紧围绕云南省"建设绿色经济强省、民族文化大省和中国连接东南亚、南亚国际大通道"的三大目标,始终坚持"以开放发展教育"的原则,充分发挥云南的区位优势,调动各级各类院校的积极性和创造性,利用国际国内两个市场、两种资源,抓住机遇,发挥优势,官民并举,推进体制改革和机制创新,全面加强与南亚、东南亚各国在教育领域的交流与合作,夯实教育交流基础,扩大教育交流内容,拓展教育交流空间,创新教育交流形式,提升教育交流能力,着力打造特色鲜明的高水平教育交流平台,把云南建设成为我国面向南亚、东南亚的教育交流中心,为深化我国与东南亚、南亚全方位合作提供支撑。提升云南省教育在全国和周边国家的知名度,为云南经济、社会又快又好发展服务。

(二)基本原则

1.地区和平、国家安全原则

扩大对南亚、东南亚开放教育交流平台建设,应从维护我国文化利益、确保我国文化安全的角度出发,使其符合我国及南亚、东南亚各国的利益。南亚、东南亚各国在国际和地区事务中应保持良好的协调与配合,消除影响本地区和平

的各种障碍,共筑本区域稳定和谐的国家关系。

2. 相互尊重、平等互信原则

扩大与南亚、东南亚开放教育交流平台的建设,应在遵照和平共处五项原则的前提下,通过协商对话,互尊互信,开展形式多样、务求实效的教育交流,以谋求区域内的和谐发展。

3. 资源共享、互利共赢原则

云南与南亚、东南亚血脉相连,唇齿相依,各种文明交相辉映,资源禀赋互补性强,扩大对东南亚、南亚开放教育交流平台的建设,需要跨越意识形态、社会制度和发展模式的不同,培育多元文化,博采众长,彼此借鉴,促进各民族文明成果的共享和通融,使不同文明在相互借鉴中共同发展。

4. 政府主导、多方共建原则

建设云南省与南亚、东南亚开放教育交流平台是一项复杂的系统工程,需要中央和地方政府发挥主导作用,同时要充分调动省内高等院校、科研院所、企业、中介机构、商会、民间组织等各方面的积极性,共同参与平台的建设。

5. 统筹规划、分步实施原则

扩大与南亚、东南亚开放教育交流平台建设,涉及科技、文化、教育、卫生、体育、旅游、人才等领域,既要统筹规划,将其纳入国家"十二五"发展规划,又要按照不同领域资源的特点和交流程度,结合东南亚、南亚各国的不同需求,突出重点,试点先行,分阶段积极稳妥地推进平台建设。

(三)总体目标

2010—2020年扩大对南亚、东南亚开放教育交流平台建设的总体目标是:完善教育交流的体制和机制,健全教育交流的服务体系,建成一批教育交流的重大工程和项目,把云南建设成为我国面向南亚、东南亚各国开展科技、文化、教育、人才合作与交流的中心,成为我国与南亚、东南亚相互开展教育交流的基地,成为我国向东南亚、南亚展示友好合作诚意、展示改革开放成果、展示中华文明、促进相互了解和友谊的窗口,为建立一个繁荣、和谐的东南亚、南亚共同体奠定基础。

二、云南省扩大面向南亚、东南亚教育交流平台建设的总体构想

云南省面向南亚、东南亚教育交流平台建设的总体目标是:建设以网络平台为依托、服务体系为支撑的国际教育合作平台,包括构建面向南亚、东南亚合作的公共信息网络平台、服务体系、人才交流平台和保障机制,为开展国际教育交流合作提供服务和保障。

由于南亚、东南亚国家在教育管理、部门归属、教育体制、语言文化等方面存在差异,教育交流合作管理在实际操作中存在较大难度,因此,构建合作管理平台是非常必要的。云南省面向南亚、东南亚教育交流平台,主要以渠道网络、服务体系、人才交流和机制建设四个功能平台为支撑,以国际教育交流合作数据库为基础而构成。

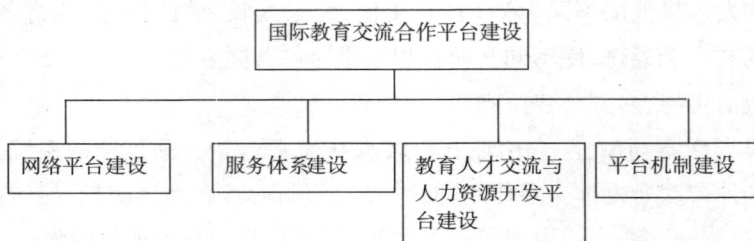

图 5 - 1　云南省面向南亚、东南亚教育交流平台建设基本框架示意图

(一)搭建国际教育交流合作网络平台

建立南亚、东南亚国家教育交流与合作的网络系统,实现信息资源共享和服务功能互补,优化南亚、东南亚国家教育交流与合作的信息保障系统、网络教育环境与中介环境等。(1)建立“南亚、东南亚国家国际教育交流与合作平台”的专门网站。门户网站可设置信息交流、中介服务、计划项目与机制建设四个模块。计划项目模块主要发布教育交流与合作项目的公告、追踪与效果等内容;信息交流模块主要发布南亚、东南亚国家教育交流与合作交流业务工作的信息,如国别概况、人才交流、专家信息、教育会展等内容;中介服务模块主要发布南亚、东南亚国家教育交流与合作交流中介机构的信息;机制建设模块主要发布相关的保障机制和各国的政策文件、管理办法等。(2)建设南亚、东南亚国家教育交流与合作基础数据库。开发、集成和维护南亚、东南亚国家专家人才数据库、学术团体数据库、科研机构数据库等。(3)建立标准与规范。研究制定信息交换、发布标准和网络平台管理制度,规范南亚、东南亚国家教育交流与合作平台的运行。

（二）建立南亚、东南亚国家教育交流与合作服务体系

南亚、东南亚国家开展教育交流与合作,必须建立畅通的信息渠道,以此为基础借助网站信息资源为南亚、东南亚国家教育交流与合作提供服务。(1)建立南亚、东南亚国家教育交流与合作渠道服务网络,以便于各国高等院校、科研机构、社会团体的教育国际化组织的交流与合作,实现互利、互动与共建共享的目的。(2)建立面向南亚、东南亚国家创新教育交流与合作的服务联盟,建立以实体、网络平台为依托,秉持互利互惠原则,连接云南省各中心城市及国外教育交流机构,信息资源、数据互通的教育联盟组织。(3)组建教育交流与合作的国内外咨询专家队伍,加强对国际教育交流与合作的研究,根据时代的要求、地方的需要为创新教育交流与合作提供咨询与服务。(4)培育为南亚、东南亚国家教育交流与合作服务的人才队伍,制定理论与案例相结合的培训大纲和计划,完善国际教育交流与合作人员培训制度,开展规范化的培训,逐步建立一支懂技术、会语言、熟悉国际惯例和法律法规、业务素质高、信息渠道宽、协调能力强的教育交流与合作服务人才队伍。

（三）构建教育人才交流与人力资源开发平台

加强南亚、东南亚国家各国人才互访、互派的合作,制订南亚、东南亚国家合作机制建设进程中有关人力资源开发合作的各项行动计划,构建南亚、东南亚国家人才交流平台,打造人力资源开发平台。(1)建立南亚、东南亚国家教育人才教育基地,以各国的高校为平台开展教育合作,举办各种主题的培训。(2)建立南亚、东南亚国家人才交流协会,通过定期举办人才交流会,加强各国人才信息交流,促进教育人才的流动。(3)有计划地组织大学、科研院所教育人员交流,以多种形式开展对各国共同面临的教育问题的合作研究。

（四）完善南亚、东南亚国家教育交流与合作平台的机制保障

南亚、东南亚国家各自存在不同的利益诉求,需要完善教育交流与合作机制,为国际教育交流与合作提供保障。(1)协商制定比较规范的国际教育交流与合作政策,解决软约束过多而硬约束太少的问题。(2)成立国际教育交流与合作协调机构,执行合作与交流计划。(3)加强国际教育交流与合作绩效考核,对国际教育交流与合作的绩效分阶段进行考核,及时修正和完善政策。

三、教育国际交流与合作平台的完善对策

为了更好地促进云南省教育交流与合作平台的发展,提高平台的对外交流与合作能力和效率,人们必然会对作为一种服务类公共产品的平台进行不断的修正与调整,具体策略如下:

(一)创新制度环境

在教育国际交流与合作平台建设中,首先要做好制度层面的创新,解决教育国际交流与合作发展前瞻性不足的问题,完善各平台配合过渡机制及激励机制。一是做好教育国际交流与合作的全局部署,把握方向、超前部署,率先投入并引领发展对外教育,增强云南省对外教育的竞争力;二是厘清教育国际交流与合作平台建设过程中各个环节,处理好环节衔接问题,避免因环节问题出现阶段性"阻塞"或者资源"过剩"等现象;三是完善教育国际交流与合作平台建设的激励机制,在财政、货币等经济政策上对其予以支持,并为其提供发展的有利外部环境。

(二)完善公共服务

公共服务体系建设的好坏往往会影响整个教育国际交流与合作平台的发展,公共服务体系的发展是教育国际交流与合作平台建设的基础。要保证公共服务支撑平台的发展,一是积极与当地政府合作,争取发展基础设施的政策支持;二是完善基础设施,为云南省教育国际交流与合作平台提供基本的物质保障;三是围绕对外教育发展共性需求,整合信息服务、教育中介、教学科研等各类服务资源,大力发展对外教育服务业,构建完善的教育国际交流与合作服务平台体系;四是树立科学发展观,在加强基础建设的同时,加强人文、生态环境保护,合理利用资源,吸引更多的投资。

(三)建立平台发展的联动机制

教育国际交流与合作平台的一个重要特征就是系统内各子平台之间存在着紧密的联系和复杂多元的网络关系,网络化程度越高,网络连接越紧密,对外交流与合作能力就越强。因此,云南省教育国际交流与合作平台的联动机制的建立要从两个方面入手:一是内部联动机制的建立。按照"风险共担、利益共享"的原则,鼓励并引导省内现有的科研院所、高校、教育中介机构以及社会各类教育国际交流与合作主体进行整合,形成教育科研与平台发展紧密结合的联

动机制;鼓励科研机构、高校、对外教育交流主体建立双边或多边交流协作机制;鼓励相关人员在各类平台之间流动,使各方面力量相互关联、优势互补,在不断提高微观活力的基础上形成整体创新优势,真正实现平台发展与经济、社会和文化的有机结合。二是外部联动机制的建立。云南省要把促进子平台之间的联系和互动放在突出的位置,避免封闭、重复、画地为牢的做法。在尊重对外教育发展规律、注重建设本省教育国际交流与合作平台的基础上,更要重视具有较强内在对外教育联系的教育区域,培养跨省市、跨国的教育交流与合作平台协作网络,实现大协作、大联合;在"合作双赢、优势互补"的基础上推动与其他地区开展广泛的教育国际交流与合作,实现各类平台的联动发展。

(四)完善平台发展的投融资体系

云南省应进一步完善以政府投入为导向、金融机构和社会各方广泛参与的多元化教育交流与合作平台建设投入体系。首先,政府应建立财政性教育投入增长机制,保证平台投入经费的增长幅度高于财政经常性收入的增长幅度,逐步提高对教育国际交流与合作平台建设的投入;其次,建立起以政府投入为主,金融机构和社会各方广泛参与的教育国际交流与合作平台发展的投入体系;最后,积极培育多层次和多形式的风险投资主体,发展民间风险投资机构以及以民间资本为主体的多元化风险资本市场,逐步完善风险投资退出渠道,形成以民间投资为主体、境外风险投资为示范的风险资本供给主体结构和良性发展的风险投资运行机制。

(五)加强与周边三国(缅甸、老挝、越南)的教育交流与合作

云南省应充分利用与周边三国接壤的地缘优势,加强与越南、老挝、缅甸等国的教育交流与合作,使与周边三国的教育交流与合作成为推动云南省教育国际交流与合作平台发展的重要特色。要立足于与周边三国教育交流与合作的定位与战略构想,充分利用跨境合作区与周边三国的教育研究机构、各级各类院校中介机构等建立良好合作关系,加大投入和服务力度。立足云南省"面向南亚、东南亚的桥头堡"的定位,进一步加快和完善与周边国家的通道建设,加大资金、政策和基础设施建设的投入力度,加快教育开放步伐,促进云南教育文化交流合作,立足于服务"桥头堡"建设这个大局,发挥云南面向南亚、东南亚的区位优势,坚持开放办学、包容吸纳,加快教育全方位对外开放步伐。一要加快"走出去"步伐,支持有实力、有条件的高校以及培训机构到海外办学;加大境外

孔子学院(课堂)和汉语培训中心建设,提高办学水平和质量。二是大力引进海内外优质教育资源,扩大与国际国内知名高校和教育机构多形式合作办学,在重点学科、重大科研项目和教育服务支柱产业等领域,有计划地引进海外高端人才和学术团队,尤其是引进南亚、东南亚国家的教育资源。三是扩大留学生规模,支持各类学校建立海外实习基地,鼓励高校高年级学生到海外实习。增加政府奖学金数量,重点资助南亚、东南亚来滇留学生。鼓励有条件的普通中小学、职业学校招收周边国家学生。四是加强与国外的教育交流合作,在教学、科研、服务社会等方面全面加强国际合作,特别是与南亚、东南亚国家大学的交流与合作。要加快推进"云南华文学院"建设,积极做好向周边国家免费赠送华文教材、加强海外华文教师培训等工作。

(六)评估平台运行绩效

平台声誉和运行效果对参与者的积极性会产生很大的影响。通过定期的平台运行绩效评估,平台决策者可以正确评估平台的品牌价值并借此不断提高平台声誉,良好的平台声誉可以增强现有参与者借助平台实现预期收益的期望,同时有关声誉的信息亦可被潜在参与者获得,提高其参与平台的意愿。因此,进行平台运行绩效评估是有效吸引教育国际交流与合作主体参与平台的重要措施之一。教育国际交流与合作平台的运行绩效,是指平台在为教育国际交流与合作主体提供教育交流与合作公共服务的过程中,在注重平台内部管理与外部效应、经济因素与政治伦理因素、刚性规范与柔性机制相统一的基础上,所达到的公共产出的最大化。平台运行绩效评估,本质上是创建关于服务教育国际交流与合作主体交流这一公共行为结果的信息,它可以帮助平台的服务客体判断政府部门为其创造的价值,还可以为公共管理者提供改进平台运行效果的有效数据。

四、部分平台模式的思考

(一)基于本体的网络教育交流平台模型

国际教育交流已成为中国对外战略的重要组成部分,它极大地促进了我国的国家安全,在改善中外关系和我国国际环境方面意义重大,为我国教育兴国、人才强国提供了重要的智力支撑,推进了我国的现代化事业的发展。因而,大力发展国际教育交流是我国崛起与民族兴旺的重大举措。"Ontology"是近年信息科学界最热门的词汇之一,国内一般将其译为"本体论"或"本体"。"本体"是一个哲学上的概念,用于描述事物的本质。近一二十年来,"本体"已被计算机领域所采用,用于知识的表达、共享与应用。基于本体的网络教育交流平台的建构,其目的是使不同国家的用户能够通过互联网进行教育交流,促进中国乃至全世界的教育、科技、文化的交流与发展,增进彼此间的理解和信任,从而在一定程度上减少因民族和文化差异而引起的争端。

1."本体"的起源及含义

希腊早期哲学家,从米利都学派开始,就致力于探索组成万物的最基本元素——"本原"(希腊文 arche,旧译为"始基")的研究,对此"本原"的研究即成为本体论的先声。在古希腊罗马哲学中,本体论作为追问万物本原的一门学问,主要是探究世界的本原或基质。在中国古代的哲学中,本体论叫做"本根论",指探究天地万物产生、存在、发展变化根本原因和根本依据的学说。"本体论"一直承担着哲学中对世界"存在"的研究,是现代哲学体系的根基。在实现上,本体论是概念化的详细说明,一个 ontology 往往就是一个正式的词汇表,其核心作用就是定义某一领域或领域内的专业词汇以及它们之间的关系。这一系列的基本概念如同一座大厦的基石,为交流各方提供了一个统一的认识。在这一系列概念的支持下,知识的搜索、积累和共享的效率将大大提高,真正意义上的知识重用和共享也成为可能。随着计算机科学领域中信息技术、人工智能的起步与发展,学者们开始研究通过专门领域的知识表达来支持自动推理。他们将本体的概念引入知识工程、人工智能及图书情报等领域,将其用于解决信息的提取、知识概念的表示以及知识的搜索、组织体系等方面的相关问题。1993 年,美国斯坦福大学知识系统实验室(KSL)的 Gruber 给出了第一个被信息科学领域广泛接受的 Ontology 正式定义:"本体"是明确的概念化的规范。1998年,Studer,Benjamins and Fensel 对这一概念进行了进一步的完善,他们的定义为:本体是一个正式的、明确的、规范的共享概念,正式(Formal)指的是本体应该是机器可读的事实;明确(Explicit)指的是概念所使用的类型,被明确定义和限定其使用;共享(Shared)反映了本体表达的协商一致的认识,那就是,它不是一些个人的特权,而是一个团体所接纳的观念;概念化(Conceptualization)指的是在世界上的一些现象的抽象模型。尽管定义不同,但从其内涵来看,研究者们对本体论的认识是统一的,即本体提供了一种为机器服务的表达共识,它是在特定的应用中,也可以是在更广的范围内不同人、机器、软件系统等之间的对话、互操、共享的一种语义基础。

2. 领域本体的运用

对本体研究的侧重点因其应用领域的不同而不同。"领域本体"(Domain Ontology)是专业性的,涉及特定学科领域的本体,也是对学科概念的一种描述,其目标是捕获相关的领域知识,从不同层次的形式化模型上确定学科概念的属性、相互关系,提出该领域的主要理论和基本原理等。在教育交流领域里,基于本体的应用主要有以下几个方面:一是应用于教学。可以用本体来描述远程用户的生存与活动环境。在分布式系统中,本体可充当中介的作用,负责沟通代理人(agent)与环境之间的信息交流。针对教学系统而设计的常用词汇表及框架,在恰当的抽象层次上将智能教育的任务加以形式化。本体的运用使学习者在访问教学系统时能发现自己的问题、不足,系统可不断调整学习场地、学习方法,根据学习者、系统的角色以及智能教学过程的任务的实际情况而加以变化。本体设计可充分利用现有的软硬件教学资源使现代远程教育得到应有的发展。二是应用于知识检索。传统的信息检索方式是使用关键词,而本体的应用使信息检索方式上升到了应用语义检索的高度。其要点是:首先建立起相关特定领域的本体,根据特定本体收集的信息来进行标注,将用户的信息检索要求按照特定领域本体转换的方法转换成规定的格式,在本体转换的帮助下匹配出符合要求、条件的学科资料集合再返回给用户。三是应用于信息集成。分布式信息集成的问题是结构、设施的异构和缺乏统一的语义集,借助本体可以在一定程度上解决语义异构的问题。四是应用于知识获取。借助本体可更加有效地获取知识;在挖掘资料中,基于本体的资料挖掘可在更高层次进行,产生出高层次的或是多层次的规则,甚至在具有语义意义的规则上挖掘出结果。本体的功能主要是实现知识共享和重用,它使得计算机对信息、语言的理解上升到了语义的层次。所以,本体在教育交流中信息的互操作、知识理解等方面具有很大的应用前景。

3. 基于本体的网络教育交流平台模型

鉴于本体在知识共享、重用中的核心作用,目前在大多数知识系统中都采用了本体作为系统的骨架。通常在一个系统建立之初,将根据一个系统的应用需求、应用环境构造出相应的本体,然后以该本体为中心,对这一系统进行全面

领域本体循环构建流程

本体需求分析 → 考查可复用本体 → 建立领域核心概念

建立概念分类层次 ← 定义类和创建属性 ← 本体转化与评价

数据源 ↔ 本体抽取 ↔ 本体库 ↔ 本体管理推理 ↔ 本体管理 ↔ 资源利用

用户 / 职能代表 / 相关专家

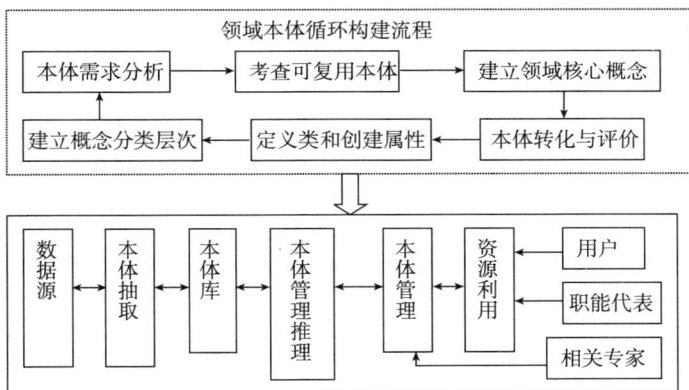

图 5－2　网络教育交流平台建设模型

的应用设计。鉴于网络教育交流中存在着教育资源类别繁多,共享程度低,互操作性差,关键词检索因人机界面缺乏人性化、智能化的支持等问题而存在的通用词过多、主题词漏选等而产生的效果差的问题,我们可以构建一个网络教育交流平台的模型,具体包括如下模块:一是教育交流数据源。教育教学资源种类多,按照资源的数据结构化的程度可将之划分为结构化数据、半结构化数据与非结构化数据。教育交流平台可采用多种方式来获取资源:可以由用户本人提交出来与他人共享;可以是交流平台的人工获取;还可以是系统的自动获取等。二是教育交流本体抽取。教育本体实例库可以通过人工编辑来完成,但当教育实例数量海量时,人工编写就成为一项极具挑战性的工作,因此,可以利用机器学习的相关技术实现教育本体实例的半自动化信息提取。结构化程度不同采用的抽取方法也不同,相比而言,从非结构化数据信息里提取本体实例最为困难。三是本体库。特定领域本体库存储特定领域本体及其实例。教育交流领域本体是教育资源共享的概念知识,本体实例是教育交流资源的描述,本体库是整个平台的核心。四是教育交流本体管理。教育交流本体是动态变化的,必须对其进行管理、维护。否则,会出现不兼容或不一致的问题。这项工作一般由教育交流知识专家借助相关工具来完成,就像数据库管理员管理数据库一样。五是教育交流推理机。推理机可以完成包含和实例检查功能。因此,教育交流推理机可以优化检索机制,协助实现智能化的人机界面。六是教育交流资源的利用。教育交流资源的利用方式可以是用户浏览、用户检索以及与其他系统的智能代理交互。但是与传统方式不同,借助本体的支持,教育交流平台可以提供更为智能化、人性化的用户界面,能够对用户的请求给出智能化的响应。同时,教育交流平台还可以通过智能代理方便地与其他系统进行交互,实现教育交流资源的跨平台共享。

4. 小结

由于现实世界是不断变化的,所有知识的内容、结构、存在形式都会随着时间的流逝而变化,一些术语的含义也在发生变化,同时使用者对信息资源的需求也在发生变化,在建立对外教育交流本体时,显然这些变化是我们无法预见的。这样,固定的对外教育交流本体信息与变化着的教育交流知识源之间的数据可能存在不一致性,教育交流本体库可能不能准确地反映教育交流知识源的新动态。如何让教育交流本体库适应变化的、动态的世界,并根据外部世界知识源的新动态作出及时的应对,即实现教育交流本体的动态进化,已成为教育交流本体研究中的一个重要内容。为了适应这种变化,使教育交流更为广泛,领域本体必须具有进化功能,使得本体能够正确反映教育发展的动态。

(二)远程汉语国际教育中交互教学系统模式

随着时代的发展,我们必须关注国际上运用现代化手段从事第二语言教学的动向。伴随着第二语言教学理论的发展与计算机技术的更新,电脑辅助第二语言教学经历了从简单到逐渐完善的过程。伽里森和安德森提出以函授为第一代的远程教育思想是建立在行为主义理论的基础上。第二代的远程教育是伴随着认知学习理论的发展,以及广播电视、录音录像和部分计算机技术的发展而发展的。第三代(自20世纪90年代起)远程教育思想建立在电子通信和计算机技术基础之上,具有双向通信特征的远程教育体现了建构主义学习的理论。其后,交互影响距离理论(TDT)提供了一个广泛的远程教育教学框架,它允许其他理论的融入,成为现代远程教育的核心理论之一。该理论提供了这样一种框架:通过考察对话维度、结构维度和自治维度等为代表的连续变量之间的关系,将会得到无穷多个学习者特征、教学特征和设计特征组成的单元。

1. 相关的概念界定

(1)远程汉语国际教育

"汉语国际教育"是近年来广泛见诸教育领域的一个新兴概念。2007年3月30日,中国国务院学位委员会第23次会议审议通过了"汉语国际教育硕士专业学位设置方案",该方案首次提出"汉语国际教育"这一概念。方案中提到:

"为提高我国汉语国际推广能力,加快汉语走向世界,改革和完善对外汉语教学专门人才培养体系,培养适应汉语国际推广新形势需要的国内外从事汉语作为第二语言/外语教学和传播中华文化的专门人才,决定在我国设置汉语国际教育硕士专业学位。"①与此同时,该方案还对"汉语国际教育"作出了界定:"汉语国际教育是指面向海外母语非汉语者的汉语教学。"远程汉语国际教育是指相关教育机构利用计算机技术、人工智能技术、多媒体技术、互联网通信技术、远程通信技术等多种信息技术手段,使教师运用现代教育理论和现代信息技术建构网络教学的教学资源、素材,并通过现代信息技术传送给母语为非汉语的学习者的一种现代教学方式。在这种教学方式中,学习者可根据自己的学习需要,通过网络教学交互学习活动获取汉语知识,并在虚拟的网络学习环境中获得运用汉语言进行交流的能力。

（2）"交互"与"交互性教学"

交互(interactive)原本是一个计算机术语,即人机对话,指的是计算机系统接收到来自终端的输入,进行处理,并把结果返回到终端的过程。在 Macquairie 辞典中,"交互"被定义为"相互作用"(action on each other),说明"交互"具有相互交流、双方面互动的含义,可用于描述各种彼此作用的事件,可指某种情境中环境、个人、行为方式之间的相互作用。而交互性则指"相互作用"的这种特质,在教学中交互性应该是采用多种现代信息技术手段、媒体教材支持教与学相互作用的能力或特性。从传播学的角度看,交互是传者与受者双方的信息交流。从教育学的角度看,交互是教学活动最基本的特征之一。根据迈克尔·穆尔的交互距离理论,教学和学习策略必须进行调整,以避免因为距离而造成的潜在误会。在他的定义中,穆尔认为有三个重要的要素,即课程结构、对话和学生学习自主性的存在。交互性教学是在宏观教学情景下,运用多种现代教育技术,为完成教学任务,使教学信息在教师、学生之间进行双向或多向的流动,它重视师生、生生之间的相互支持和相互促进。交互性教学的目的是充分调动教师与学生的积极性,促进学生的个性发展以及创造能力的提升,实现"教学相长",达到最佳的教学效果。

---

① 《汉语国际教育硕士专业学位设置方案》,http://yz.chsi.com.cn/kyzx/zcdh/200706/20070601/917296.html,2015-3-1。

2. 交互式远程教学模式的设计原则

要建设一个好的教学模式,首先要"以人为本",这个"人"指的是学习者,是将汉语作为非母语的学习者。要实现教学的最优化,除了解学习者的性别、年龄与兴趣爱好等之外,在教学中,还要深入了解学习者的学习特征。总体而言,将汉语作为非母语的学习者具有如下学习特征:汉语水平不同;学习目的不同;各自的背景不同等,根据这些特点,交互式远程教学模式应遵循以下原则:一是内容、人际交互相结合的原则。教学内容是教学的核心,在汉语国际教育远程教学中,教学内容交互是学生基于学习资源学习的认知过程,是实现汉语学习目标、获得汉语交往能力的途径,而人际交互是指师生、生生之间的交际和交往,可促进学生认知活动的持续进行,并有利于学生取得良好的学业成绩。应采取"以内容交互为主,人际交互为辅"的原则。二是同步交互与异步交互相结合的原则。技术支撑下的汉语学习空间的延伸和拓展使师生之间的交互可随时随地进行,实时的同步交互是教师与学习者同时在线,用实时音频与共享白板等工具进行教学,这增加了交互的趣味性和交互场景的真实感。随着科技的进步和网络技术的日新月异,交互式教学将迎来更广阔的前景。但是,目前国际汉语网络教学还是以非实时交互为主。因此,要确立同步交互与异步交互相结合的原则。三是要确立学生自主控制与老师控制相结合的原则。近年来,"以学生为主体"的教育理念为大家所接受,网络教学具有一定的开放性与自组织特性,因而,要想取得好的教学效果,在提倡学习者自主控制的同时,也要有教师的控制。四是网络教学手段与传统教学手段相结合的原则。基于网络的国际汉语教学既受到服务器配置和带宽的限制,也依赖于计算机、通信线路等,如果一个环节出现问题,交互教学就会中断。针对这一问题,可采取网络交互手段与传统交互手段相结合的原则,并"以网络手段为主,传统手段为辅"。如追踪检查学习者的交互频率,如发现一段时间内没有交互行为,就可通过电话、信件或其他方式进行联络。

3. 基于交互理论的远程汉语国际教育教学模式

穆尔定义"交互距离"是学习者和教师之间的"心理和通信空间"。根据穆尔的看法,交互的发展受三个基本因素的影响:(1)老师和学生之间的对话;(2)结构,是指结构灵活的编程;(3)自主性暗示,学习者对学习过程的控制程度。交互距离是教学行动和结构的结果之一,自主性和对话是交互距离的机制。总之,"交互距离理论提供了这样一种框架,通过考察对话维度、结构维度和自治维度等为代表的连续变量之间的关系,你将会得到无穷多个学习者特征、教学特征和设计特征组成的单元。这为经验研究提供了框架,因为通过这种方式可以了解每个单元,同时整体的情形也就变得更加清晰"①。这表明,在远程教育中,TDT能同时允许条块分割和一个系统、全面、整体的视野的存在。远程汉语国际教育教学需要构建虚拟教学环境、教学信息资源库、虚拟环境后台数据。如果学习者是第一次使用远程汉语学习系统,他们可通过测评模块进行测试,并自动从对外汉语教学信息资源库获取相应的学习资源。学习者在虚拟化的教学环境中对导航、答疑、反馈与测试等模块作用,虚拟教学也会产生相对应的反馈动作。

在交互式远程汉语国际教学系统模式中,第一,要对汉语教学内容精挑细选。教授的汉语文化知识要具有科学性,措辞要准确,行文要流畅,符合汉语知识的内在逻辑和学生的认知结构。第二,要强化交互式远程汉语教学系统的页面结构组织,统一界面的风格、版面的布局,设置方便操作的链接条。第三,要设计多渠道并行的汉语学习讨论系统,增强远程汉语教学系统的交互功能。第四,要重视交互式远程汉语教学系统后台数据库的设计与开发,实现高性能的数据共享,减少由于数据冗余和数据信息的更新带来的问题。

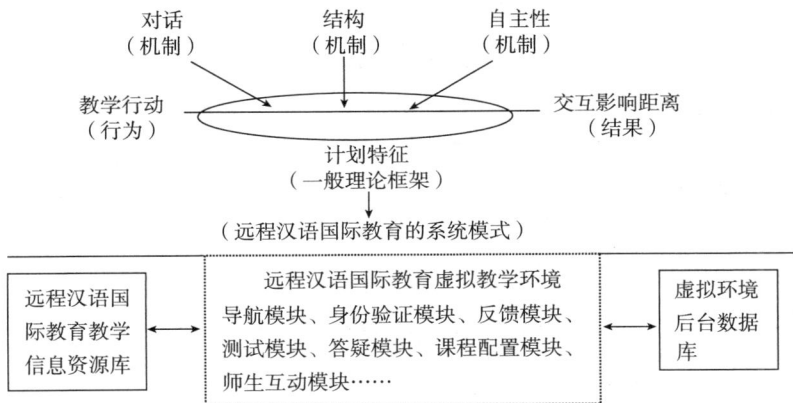

图5-3　基于交互理论远程汉语国际教育的系统模式

---

① 田静:《远程教育中交互影响距离理论的扩展应用与启示》,《中国电化教育》2010年第9期,第48页。

4. 小结

随着教育的发展和进步,远程汉语国际教育的形式和内容也在根据学习者的特点、学习要求等而发展变化。随着汉语走向世界,汉语国际教育的主战场也从中国转向世界,网络教学也已成为我国汉语国际教学方法改革的一个重点。交互性教学成为远程汉语国际教育发展的新内容,但是由于远程汉语教育的时空分离性,远程教育交互性教学的难度也大大增加。因此,需要汉语教学管理方能够提供一定的教学设施和环境,定时加强与学生的沟通和交流,才能有效提高汉语国际教学的质量和效率。

(三)远程汉语国际教育服务平台建设

随着中国经济实力的增强和对外经贸、科技、文化、教育交往的频繁,汉语作为一种交流工具,在中国与世界各国的交流中发挥着重要的桥梁作用,汉语学习也越来越为世界各国所重视。目前,汉语在国外已成为学习人数增长最快的外语,汉语教学在许多国家和地区呈现快速发展的势头,在美国、韩国、日本等国汉语已成为第二大外语。2011 年,全球新增加了 36 所孔子学院,新建了131 个孔子课堂,学习汉语的人数以 39% 的速度递增。在全球"汉语热"的形势下,汉语国际教育推广却面临着一系列的问题,如教师缺乏、学生相对分散、传统的对外汉语教学教材和教学内容比较落后等,这些问题既阻碍了传统的汉语国际教育的发展,同时也为远程汉语国际教育带来了新的契机。学生分散的问题可通过远程教学得以解决,同时优秀的教师可通过互联网对世界各地的学生进行教学、指导,实现优质人力资源的共享。不同地方的汉语学习者可以通过网络集中在一起进行学习。利用综合图、文、声、像等的多媒体和计算机程序而形成的信息传播媒体能开发一批真正适合学习者的教材,并通过互联网技术进行远程传播,能最大限度地满足各国学习者的需求。网络教育这种全新概念、全新手段的教学活动能为海外人士的汉语学习提供丰富多样的学习资源和素材,创建广阔而自由的学习环境。但是,没有一个完善的远程汉语服务体系就谈不上远程汉语教育和网络汉语教育,这是困扰所有网络院校的核心问题,因此,有必要就远程汉语国际教育的服务平台做深入研究。

1. 远程汉语国际教育服务平台的界定

"汉语国际教育"是近年来广泛见诸高等教育领域的一个新兴概念,是国家软实力建设的一个有机组成部分。"汉语国际教育"的定名,既能体现"汉语加快走向世界"的内涵,又有别于国内双语教学中的汉语教育,还可避免"推广"一词可能引发的负面影响。

　　平台这个术语在不同的背景下有不同的含义,它可以是在系列广泛问题中的一个政治立场,或是提供演讲的地方,石油平台等。Sawhney 对平台计划的定义是:一个明确的过程,在公司的活动中利用共享的逻辑和结构实现产品的增长。Crawford and DiBenedetto 对平台的定义是:可以被一个或多个系列产品共享的东西。远程国际汉语教育是远程国际汉语教育机构利用多种信息技术手段,集合众多优秀对外汉语教师的教学资源、素材,建构网络学习资源库,在网络的虚拟环境中,学生自主学习或合作学习的教学方式。学习者根据自己的需要,通过实时和非实时的交互活动,有针对性地通过语言技能训练获取汉语知识,在网络的虚拟环境中获得运用汉语进行交际的能力。远程汉语国际教育服务平台将"平台"及"远程汉语国际教育"的含义引申到远程汉语国际教育服务平台的建设中,该平台是指远程国际汉语教育院校为学习者提供的以师生、生生之间的现代网络技术的多向交流为主的教育资源、信息及人员等服务体系的总和。其目的是促进学习汉语学生的自主性,提高学生学习的质量和效果。

　　2. 远程汉语国际教育服务平台的设计

　　远程汉语国际教育服务平台的实现,需要如下几个方面的支撑。理论支撑:建构主义学习理论、认知学习理论、第二语言教学理论、计算机辅助教学理论等,这些理论对汉语教学目标与内容、汉语教学活动的安排与设计等都有指导意义。远程汉语国际教育人才支撑、技术支撑贯穿于各要素的实现和整个汉语教学平台的运行,因此,人才与技术是关键。要件支撑:汉语教学素材库、汉语课程设计包括网站设计、课件制作以及汉语教学系统、答疑系统、评价系统等都是对外汉语教学网络化的要件,它们相互辅助和补充,是完善的远程汉语网络教学的服务先导。制度体系支撑:制度体系是远程国际汉语教育服务平台建设与运作的重点,它包括相关远程汉语教育管理法规、条例、规则、办法、标准等。其运行机制以共享为特征,要建立这一复杂的制度体系,需要做好前期研究与系统的规划。

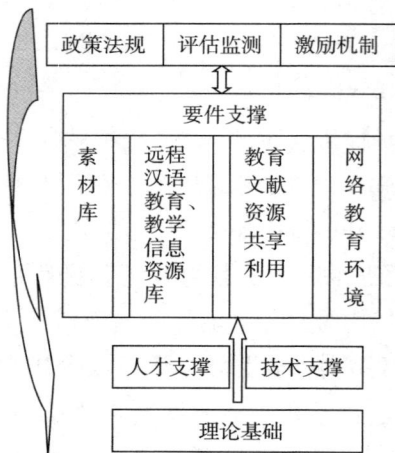

图5－4　远程汉语教育服务平台构成框架

3.远程国际汉语教育服务平台的运行机制

（1）平台的制度导向机制

作为上层建筑的以资源共享机制为主要特征的远程国际汉语教育制度体系是平台的内核，是平台赖以存在的灵魂。远程国际汉语教育制度体系的建设可从三个方面来考虑。一是构建远程国际汉语教育平台法律体系。二是构建远程国际汉语教育平台规章体系，主要指由国家相关部门根据远程国际汉语教育平台建设相关法律来制定、发布关于远程国际汉语教育管理的办法、规定等行政命令。主要包括平台使用管理条例、平台评估监测管理办法等。三是制定远程国际汉语教育标准、规则、规范等。相关部门要制定和完善为汉语国际教育服务的远程管理体制，通过激励和引导，加大学校实验室、网络中心、科研创新团队等对远程汉语国际教育平台的支持和参与力度，围绕汉语国际教育形成系统、完善的专业技术服务链，从制度上保证远程国际汉语教育服务平台的顺利运行。

（2）远程国际汉语教育平台的监控反馈机制

远程国际汉语教育平台建设是国际汉语教育总体战略的子战略，它只有服务于总体战略，才能真正提升汉语国际教育的绩效水平。因此，在远程汉语国际教育平台的建设过程中有必要建立起一个良好的监控反馈机制，以汉语国际教育的总体战略为导向，设立必要的远程汉语国际教育评价指标体系，定期对远程汉语国际教育平台的运行效果进行扫描和反馈,为汉语教育"走出去"创造条件。远程汉语国际教育平台反馈扫描获得的信息,能够综合地显示出远程汉语国际教育平台的实际运行效果和存在的偏差,是远程汉语国际教育平台可持续发展的重要依据。这种监控反馈机制有助于提高远程汉语国际教育的决策水平和执行能力,还可以及时发现远程汉语国际教育平台建设中存在的问题,避免远程汉语国际教育平台陷入不必要的发展误区。

（3）远程国际汉语教育平台的高效服务机制

远程国际汉语教育平台的高效服务机制是平台有效运行的重要保障,远程国际汉语教育需要打造一支精干的服务团队。因为其远程服务具有很强的专业性,应该设立专门的远程管理岗位,配备专门的远程管理人员。远程汉语国际教育平台的远程管理人员既要具有教育素养,又要懂得远程信息的采集、处理和传递,甚至还要懂得软件编写和知识管理。远程汉语国际教育最好聘用取得国家远程信息管理师资格的从业人员,承担汉语国际教育远程技术应用和信息系统开发、维护、管理以及信息资源开发利用工作。

（4）远程国际汉语教育平台的交互性学习机制

现代远程教育是一种新型教育形式,它运用多种现代信息技术进行交互式教学,从传统的"教师中心""课堂中心"转为"学生中心",以学生的自主学习为主导。该教学形式打破了"班级授课"的教学模式,突破时间与地域的限制,取得了突出的效果,但同时,它也使远程教育的"教"与"学","师"与"生"呈现出相对分离状态,由此产生了对支持服务的需求。远程国际汉语教育要求教学方法灵活、方便、有效,在教学过程中以学生为主体,相关教育机构必须构建性能良好的便捷的学习支撑系统,为学生的学习提供有效的支持。穆尔在他的"远程教育理论"中指出,现代远程教育学习过程中有三种类型的交互作用:学习者—内容、学习者—教师、学习者—学习者。他将交互影响作为远程教育的核心,给予远程教育计划机制以新的洞察,并且指出了新的重要的研究方向。随着远程教育实践的发展,穆尔的交互作用距离理论不断得到他本人和后继研究者的发展和完善,为世界远程教育的实践提供了经典的案例。

4.小结

近年来,随着信息技术的广泛应用,我国汉语国际教育日益关注远程教育系统的建设,在实践中,已取得了显著的成效。本章构建了远程国际汉语教育服务平台的结构模型,探讨了平台的运行机制,我们认识到在平台的建设中,有时管理等方面的因素比技术上的因素重要。作为汉语国际教育未来重要发展方向之一的远程服务平台需要我们不断地探索和研究,为推动我国汉语国际教育作出应有的贡献。

(四)利用云南沿边地理优势,建立对外汉语交流基地的思考①(以河口为例)

教育是人类社会走向文明且日益进步的手段,而教育交流则促进着教育事业的不断创新与发展。随着社会的进步、文明的演进和教育国际化的发展,我国的教育交流事业也在不断地推进和发展。国家"桥头堡"战略的实施,深刻地影响着边境地区对外交流基地的建设。

1.建立河口对外交流基地的重要性与必要性

(1)有利于国家"桥头堡"建设的推进,是巩固边疆的内在要求

党的十七大报告提出要"深化沿海开放,加快内地开放,提升沿边开放,实现对内对外开放相互促进"。沿边开放是我国全方位开放格局的重要组成部分,具有和沿海开放、内地开放不同的特点。"桥头堡"建设的提出是党中央、国务院站在全球经济、社会发展的高度立足于我国保安全、保稳定的发展大局提出的战略构想,是国家寻求新的陆路出口通道的新构思。所以,从国家利益的角度来说,建立河口对外交流基地,加强对越教育交流,为中外学生搭建同校学习、朝夕相处的平台,不仅有利于第二语言的教学,培养学生的国际文化意识,而且能加深国际文化交流与合作,有助于国家树立良好的国际形象,并在交流与合作中加深中越两国人民的友谊,争取一批批了解中国并对中国充满友好感情的越南人民的支持,有利于瓦解霸权主义国家孤立中国、打击中国的战略,关系国家安全、民族存亡、边疆巩固,是国家战略的要求。

(2)建立河口对外交流基地是地方经济社会发展的需要

河口县的发展战略是:"贸易富县、旅游兴县、热区开发稳县、对外开放活县、科教立县、招商引资强县。"要实施河口县的发展战略,就必须有大批精通越南语的人才。特别在中国—东盟自由贸易区已经建立,两廊一圈、泛亚铁路、昆

---

① 朱旭升、田静:《利用云南沿边地理优势 建立对外汉语交流基地的思考》《农业教育研究》2012年第 3 期,第 5—8 页。

河高速公路、滇越国际大通道等项目工程正在加快建设的大背景下,河口口岸成为中国与东南亚国家区域性合作的最前沿和主要通道,与周边国家的交流与合作必然向纵深发展,只有突破语言障碍,"贸易富县、旅游兴县、热区开发稳县、对外开放活县、科教立县、招商引资强县"战略才能更好地实现。因此,建立河口对外交流基地,招收越南留学生开展对外汉语教学和对中国学生进行越南语教学,一方面可以为上一级学校输送合格新生,另一方面又可以为促进河口的经济社会发展培养合格的外交人才和边贸人才,如此举措,无疑是推动河口经济发展、帮助老百姓摆脱贫困的有效途径之一。

2. 建立河口对外交流基地的可行性分析

(1)建立河口对外交流基地具有良好的区位和生源优势

河口县位于云南省东南部,与越南老街省老街市隔河相望,距昆明 469 千米,距越南首都河内 296 千米,距出海口——越南北方最大的海防港 416 千米,滇越铁路、昆河公路、红河航道在此形成枢纽与越南对接,是云南省乃至西南地区通向东南亚、南太平洋以及进入中国—东盟自由贸易区最便捷的通道。良好的区位优势为建立河口县对外交流基地提供了强大的地缘优势。可以预测,如果河口县对外交流基地建设成功,到中国留学就不再是越南官派或富家子弟的专利,普通老百姓的子女也可普遍享受,同时为河口培养专业越南语人才创设了平台。

(2)河口一中的对外交流实践为建立"河口对外交流基地"奠定了物质基础和经验基础

教育要为国家战略服务,教育应适应社会发展需要,这既是国家、地方对教育的要求,也是学校自身拓展可持续发展空间的必然选择。河口一中在认真抓好基础教育的同时,还针对河口的区位优势,充分利用与越南仅一河之隔、来去方便的地缘、人缘和亲缘优势,切实落实"创特色、谋发展,服务国家和地方"的"教育国际化"办学思路。2007 年 6 月,河口一中组织的国家级汉语推广项目申报工作得到国家汉办的批准,河口一中被批准为"汉语国际推广中小学基地",河口一中由此具备了与外国学校进行教育交流与合作的资格。

一是从"零"起步,开创教育国际化工作局面。首先,确立了依托区位谋发展的学校国际化办学思路;其次,建立了专门管理机构——国际部;最后,争取有关支持,逐步具备了国际化办学所必需的人、财、物条件:2008 年县教育局支持 3 万元改造新教学楼一楼暂时为留学生宿舍;2009 年 7 月,在县委、县政府的支持下从大学招聘了 3 名对外汉语教师;2010 年 1 月,建盖了留学生公寓 932 平方米;在国家汉办 45 万元的汉语推广基础设施项目经费支持下,解决了国际部的教学用课桌椅、办公桌椅、公寓用床、行李、留学生食堂的餐饮厨具等教学、生活设施;2010 年争取到省教育厅 10 万元的汉语国际推广运作经费支持。上述建设为河口一中教育国际化工作的顺利开展奠定了人、财、物基础。

二是对外合作,开辟中学国际化教育之路。2008 年 3 月以来,河口一中与越南老街市、河内市、海防市教育部门及一些学校建立了一定联系,先后组织由部分领导、教师组成的访问团访问了越南老街省职业技能常年培训中心、老街市黎洪峰中学、河内吉灵小学、越南和平大学、河内国际学院、河内东都大学、海防唐龙高级中学、河内陈希大学、海防百艺高等技术学校、太原干部学校,与它们建立了友好合作关系。如 2009 年 9 月,河口一中与越南合作学校联合开设了首届越南留学生汉语培训班,对留学生进行汉语、中国文化教育,截至目前,河口一中已培训三届越南留学生,共 57 人(其中已毕业两届,计 44 人);2010 年 11 月培训越南海防市汉语教师 35 人;2011 年 6 月举办由越南海防 57 名中学生参加的"七彩云南"夏令营活动;2011 年 7 月举办由越南海防 35 名汉语教师组成的短期汉语培训班;2011 年元旦在河口电影院举行与老街五所中学同台联欢的迎新年联欢晚会。

三是与大学联姻互助。鉴于国际教育交流与合作发展形势的需要,河口一中先后与红河学院国际学院、云南大学留学生院、云南师范大学国际语言文化学院、昆明华文学校、云南省机电学院等国内学校签署了汉语教育合作协议。2010 年 9 月,云南大学留学生院还破格在河口一中设立"云南大学留学生院河口分院",建立了面向国外开展汉语教育的合作伙伴关系,2011 年河口一中为云南大学输送了 8 名留学生,为云南师范大学输送了 3 名留学生。12 月 19 日又组织了越南河内大学等四所学校的 25 名教师参观考察云南大学。河口一中以为云南高校涵养留学生源的方式与高校合作,为学校今后的发展、促进教育教学质量的提高奠定了基础。

四是开设越南语课程,使河口县教育国际化工作进入"走出去"奠基阶段。随着中国与东盟自由贸易区的建立和不断推进,为了培养边贸后备人才,促进地方经济和社会发展,河口一中于 2010 年 4 月开始在七年级、八年级的课外活动课中开设越南语兴趣课,9月在七年级设置校本课程——越语课,每班周课时2节,2011年9月在九年级建立有出国留学意向的"越南语班"。越南语课程在河口一中的尝试性开设,使河口县教育国际化工作进入"走出去"奠基阶段。以上做法,使河口一中成为西南边境教育国际化的先驱,为提高国家"软实力"、服务地方经济社会发展和促进学校可持续发展作出了贡献,积累了涉外教育经验,为建立"河口对外交流基地"奠定了人才、设施、经验等基础。

　　3."河口对外交流基地"建设存在的问题

　　(1)缺乏统一指挥、协调、管理机构

　　河口县学校开展对外交流工作几年来,与越南学校的交流与合作基本是民间的校际往来,不论是参观互访、学生夏令营、教师培训等,基本上仅限于学校行为。而对外教育交流工作涉及多个职能部门,目前都是学校单方面的联系,存在较多的协调上的困难。由于缺乏政府层面与越方政府教育管理部门的对接支持,没有形成双方政府层面的专项的教育交流与合作协议、规划,使得一些教育交流与合作项目难于开展。一是学校间各自为政,导致教学水平参差不齐,教学内容形态各异、教材层次缺乏递进,初中教过的越南语知识,高中重复教,浪费了学生的时间,教学效果却不大。二是在招生方面,由于学校间缺乏联系,不仅势单力薄,还在宣传方面出现一些相互抵触的现象,不利于河口县留学生招生工作的开展。

　　(2)师资不足

　　存在汉语、越语专业教师和工作人员配备不足的问题。就县对外汉语专职教师现况而言,现在只有三位专职汉语教师,不能满足汉语推广的需要;2009年以来,已在基础教育学校——河口一中尝试开设越南语课,但三个年级只有1名越南语教师,无法使越南语教育从七年级到九年级常态化,更无法让越南语教育向职业教育方向发展。越南语教师的不足,导致越南语课程无法正常设置、教育常态化无法实施。

　　(3)经费支持匮乏

　　开展对外教育交流与合作涉及方方面面,它需要一定的人力、物力和财力支撑才能正常运行。如在开展对外教育交流时,需要经常出国,各种应酬费用开支较大;在互派教师到国外教学时,教师的工资待遇、福利津贴等需要经费的支持;在外国教师的聘请方面,学校也是自筹经费,增加了学校的财政负担;在对来校学习汉语的留学生实施奖励、助学方面,县基础教育学校经费本来就比较紧张,又不像大学一样有政府设立的奖学金、生活补助费,所以在招收留学生方面吸引力不够,影响了生源数量,制约了汉语推广和中国文化传播的效果。

(4)中外师生出入境等有关手续难办

因越南学生和中国学生都属未成年人,学校在办理出入境手续方面比较困难。而互换教师到对方学校教学,互换学生到对方学校学习语言,双方教师培训,举办各种类型的夏令营,参观考察学习等都是对外教育交流与合作的内容。开展这些工作,往往都有个申报审批程序,需要办理相关证件。由于手续烦琐时间长,并伴随有各种审批、办证等相关费用,增大了对外交流的运行成本(如办理体检的费用、到内地参观考察须到公安部门办理通行证的费用等),给学校的教育对外交流与合作增加了一定困难。

(5)硬件设施破损或残缺问题,影响国门学校教育形象

现代教育的一个特点就是要具备相应的现代化教学网络设施,而地方对外教育的硬件设施残缺不全:多功能教室不足;电脑陈旧且配置低;活动室简陋;无手工制作室;学校无车,校际交往、接送来宾都是用出租车等,不仅影响中外学生的教育效果,也影响国门学校的形象。

4. 建立河口对外交流基地的对策建议

(1)成立对外交流与合作领导机构,建立统一指挥、协调机制

建议县上成立"河口对外交流基地领导小组",领导小组办公室设在教育局。其主要任务是:在政策、体制上给予对外教育各方面的支持;负责与外方政府协商交流合作事项;协调当地政府各职能部门给予积极配合;负责各个对外交流与合作项目的具体落实;建立统一指挥、协调机制,促进对外交流与合作学校相互间的联系和沟通,统筹、规划对外交流与合作工作,形成规范管理模式。

(2)选对象,定载体,先试点,再铺开

建立河口对外交流基地,可以选择具有对外教育交流操作经验的学校为试点对象,作为开展对外交流工作的载体,然后集中人力、财力、物力,建好选定的对象,使之出现预期效益后,再根据实际需要,确定是否铺开到其他学校为"对外基地试点学校",之所以这样考虑,是因为建设"河口对外交流基地"不仅是河口县的问题,还涉及国家关系问题,如果中越两国关系好,越南留学生就可能到基地学汉语,而基地培养的越南语人才也才有用武之地。所以,建议先选一所

具有对外教育交流操作经验的学校为"河口对外交流基地领导小组"直管的建设试点对象,在涉及面不大的情况下,根据国际关系变化调整相关政策,以免对河口县的整体教育格局形成大的影响。试点成功后再向县城其他学校铺开,力求保障"河口对外交流基地"工作在稳中推进。

(3)加强基地师资队伍建设

县上建立对外交流基地领导机构后,可以根据所设基地试点学校的职责范围和任务大小来核定人员编制:有长期留学生培训的,应考虑到留学生汉语水平层次的不同,至少须设置两个层次的班级;常年有留学生短期培训的(如培训一个星期或一个月,一年多次的)再加上项目培训活动(如外国汉语教师培训和外国学生夏令营),需再设置一个班;如该基地学校还承担外派汉语教师到国外进行汉语教学的任务,也需要多配对外汉语专业教师(需会说一定的越南语、英语)。如果基地学校还对中国学生开设越南语课,就需配备专职的越南语教师。

(4)注入专项经费,保障对外交流工作正常开展

一是注入基地人员经费。给选定的"对外交流基地试点学校"核定教师和职工指标,并帮助招聘,注入人员经费。二是注入运作经费。开展对外交流工作,经常要派人出国进行招生、联络沟通越方教育行政部门、建立友好学校、开展项目活动等,均需要出差费、运作费,建议县财政给予核拨对外交流专项办公经费。又因为外国票据无法入账,存在报销上的困难,因此,建议县财政对因公出国的相关费用统一报账制度,建立一个报销依据和报销标准,参照国家有关规定按实际支出报销。三是注入外派教师工资。对外派教师统一工资待遇,参照国家汉办、国侨办派遣志愿者待遇标准给予支付。四是设置当地政府奖学金。参照省侨办补助标准,每人每年约2000元人民币。对来华学习的留学生给予适当的生活补贴,提高越南学生来华学习的积极性。五是注入设施改善经费,树立良好国门学校教育形象。

(5)统一部署招生宣传工作,不打生源价格战

首选的对外交流基地试点学校建设成功后,如要将对外交流铺开到城区各学校,那就建议河口县对外交流基地领导小组统一管理,统一部署招生宣传工作,严禁各校各自为政、相互倾轧、降价招生,以保障河口县招收留学生工作的有序开展。

（6）简化中外师生出入境等有关手续

在出入境手续办理方面,河口县对外交流基地领导小组应出台一些鼓励政策,积极支持河口县对外交流基地试点学校与越南各学校开展对外教育交流与合作,简化出入境手续,简化项目审批程序,减免办证的各种费用。

（7）制定特殊政策,保障基地试点学校广泛招收中国初中毕业生攻读越语,使越南语教育由常态化向职业化教育方向发展

顺应河口县"贸易富县、旅游兴县、对外开放活县"发展战略需要,为了培养边贸人才,建议河口一中从七年级到九年级都开设一门越南语课,配备必需的越南语教师。初中毕业后希望走边贸之路的学生,继续进入设在该校新教学楼的河口县对外交流基地试点学校就读越南语专业,学制三年,相当于职业高中,也可以由基地试点学校送到越南友好学校留学。这样就可以使中国学生接受系统的越南语教育,使越南语从基础教育体系开始形成常态化再向职业化教育方向发展,为促进河口的经济社会发展培养合格的外交人才和边贸人才。

第六章　云南省教育国际交流与合作平台建设的保障机制

随着全球化与知识经济时代的到来,现代教育交流与合作发展态势日益加深,研究与开发的教育交流与合作步伐日益加快,随着国际化的发展,单一的教育机构所提供的教育资源有限,受经济、人才、软硬件设施等影响,也难于取得较好的对外交流与合作效果。因而,对外教育交流与合作的平台建设成为各个国家、地区对外教育交流发展的迫切需求。地区对外教育交流与合作资源的配置、资源的开发与利用的方式也成为决定地区对外教育交流与合作能力强弱的要素。因此,加强对外教育交流与合作平台建设,促进地区对外教育交流资源的整合,成为地区强化竞争优势、实现教育跨越发展的重要战略举措。教育基础条件平台在搭建自主教育交流与合作平台、营造全社会创新氛围、提高教育资源的使用效率、促进教育现代化和实现可持续发展方面具有重要意义。

自2011年云南省启动"桥头堡"建设以来,云南的教育基础条件平台建设已进入重要时期。目前,各项建设工作已取得重大进展,但与国外教育交流资源的共享平台建设相比,仍然存在诸多问题。因此,加强对平台运行机理的探索研究,加快建立以共享为特征的运行机制体系,提高平台的运行效率与服务水平,已成为当前云南教育交流基础平台建设工作的重中之重。

一、教育国际交流与合作平台的运行机理

教育交流平台是促进区域对外教育交流与合作、提高区域国际教育交流能力的一项重要举措,平台运行机制应该是平台参建者、参与者等相关利益主体彼此之间所形成的良好、顺畅的行为关系以及相应、适宜的制度安排。对于一个创新性的区域公共服务载体来说,这种机制更大程度上是建构在一种富于创新精神的政府管理模式基础之上的。对外教育交流平台建设的动力系统是指推动对外教育交流与合作平台建设、运行的各种影响因素的总和。地区的对外教育交流平台的建设涉及大量的资金、人力、物力,需要中央与地方的政策导向、战略规划、经费投入。平台建设所涉及的规范标准、管理运行方式等需要由相关部门启动的大规模的研究来确立,以保证平台建设的顺利进行。对外教育交流平台的运行是一个系统的工程,需要制度体系、对外教育交流资源、人才队伍协调推进。平台的建设、运行与发展需要除政府之外的相关教育部门、社会团体的积极参与,通过对各教育相关机构资源的整合、共享与利用,推动教育交流的发展。

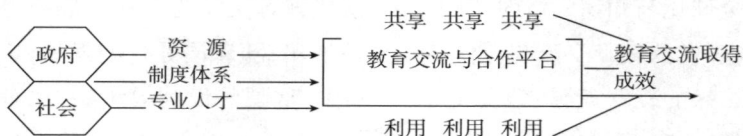

图 6 – 1 教育交流与合作平台运行的动力机理

具体而言,平台的运行机制包括互动协调、合作信任、教育交流资源整合和制度保障等。这些运行机制有着内在的逻辑关系,体现为分别以互动协调和制度保障为前提和基础的互相影响与制约。

(一)制度保障机制

制度保障机制是实现对外教育交流与合作平台建设及良性运转的关键点。完善的制度具有根本性及全局性意义,具有完整性、时效性和可操作性的制度规范是全面建设平台的有力保障。要建构一套结构合理、关系协调、程序严密、执行顺畅的制度体系,包括决策参与制度、信息管理制度以及整体联动工作制度,使其能够随平台的建设实践要求得以持续创新。

制度(institution)是社会经济中的重要因素,是社会的游戏规则。亚当·斯密在《国富论》中有过这样的论述:"在人类社会的大棋盘上,每个个体都有其自身的行动规律,和立法者试图施加的规则不是一回事。如果它们能够相互一致,按同一方向作用,人类社会的博弈就会如行云流水,结局圆满。但如果两者相互抵牾,那博弈的结果将苦不堪言,社会在任何时候都会陷入高度的混乱之中。"①丹尼尔·W.布罗姆利认为,"经济学家对制度产生兴趣,首先是因为制度对个人和集团行为的统一协调作用正代表了人际交易在经济上的本质,其次是因为制度规定的现状是任何集体行动的出发点"。作为行为准则的制度能够为人类相互关系带来秩序和可预测性。②亨廷顿认为,"制度就是稳定的、受珍重的和周期性发生的行为模式"③。按照诺斯的解释,制度"是一个社会博弈的规则,或者更规范地说,它们是一些人为设计的、形塑人们互动关系的约束"④。青木昌彦将社会过程与博弈过程进行类比,将制度的概念总结为三种,即博弈的参与者、博弈规则以及博弈参与者间的均衡策略。⑤ 在新制度主义学派分析中,制度被视为一种稀缺要素,具有"资产专用性",制度的短缺是不能被其他要素所替代的,一种体制之所以比另一种体制效率高,原因就在于制度的不同。为经济社会运行提供规范的制度之于效率的重要性,同样体现在对外教育交流与合作平台的建设中,有效的、具有开放性结构的制度设计能够根据不断变化的实际作出及时调整,使进一步的制度创新拥有足够的有效空间,并使不断完善的制度始终指导平台的建设及良性运转。

在决策参与制度方面,平台决策初始阶段权力必须是集中的。平台创建决策主体包括地方政府与相关部门,无论是哪一方主体率先提出合作事宜,都是在权力集中的前提下作出的公共决策,因为"需要政策创制",就"需要权力的集中",而一旦作出决策,付诸行动,就要将权力扩大,即必须将合作各方纳入决策中心,为参与者提供顺畅的利益表达渠道,这同时是一个权力总量扩大的过程。协作产生的决策是更为理性的产物,并且"多个参与者意味着多种建议和考虑的多种选择,更多的信息使用,以及较少受制于个人思维脆弱性的决策系统"⑥。要根据平台不同发展阶段的需要,逐步扩大平台治理主体范围,将市场组织和中介组织逐步纳入每一项决策的制定过程中。

---

① [日]青木昌彦:《比较制度分析》,周黎安译,上海远东出版社 2004 年版,第 1 页。
② [美]丹尼尔·W.布罗姆利:《经济利益与经济制度——公共政策的理论基础》,陈郁等译,上海三联出版社 1996 年版,第 48、51 页。
③ [美]塞缪尔·P.亨廷顿:《变化社会中的政治秩序》,王冠华、刘为等译,上海人民出版社 2008 年版,第 10 页。
④ [美]诺斯:《制度、制度变迁与经济绩效》,杭行译,格致出版社 2008 年版,第 1 页。
⑤ [日]青木昌彦:《比较制度分析》,周黎安译,上海远东出版社 2004 年版,第 5—9 页。
⑥ [美]阿格拉诺夫、麦圭尔:《协作性公共管理:地方政府新战略》,李玲玲、鄞益奋译,北京大学出版社 2007 年版,第 17 页。

在信息管理制度方面,将对外教育交流与合作所需要的各类要素资源以信息的形态进行搜寻、整合与输出,以贴近最终用户需求为目标,注重信息的采集和信息的加工处理。平台所涉及的信息,是指为服务有效对外教育交流与合作而采集的、经过加工处理有序化的信息集合,包括政策法规信息、科技资源信息、其他社会信息等。平台的信息管理是指信息管理的流程,包括采集、加工、存储、传播、利用及反馈。为实施良好的信息管理,专门的信息管理机构是必需的,信息管理职能可赋予那些专门的政府业务机构,还可随着市场机制的逐步引入,逐步移交给市场或中介组织,而政府组织仅仅负责信息搜集的战略导向调控。

整体联动工作制度是整体政府改革的一个典型特征,整体政府改革是对新公共管理专业化分工和结构性分权所致的公共部门"碎片化"的回应,亦是为解决"棘手问题"(wicked issues)而采取的跨部门协同合作的改革措施。澳大利亚管理咨询委员会的联合政府报告将整体政府定义为"公共服务机构为实现共同目标跨组织边界工作,以及对特别问题的整合政府回应(integrated government response),所采取的方法是正式或非正式的,聚焦于政策发展、项目管理和服务提供"[1]。整体政府运用于公共服务领域的要义有四,"排除相互破坏与腐蚀的政策情境;更好地使用稀缺资源;促使风险管理者在特殊的政策领域和网络中一起工作,产生协同效应,为公众提供无缝隙的服务"[2]。在平台建设及运行过程中实施整体联动工作制度,即省级政府与国家部委联动,进行合作,争取中央政府在政策、对外计划、项目资金、基础设施建设等方面的支持,省级政府部门间联动与政府层级间联动,通过协作管理与分布式管理,组成平台工作团队,接受省级政府业务机构统一领导,围绕对外教育交流与合作开展信息沟通和跟踪服务工作,政府与各级各类院校以及对外教育中介服务机构联动,吸纳这些组织参与平台建设,以各主体所需各项服务为目标开展合作。完善的整体联动工作制度,能够有效整合平台建设所需的各方面资源与要素,形成既有分工又有合作、既有合理制约又有密切配合的工作机制。

---

① Australian government, connecting Government: Whole of Government Responses to Australia's Priority Callenges, 2004(4).
② 张立荣、曾维和:《当代西方"整体政府"公共服务模式及其借鉴》,《中国行政管理》2008 年第 7 期,第 108—111 页。

（二）互动协调机制

地方政府为实现教育交流与合作资源的汲取与整合这一战略目标,必须在法定权威、资金、组织、专业技能、信息等诸多资源的拥有者之间进行选择、联系与合作,这就意味着会发生"寻找、调整、处理、结成伙伴、合同、交换、收集信息以及其他许多跨组织边界的管理行为"[①]。"一个政府在封闭和安静的环境中专注于自己事务的时代已经结束,当今社会是互相依存的复杂网络,需要行动者之间循环往复的联系（recurring contacts）。"[②]这种管理行为和循环往复的联系,实质上就是一种行为协调,它是一种辅助性的行为集合,目的是在行动者之间建立一种相互促进、优势互补、共同发展的互动关系。

行动者间互动协调的实质是在制度与资源多重制约条件下,政府与合作者之间合作行为的调整与均衡。这种协调机制存在于政府与平台合作者之间的服务整合和系统整合过程中,它们的整合程度决定公共服务合作的可能性及供给效能。合作并不是简单的缺乏磨合的相互依赖,简单的依赖并不必然带来合作的成功,磨合需要在服务需求者与提供者（各级政府组织、专业公司、中介组织）之间、提供者与提供者之间进行服务整合和系统整合的过程中,借助各种沟通工具进行协调与互动。

互动协调机制建构要点就是通过参与者之间的诚实对话达到各方的相互理解和相互协调,进而采取互助合作的策略行为。哈贝马斯认为,交往行为（communication action）是行为者所用的协调方法属于在没有任何强制性外力作用下的相互理解的沟通,[③]通过这种行为,行动主体可以协调资源的运用,满足各自的需求。公共服务的官僚化提供机制向网络化服务运行模式的转变,要求政府与合作参与者之间建立良好的协商议事机制,为实现公共目标与公共价值,参与者之间通过充分讨论获得的共识是必需的,获得共识的讨论"只能够在一个容许自由讨论的社会或公共领域才可以实现"[④]。因而,互动协调机制的建

---

① Robert Agranoff, Michael Mcguire, "ExPanding Intergovernment Mangement's Hidden Dimensions", *American Review of Public Administration*, 1999, 29（4）, pp. 352 – 369.

② Peter Bogason, "Changes in the Scandinavian Model. From Bureaucratic Command To Interorganizational Negoation", *Public Administration*, 1998（76）, pp. 335 – 354.

③ ［德］哈贝马斯:《交往行动理论》（第 1 卷）,洪佩郁、蔺青译,重庆出版社 1994 年版,第 120—121 页。

④ 谢立中主编:《西方社会名著提要》,江西人民出版社 1998 年版,第 550 页。

构主要包括政府间的协调互动、政府与交流与合作主体间的协调互动等。

（三）合作信任机制

对外教育交流与合作平台是政府与平台利益相关者协商合作、共同搭建、共同受益的公共服务载体，其建构与运行是一项复杂的系统工程。合作信任是一种不确定性回避，作为一种简化复杂的战略，逐渐演化为这项系统工程建设中的"黏合剂"和"润滑剂"。

西方哲学家史里斯·博克将信任视为与空气和水源一样值得保护的东西，它"一旦受损，我们所居住的社会就会土崩瓦解"[①]。19 世纪末 20 世纪初的德国著名社会学家、心理学家西美尔以铭刻在马耳他钱币上的铭文"non aes sed fides"（此乃信用，而非铜币也）为例，说明了信任因素的重要性，"离开了这种信任，即使是一个具有完全价值的钱币在大多数的场合也难以行使其功能"。由此，他指出，"离开了人们之间的一般性信任，社会自身将变成一盘散沙，因为几乎很少有什么关系能够建立在对他人确定的认知之上。如果信任不像理性证据或个人经验那样强或更强，也很少有什么关系能够持续下来"[②]。普特南则将信任与规范、网络共同视为社会资本的重要组成部分，指出"它们能够通过协调和行动来提高社会效率"[③]。合作是指个人与个人、群体与群体之间为实现共同目标，基于统一的认识与规范所采取的彼此相互配合的一种联合行动。信任与合作是同构的，信任是合作进行的前提与基础，合作是促进并增强信任的基本途径，没有信任的合作是不存在的，或者说至多是组织机构与人员汇集前提下的一种工具性的共事。信任是一切有效的合作关系中的实质性因素，甚至可以说信任与合作是一体性的。[④]

平台为交流与合作的顺利开展提供公共服务，其建构过程恰是以信任为前提的合作治理理论的实践过程，也是信任衍生与发展的过程。当今社会正经历着由政府引导走向合作社会的进程，政府的引导首先表现在政府内合作机制的率先生成。[⑤] 这种政府内合作机制反映到平台建构中，不外乎包括省部合作、同

---

① Nicholson, N. eds., *Encyclopedic Dictionary of organizational Behavior*, Malden: Blackwell Publishers Inc. 1998, p. 584.

② ［德］西美尔：《货币哲学》，陈戎女等译，华夏出版社 2002 年版，第 111 页。

③ Putnam, R. D., *Making Democracy work*, Princeton: Princeton university press, 1993, p. 167.

④ 张康之：《论信任、合作以及合作制组织》，《人文杂志》2008 年第 2 期，第 53—58 页。

⑤ 张康之：《论社会治理中的协作与合作》，《社会科学研究》2008 年第 1 期，第 49—54 页。

级政府合作,以及政府与各级各类院校之间的合作等,相应地,广义的平台府际互信就包含政府间信任以及跨组织信任。平台建设是多元治理主体的集体行动,建立与维持集体的合作信任必须成为平台建设中一种正式的管理行为。由于"集体信任的出现和维持是与相互依赖的行动者之间积极的相互加强的行动反映的循环相联系的"①,因而,以利益趋同和信息互通为媒介,平台行动者在积极行动中形成协同的互动信任关系,依靠制度和道德的双重保护,合作双方共同期望得以形成,合作意愿得以产生。

　　基于对外教育交流与合作治理的视角,对外教育交流平台信任关系旨在建立起一种"合作型政府信任关系",它"既是原有权力秩序和法律秩序的'继往',又是以'服务—合作'为内容伦理精神的出场,还是对以社会合作与自治内容的伦理社会的期盼"②。鉴于此,可从以下几个方面对平台的信任关系加以维护与发展:首先要确立地方政府间的合作目标。政府间利益差异性与一致性的客观存在导致政府间博弈的产生,公共服务的开放性以及合作治理的诉求,要求政府以层级嵌套的方式联合提供教育交流公共服务,这一切均牵涉一个合作者合作目标的建构问题。洛克认为,政府的建立是以加入和建立政治社会的个人的同意为基础的,政府没有别的目的,只是为了人民的和平、安全和公众福利。③ 国家对外教育政策具有全局性的战略意义,同时又要在区域间进行战略目标的空间分解,区域政策和发展战略规划对国家政策具有一定的依赖性,必须符合国家战略统筹安排。因此,省级政府必须明晰本区域在区域教育发展中所承担的责任,科学定位对外教育交流与合作平台建设,在国家整体发展战略和区域发展规划协调统一的主旨下,整合有利于区域对外教育发展的资源,并因此获得中央政府的理解、信任与支持。其次要调整地方政府与合作伙伴间的价值观念。价值观念是"对现象的满意或不满意性质的实际评价",是"从伦理原则、文化理想或哲学观点推论出的实际判断"。④ 在价值多元化的今天,合作信任建立的前提是调整合作者价值观念,在公共事务的合作治理中,政府必须

---

　　① ［美］克雷默、泰勒:《组织中的信任》,管兵等译,中国城市出版社2003年版,第508页。

　　② 孔繁斌:《公共性的再生产——多中心治理的合作机制建构》,江苏人民出版社2008年版,第149页。

　　③ ［英］洛克:《政府论》(下篇),叶启芳、瞿菊农译,商务印书馆2007年版,第80页。

　　④ 苏国勋:《理性化及其限制——韦伯思想引论》,上海人民出版社1988年版,第276页。

尽早调整价值观念,使合作伙伴在共同价值观和目标问题上达成共识,促进早期信任关系的建立。最后,要建立健全各项制度。Zuker 提出"基于制度的信任"(Institution – based Trust),认为这种信任建立在非个人的规则、社会规范和制度基础上。① 完善的制度能够使平台运行更加有序,增加平台利益相关者对平台效益及评价的预期,能够很好地降低感知的风险。

(四)资源整合机制

资源,即生产过程中的投入。由于社会资源能够弥补自然资源的缺口并打破资源缺乏的限制,在自然资源日益短缺的今天,社会资源在区域资源优化配置中的作用持续增强。教育资源作为社会资源的一种,是教育活动的基础,是推动经济社会发展的要素集合,包括人力资源、财力资源、物力资源、信息资源。在此基础上,还应考虑制度政策和人文环境因素等。区域对外教育资源整合是一个动态调适的系统,是实现该区域内对外教育要素集聚、优势互补、能量释放、形成资源合理配置的内在要求。对外教育交流与合作平台的资源整合,是省级政府作为调控主体,为实现区域对外教育发展战略目标,对区域内外的对外教育资源构成要素进行的合理调整与配置。同时要关注开放的对外教育交流基础设施、信息保障系统,标准规范,主体的共同技术需求等,在政府宏观调控下,让共建平台的利益主体、相关社会团体使用、共享平台资源。

二、教育国际交流与合作平台管理运行机制

"桥头堡"的建设是党中央、国务院站在全球经济发展的高度立足中国"保安全、保稳定"的发展大局提出的战略构想,是中国实施沿海开放三十年后,国家寻求新的陆路出口通道的整体构思。云南省位于中国与东南亚、南亚次大陆的结合部,自 20 世纪 80 年代以来,已经基本形成了立足"面向东南亚的大湄公河次区域"(GMS)和"面向南亚的孟中印缅次区域"(BCIM)、连接孟加拉湾和北部湾、畅通南北经济大通道的对外交流合作开放格局。面向西南开放的"桥头堡"战略的提出是国家完善对外开放格局的重要部署,是给予云南省进一步增强发展动力和活力,推进全面、协调、可持续发展的重大机遇。全方位的开放

---

① zuker,L. G. , "Production of Trust: Institutional Sources of Economies Structure, 1840 – 1920", *Research in Organizational Behavio*,1986(8),pp.53 – 111.

态势,有赖于通过若干项目平台的搭建而使其有序、高效地实现有机结构,而扩大对东南亚、南亚开放的教育交流平台的建设是云南省作为"桥头堡"转型的重要保障条件之一。

围绕建立具有区域特色的国际教育合作长效机制、搭建教育交流政府平台,建立中央支持、地方主导、学校参与的国际教育合作模式,扩大地方政府在国际教育合作中的作用三大目标,以科学管理理论、系统论、协同论为理论基础,将教育交流平台的运行机制视为一个复杂系统,综合权衡平台的建设和运行需要调动各方资源,涉及多个利益主体,运用了系统动力学理论:行动者—系统—动力学(actor – system – dynamics),来设计教育交流的管理运行机制,以形成促进平台良性循环的制度体系。由于云南省教育交流平台是中国内陆开放的一个综合性公共服务平台,以 actor – system – dynamics 来系统分析这种新型平台,探索具有区域特色的教育交流服务平台的管理运行机制,对国内外其他地区教育交流服务平台建设具有重要的参考价值。

(一)云南省教育国际交流与合作平台管理运行机制设计的意义

云南地处西南,与中西部的广大腹地相连,是泛珠区域走向东南亚、南亚最便捷的陆上通道,从陆上可以沟通中国、东南亚和南亚三大区域。其次,云南与相邻国家"山脉同缘,江河同源",具有共同的宗教信仰和历史文化传统。云南有 16 个跨境民族,他们的风俗习惯相近、语言信仰相通,相互之间具有人缘、历史和习俗等方面千丝万缕的联系。东南亚、南亚各国受佛教文化的影响甚深,与云南西双版纳等地有着共同的文化背景,易于沟通。几千年来的交往历史为进一步扩大教育交流奠定了良好的基础。

目前,云南省与东南亚、南亚国家各级学校、科研院所之间的教育交流日益增多,已呈现出政府支持、学校为主、官民结合、民间合作等多种形式并存,技术援助、技术贸易、对外投资、合作研发、人员交流、考察和访问共同推进的合作格局。云南省积极推行"走出去"战略,大力推进教育国际化进程。落实了"走出去"战略工作经费,鼓励学校积极开展教育国际合作与交流。实施汉语国际推广基地建设项目,每年投入 1 亿元,建设面向西南开放的国家汉语国际推广基地。2004 年设立"云南省政府招收周边国家留学生奖学金",面向周边国家设立每年 180 万元的省政府奖学金。2009 年,云南省建设了两个国家汉语国际化推广中小学基地、五个汉语国际推广中心、两所孔子学院、两个孔子学堂等一批汉语教育中心。同时,扩大招收留学生规模,来滇留学生由 2001 年的 760 人增至 2009 年的 1 万余人。加强国际化课程建设,满足小语种人才培养需要,到"十一五"末,全省学校小语种专业点稳定在 20 个左右,在校生规模约 3000 人。建立人才交流机制,搭建人文交流平台。开展了形式多样的学术交流活动,共同培养学术科研人才。互派留学生,加强项目交流,据统计,目前东南亚、南亚在滇留学生及务工人员已超过 8000 人,而云南在东南亚、南亚留学和工作人员大约 1000 人,对外交流项目也不断增多。大力加强区域间一些共性问题和语言文化方面的合作培训。长期以来,依托"大湄公河学院"对东南亚、南亚进行教育培训。参加国际及亚太区域旅游师资培训项目,举办了对缅甸党政干部、越南党政高级干部的培训,取得了较好的效果。

教育国际交流与合作平台建设,就是在教学、科研、服务社会方面加强国际合作,特别是与东南亚、南亚大学的合作与交流,充分发挥云南高等院校在学科建设、办学条件、师资队伍方面的优势,大力开展面向南亚、东南亚国家和地区的高层次人才培养和科学研究,推动云南高水平教育机构广泛开展国际合作和教育服务,通过平台建设增加交流合作的机会。为此,需要设立和启动国际教育信息网络建设、中国语言及文化交流、东亚高等教育论坛、高水平科研国际合作研究基地、东南亚与南亚学者访问交流等一批项目。

云南省教育交流平台的建设和运行涉及多种利益关系。从参与者角度看,包括政府、学校、科研机构、非营利组织和社会公众;从组织机构角度看,平台需要多层次的管理机构,如协调公共服务依托部门、宏观管理部门、执行部门及教育中介机构等。对外教育交流服务平台的运行管理要取得良好的绩效,需要理顺各种关系,统筹规划、优化组合各种管理工具。对外教育交流平台建设的实践发展历程较短,理论研究较为匮乏,对其运行机制进行研究具有重要理论创新价值与实践指导意义。

(二)云南省教育国际交流与合作平台管理运行机制设计构想

1. 管理运行机制设计的难点

综观各地教育交流服务平台建设和运行的实践,可以看出,教育交流管理运行机制是教育交流平台能否正常运行和达到既定目标的关键。如果教育交流管理机制不合理,教育交流平台建设很可能流于形式,难于形成具有区域特色的国际教育合作长效机制及实现提供教育交流公共服务的功能。目前,云南省的教育交流平台建设还处于起步阶段,对教育交流平台管理运行机制的系统研究较为缺乏,教育交流管理制度也很不完善。更深层次的原因还在于:首先,政策缺乏统筹规划。总的来说,云南对外开放政策缺乏前瞻性、整体性和规划性。与东南亚、南亚文化交流合作在国家层面上缺乏整体长远的规划和统筹安排,政府的引导作用没有完全体现出来,特别是在营造教育交流市场环境,引导调控教育交流上,建立健全必要的教育交流法律保障体系和政策体系等方面亟待加强。教育交流体制上存在条块分割,购置设备以部门为单位,缺乏有效管理与规划,论证与管理脱节,缺乏有效的教育交流管理、评价、制约机制;教育交流政策法规不协调,不配套。教育交流平台建设是政府转变职能、实现教育交流制度创新而进行的探索,由于缺乏成熟的运行模式,各部门基本上都是"摸着石头过河",影响了教育交流的绩效,也不乏失败的案例。其次,教育交流服务平台的建设需三大基本要素,即教育资源、对外服务系统与相应的保障措施。各种对外教育交流与合作资源的整合、集成是平台建设的根本,优质的共建共享服务体系是平台运行的必要条件,而相应的保障措施是平台建设、运行的必要条件。三大要素涉及政府、各级各类院校、社会团体、非营利组织以及个人等多个利益主体。如果资源共享的法规,相应的激励机制、约束机制缺乏,拥有对外教育交流资源的单位或个人没有积极性承担共享的责任和义务,则难以确保教育资源的共享、增值。此外,在体制、管理、规划、政策、经费分配等方面都存在问题。这些问题使平台无法集聚足够的教育资源提供服务,使运行难以为继,因此,教育交流管理运行机制设计极为重要又有一定的困难。

　　2. 云南省面向东南亚、南亚教育交流平台管理运行机制设计构想

　　以一种新的视野讨论组织理论,Jeffrey Pfeffer(1997)指出:"毕竟,我们大多数人没有真正借用物理学理论过于频繁地理解组织(如混沌理论),但依然想依靠合理的经济模型选择和组织行为,不管他们是否有能力开发新的见解或产生有效的预测。在我们看来,很多管理理论和管理实践在工作中往往用定量的形式组织信息,使用表格和图表,并尽可能多地用数学函数表示经济信息。许多经理将组织视为合理的、结构的组织系统。因而,如果管理层有意采用鸟瞰的角度,就有可能在复杂的情况下,通过交流,获得超越。"采用这种鸟瞰的视野,云南省面向东南亚、南亚教育交流平台的总体运作流程涉及"基础能力、设施建设""综合管理系统""协同运作"和"服务网络"四个主要部分。学校、科研

机构、服务机构、个人等是平台的用户系统;"基础能力、设施建设"的目的在于提高高等院校、中小学及教育园区的基础条件,发挥其对周边国家边境地区的教育、文化交流与合作作用。"综合管理系统"是对外教育交流平台的重要部分,该管理系统提供制定规范、提供人力支持、服务引导与配送等综合服务,对各对外教育交流资源服务进行管理与调配。为确保教育交流平台的协同运作、资源共享,需要研究解决各个环节面临的核心问题,如跨部门的组织机构保障、利益协调机制、协同作业机制、技术管理制度、服务评估制度、内部管理制度等。此外,对教育交流平台运行的整体过程进行动态评估,不断进行绩效优化,使教育交流平台进入边建设、边服务、边完善的良性循环轨道。

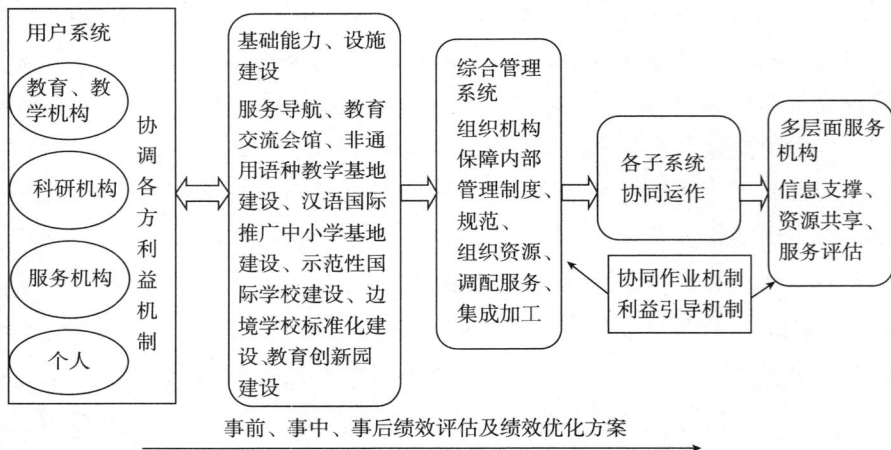

图6-2 云南省面向东南亚、南亚教育交流平台管理运行机制示意图

3. 教育交流平台管理运行机制设计的特点

(1)系统论在教育交流服务平台制度设计中的运用

尽管已有一个良好的开端和一些显著的成功,20世纪60年代末以来,在社会科学领域"系统思考"还是被边缘化了。但是,还是有一些系统的概念被纳入其他社会科学的理论传统,一些现代系统理论的语言和概念已经成为当代日常社会科学的一部分。云南省教育交流服务平台是一个多利益主体协同作业的复杂系统,在教育交流平台制度设计过程中,要将它们系统地纳入统一的教育交流平台管理机制设计的框架,需要综合权衡各利益主体的利益关系,统筹规划、分步实施。

（2）遵循从理论研究到机制设计的研究路径

教育交流平台的管理不是平台管理部门自身能够解决的。平台要整合集成跨行业、跨学科、跨部门的各类教育资源，面向高等院校、科研机构、政府部门以及社会公众提供多学科、多功能、系统、便捷、高效的公共服务，促进教育交流，必须以各种利益协调机制及相关制度做后盾。因此，有必要彻底分析教育交流平台的运行原理，思考教育交流平台不同参与主体的利益关系，平台运作的"驱动设置"，以便教育交流平台制度体系的有效实施及应用。

（3）注重对外教育交流平台管理制度的优化组合

在掌握对外教育交流平台运行的规律之后，鉴于单个制度的作用有限且有可能产生副作用，还需要对各种管理制度进行合理的设计、优化组合，从而有助于实现各行为主体之间的利益均衡，确保教育交流平台的可持续发展。

（4）注重教育交流平台协同管理运行机制的建构

协同理论导致了新的不同学科领域专家之间的建设性对话，如自然科学和人文科学的合成，东方和西方的世界观，复杂的新科学和古老的传统文化，艺术和哲学的结合。教育交流协同管理的关键在于建立适宜的管理运行机制，形成一个以管理为核心、协调参与者的协同组织。注重教育交流管理系统中的人员协同、合同协同、信息协同与技术协同等子系统的管理。对于特定目标的实现，协同管理运行机制则采用基于协同学理论的"竞争—合作—协调"思想，通过设置的交流协同管理部门强化预见控制，协调各方利益，化解过程冲突，引导有序竞争，进而推进云南教育国际化进程。

（三）结语

云南省教育交流平台建设的目的是围绕云南省建设绿色经济强省、民族文化强省和中国面向西南开放的"桥头堡"的战略，充分发挥云南区域优势，面对国际、国内两个市场，通过与南亚、东南亚国家开展多层次、宽领域的教育交流与合作，推进云南教育国际化进程，力图把云南建成中国面向南亚、东南亚的教育对外交流与合作重要窗口。教育交流平台管理运行机制的建立与完善是教育交流平台成败的关键。管理运行机制的配套措施主要有以下几点：一是加强领导，成立具有区域特色的国际教育合作与交流平台建设领导小组及办公室；成立项目组，由教育厅长和有关分管领导任组长和副组长。二是大幅增加经费投入，除原已安排的支持教育国际化的专项经费、出国留学经费、聘请外教经费、汉语国际推广经费、外国留学生奖学金外,加大对此项工作的投入力度;另外,通过多渠道筹资的方式进行建设。三是出台相关鼓励办法,进一步为各学校、科研机构、服务机构开展工作松绑和保驾护航。

三、教育国际交流与合作平台评估监测机制

教育交流与合作平台具有集聚区域教育资源、加速区域教育结构优化步伐、实现区域教育与经济跨越式发展的功能,因此,进入 20 世纪 90 年代,各国政府都加大了对教育交流与合作平台发展的支持。我国平台建设在取得一定成绩的同时,也存在平台重复建设、服务质量不高、运行效率低下等问题。为了改变这种局面,加强对教育交流与合作平台运行绩效的考核,引入教育交流与合作平台的竞争机制迫在眉睫。那么,怎样才能更加科学、客观地反映教育交流与合作平台绩效和管理部门的工作水平呢? 目前,国内外学者对此进行了系列研究,主要情况如下:

第一,从平台自身角度设计相应的评价指标的学者较多,而对于平台服务对象意志的评价内容,如满足人才培养需求程度、服务便捷性等满意度的指标体系的研究较少涉及,这一指标体系的缺失,将影响整体评价指标的客观性、完整性等。

第二,当前多数对于教育交流平台绩效评价的研究集中于评价指标体系构建、评价方法设计,较少涉及对参与评价主体的研究,以及评价指标与不同采集对象之间的不可匹配性。

第三,设计教育交流与合作平台绩效评价指标体系多从静态视角考虑,只注重评价平台当前的技术服务水平、研发能力、建设规模等。这种仅按照当前规模与能力评价区域教育交流与合作平台及政府部门管理绩效的方法会导致经济与教育发达地区的教育交流与合作平台在评价过程中占据优势,不利于全面、客观地反映平台的运行情况,也不利于调动相对落后地区教育交流与合作平台管理部门的工作积极性。

综合上述分析,设计一套面向多主体、多侧面、更加科学的教育交流与合作平台绩效评价指标体系,对于正确认识教育交流与合作平台的不足,采取有针对性的措施改善教育交流与合作平台服务能力、运行效率与发展前景等具有重要的理论与现实意义。另外,也利于进一步规范和指导教育交流与合作平台管理部门的工作,提升管理绩效。

（一）教育国际交流与合作平台绩效评价指标体系设计的原则

1. 科学性原则

评价指标体系设计是否科学,直接关系评价工作的质量以及能否准确评价平台的实际发展水平。在进行指标设计时应尽可能以现代统计理论为基础,从定量和定性两个方面对各个指标及其内部联系进行反映和揭示,评价指标体系的设计既要科学合理,又要简单易行。

2. 满足需求原则

Diana Katz 指出,美国国家实验室的建设多是一种目标需求主导型的模式,即针对区域教育与经济发展的现实需求来确定教育交流与合作平台的结构与功能。事实上,教育交流与合作平台主要是为区域教育创新服务的,所以应当体现区域特色,能够满足区域需求的教育交流与合作平台才是优秀的教育交流与合作平台。投入大量人力、物力、财力搭建而成的具有高水平研发能力、建设规模的教育交流与合作平台,如果不能提供更多的服务,不能满足区域内部用户研发创新的需要,不能为区域教育发展作出应有的贡献,那么就失去了存在与进一步发展的意义,也很难拓展资金来源渠道和获得运营资本。因此,应当针对教育交流与合作平台不同服务对象获得服务的满意程度设计相应的指标,考察教育交流与合作平台提供服务和满足需求的情况。

3. 多主体参与原则

教育交流与合作平台运行过程中涉及多个利益相关者,不同主体考察教育交流与合作平台的视角与内容不同,综合各方的意见,更容易获得能够全面反映教育交流与合作平台绩效的结果。

4. 多侧面衡量原则

教育交流与合作平台的优与劣以及相关教育机构的工作成就不仅需要通过教育交流与合作平台当前的运行情况进行衡量,还应当综合勘察教育交流与合作平台的发展状况以及横向相对水平等。首先,各个区域教育与经济发展水平不同,当前的能力、规模可以从一个侧面反映出教育交流与合作平台的实力,但是这种考核不利于反映教育、经济基础相对薄弱以及教育交流与合作平台建设起步相对较晚地区平台管理部门的努力水平和教育交流与合作平台实际运行效果。因此,应当进一步引入平台发展趋势来反映平台的发展速度与发展潜力等。另外,所有的教育交流与合作平台都在不断完善与发展中,因此,评价单个教育交流与合作平台时,还应当通过横向比较确定自身的相对状态与发展情况。

5.动态性原则

教育国际交流与合作平台处在不断的发展变化中,因此对平台发展水平的评价必须是动态、有弹性的综合评价,既要评价平台发展的现状,也要关注其发展过程和轨迹。指标的选取要能够历史地反映云南教育国际交流与合作平台的发展水平及其持续创新能力。

(二)教育国际交流与合作平台绩效评价指标体系设计

1.教育国际交流与合作平台绩效评价的主体

教育国际交流与合作平台的主要服务对象包含政府、教育中介机构、用户、学校、科研机构等,其中科研机构包含两个部分:一部分是科研事业单位,其性质与学校相似;另一部分是完成用户改制的科研院所,其性质与用户相似,因此,在具体的分析中将科研机构分解到学校与用户部分。针对各个主体接受教育交流与合作平台的服务内容,评价平台服务水平、质量,并提出反馈意见。

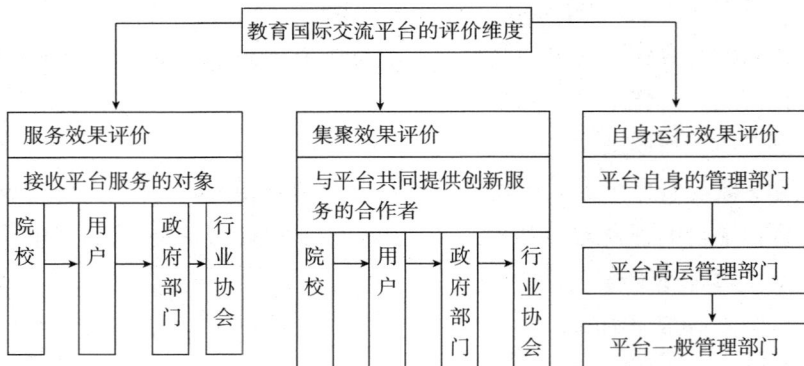

图6-3 教育国际交流与合作平台评价绩效维度

教育交流平台要有效提供各种创新服务,需要与各级各类高等院校、科研院所、相关部门、用户等开展合作,提供资源、技术服务、解决矛盾冲突、协调各方关系等。为了客观地衡量教育交流与合作平台自身的运行效果,还应当从对外教育交流平台的组织部门获取相关的可直接反映平台运行机制完善程度与管理规范化程度的相关指标值,其组织部门一般可以分为高层和一般两个层面,不同层面在平台运行管理中发挥着不同的作用,其管理与关注的重点不同,应当根据其具体的工作内容设计相应的评价指标。

通过上述分析,可以得到评价教育交流与合作平台的几个维度与相关主体。

2.教育国际交流与合作平台绩效评价的指标

针对教育交流与合作平台运行涉及的主体设计相应的评价指标,可以提高教育交流与合作平台绩效评价的客观性、全面性与可采集性。

(1)服务效果评价。结合各主体特点,从教育交流与合作平台当前自身水平、横向比较的相对水平以及平台未来发展趋势三个角度设计相应的考察内容,以科学判定平台的优劣。具体如下:

用户:因为用户在寻求教育交流过程中会遇到许多关于教育的相关问题,希望可以在教育交流与合作平台中获得多种支持与帮助,因此一般而言,用户强调教育交流与合作平台服务的多样性与功能的完备性。其次,用户强调接受服务的时效性,对教育交流与合作平台服务信息渠道的丰富性与通畅性有着较高的要求,希望平台能够在最短的时间内响应用户提出的需求服务;另外,用户希望与教育交流与合作平台建立长期的合作关系,比较关注平台的信誉以及其他主体接受平台服务的次数和频度等。最后,用户追求经济效益,对教育交流与合作平台提供技术服务的适用性以及收费标准的透明性要求较高。因此,可以通过以上用户比较重视的方面设计评价指标,考核平台的当前水平。在横向比较方面,可以从用户遇到问题后寻求平台服务的优先度、平台提供服务的相对速度与性价比等方面考察;在发展趋势上,可以通过用户自身的行为意愿以及对平台提供服务功能、及时性的改善问题等方面衡量。

院校:院校一般希望从教育交流与合作平台中获得对外教育交流资源、相关专业发展以及创新团队建设的服务等,他们强调接受服务时的便利性、简洁性。与经济效益相比,院校更为注重平台技术服务的科学性,强调接受相关技术发展动态信息的先进性。另外,可以从教育交流与合作平台为学校提供的相对服务比例,在人才、团队培养与专业建设上的优势以及相对的服务态度与质量等方面进行平台之间的横向对比;可以从学校接受平台服务的意愿、对平台在创新团队建设与专业发展中作用的提升情况以及获得服务质量与便利性的改善情况等方面考核平台的发展趋势。

教育中介机构:教育中介机构作为一个服务部门,在某种意义上相当于一个中转站,从教育交流与合作平台处获得相应的服务资源再转而提供给其他主体。因而,该机构要求平台能提供具有及时性、客观性的对外教育市场需求信息,具有科学性、规范性的教育教学资源信息,具有超前性、准确性的政府政策信息等。此外,可从教育中介机构视角评价教育交流与合作平台服务渠道的相对丰富性及便利性、提供信息服务的速度及质量等。还可根据对外教育中介机构与平台未来合作意愿、平台提供的服务质量等情况来预测后继的发展。

政府:政府部门一般希望从教育交流与合作平台处获得相关的理论与决策依据与支持,因此,政府考察当前平台的运行主要是依据平台所提供信息资源的数量与质量两个方面。评价平台的运行水平可根据平台所提供服务的重要性,数量、质量改善度,以及提供服务机会的多寡来反映平台的未来发展趋势。

(2)集聚效果评价。教育交流与合作平台的集聚效果可以通过其合作对象对平台资源汇集、整合能力等方面的评价来反映。具体如下:

用户:作为教育交流与合作平台合作伙伴的用户由于比较看重经济效益且与教育交流与合作平台的发展目标不尽一致,可能在合作中与教育交流与合作平台产生冲突与矛盾,要解决这类问题,需要较强的控制能力、协调能力,这是对外教育交流平台与各用户保持良性的持续合作的必要条件。另外,考虑到用户对合作盈利性的注重,一般由用户考察合作教育项目的市场前景及收益情况,进而判定平台运行的实际情况。同理,可以从用户看重的教育交流与合作平台研发与合作相对水平、获得收益情况以及其对用户开展合作的吸引力等角度反映平台的横向水平;从用户未来合作意愿的频度、深度与广度等角度反映平台的未来发展潜力。

院校:院校一般会比较关注平台人员研发能力与素质以及参与平台建设对学校人才、创新团队培养与专业建设的贡献等,将仪器设备加入平台网的学校也经常将入网设备的使用率纳入考察平台当前合作情况的范畴。另外,可从院校看重的教育交流与合作平台研发人员能力与素质的相对水平以及开展合作的公平性等角度考察平台的横向水平;可从院校未来合作意愿的频度与深度等角度反映平台的未来发展趋势。

教育中介机构:教育中介机构与教育交流与合作平台开展合作,共同为其他主体提供服务,该机构更注重投入资源获得的收益情况、平台处理信息的能力,以及解决冲突问题的能力。因而,可从相对投资收益水平、平台信息服务能力等方面考察教育交流与合作平台的横向水平,从中介机构与平台继续合作的意向上考察教育交流与合作平台的未来发展趋势。

政府:政府支持教育交流与合作平台建设的目的通常是更加有效地完成政府部门的常规性工作、完成政府的教育规划目标以及促进区域产业结构调整与教育、经济发展,因此,一般可以通过平台完成政府教育计划项目与工作项目的满意度、平台对政府投入资金的使用情况、平台在区域教育与经济发展中的贡献度以及与政府期望之间的差距等几个方面衡量教育交流与合作平台当前的优劣。另外,可从政府部门重视的经费使用情况、项目完成质量以及在区域教育与经济发展中的相对重要性与贡献度等方面考察教育交流与合作平台的相对水平;从政府部门未来为教育交流与合作平台发展提供的支持力度与给予的项目情况等方面反映平台的未来发展趋势。

(3)自身运行效果评价。根据教育交流与合作平台高层与一般组织管理部门的工作情况,设计对其考核的重点内容如下:

政府相关高层管理部门一般注重教育交流与合作平台发展的战略性问题。评价平台建设与运行的战略性问题可通过平台发展的前瞻性、科学性,平台建设与云南教育发展的关联性,平台功能的完备性等方面进行评价。从平台功能的相对完备性以及与区域教育和经济发展的结合度等方面开展宏观判断,确定平台的横向相对水平;还可从平台与区域发展的匹配性(高匹配性意味着可获得更多的发展空间)、平台自身结构与功能的优化情况、平台服务对象的发展前景等来反映平台的未来发展趋势。

对平台的评价考核,一方面可通过平台在对外教育资源、人力资源、物力财力、信息技术等方面的拥有情况,平台整体运行效率等来对其优劣进行衡量;另一方面,也可通过与其他同类平台在其资源拥有情况、运行效率等方面进行比较判断平台发展的相对水平。通过不足方面的改善情况来反映平台的未来发展趋势。

综合上述分析,可以得到不同主体评价教育交流与合作平台绩效的相关评价指标,具体如表6-1所示。

表6-1　教育交流与合作平台的评价指标体系

评价纬度	评价主体	评价内容		
		当前自身水平	相对水平	发展趋势
服务效果评价——接受服务对象	用户	平台服务功能完备性；获得服务及时性及渠道通畅性；接受次数与频度及平台信誉；获得平台技术服务的实用性；收费标准的透明、公正性	选择服务平台中该平台优先度；提供服务的相对速度与质量；平台服务性价比的相对情况	是否会进一步寻求服务；提供服务功能是否丰富化；服务渠道是否更加便捷
	院校	培养创新团队的优势；是否经常获得设施使用服务；服务便利性及服务态度；提供信息先进性与科学性	该平台占据的服务比例；提供创新团队建设与人才培养服务的相对能力；服务态度与质量的相对水平	是否会获得更多的服务支持；在创新团队建设中发挥作用是否有所提升；服务质量、便利性是否改善
	教育中介机构	提供相关信息及时性与客观性；提供预测信息科学性与规范性；提供政策信息超前性与准确性；服务信息的可获性与渠道通畅性	提供信息服务的相对速度与质量；寻求该平台服务的优先度；提供服务渠道的相对便利性	是否仍会选择其作为获得信息的一条重要渠道；提供信息有效性是否提升；获得服务便利性是否提升
	政府部门	为政府部门提供的信息支持量；平台提供信息贡献度与采纳度	完成政府项目任务的相对质量；为政府部门提高服务的相对能力；其对政府决策支持相对重要性	是否会提供更多为政府服务的机会；平台提供服务改善情况

续表

评价纬度	评价主体	评价内容		
		当前自身水平	相对水平	发展趋势
集聚效果评价——参与合作者	用户	对平台合作控制能力的评价；参与平台研发项目市场前景的评价；对投入平台资源获得收益的评价	对用户开展技术合作的吸引力；相对研发能力与合作水平；获得收益的相对水平	是否愿意再次合作；是否会拓展合作内容；是否会加大合作力度
	院校	设施在入网平台中的使用情况；对研发人员能力与素质的评价；对创新团队培养、专业建设的贡献	平台研发人员相对能力与素质；开展合作的相对公平程度；管理与制度的相对规范性	是否会增加合作的次数；合作关系是否会更紧密
	教育中介机构	信息处理能力与冲突解决能力；对投入资源获得收益的评价	信息处理与冲突解决相对水平；投资收益上该平台的吸引力	是否会进一步投入资金、技术、咨询支持等
	政府部门	完成教育计划与工作项目满意度；政府投资使用情况；在区域发展中的贡献度与重要性；与政府期望间的差距	完成政府项目任务相对有效性；使用政府资金的相对规范性；促进区域发展的相对重要性	政府部门是否会进一步加大支持力度；是否会给予更多教育计划项目以及工作项目支持
自身运行效果评价——平台管理部门	高层管理部门	发展战略的前瞻性与科学性；与区域发展的关联性；整体布局与功能完善性	在平台服务领域中的重要性；平台与区域发展的相对紧密度；平台结构与功能相对完备程度	与区域发展规划的匹配性；服务领域发展前景；结构功能优化情况
	一般管理部门	教育交流与合作平台的资金规模；人才专业水平与结构；硬件实施完善情况；平台信息处理能力与水平；平台的技术开发基础；平台的整体运行效率	资金规模上平台所处位置；平台人才规模与质量排名；硬件设施相对先进性与完备度；信息处理能力相对水平；平台的相对技术水平；平台的相对运营效率	人才素质改善情况；信息处理能力提升情况；专业技术水平提升情况；硬件基础设施改善情况；融资与运营能力改善情况

3. 对外教育交流平台评价指标体系的应用

结合李克特打分法,用 9、7、5、3 和 1 分别表示教育交流与合作平台在评价指标方面表现为优秀、良好、一般、较差、差,针对不同的评价主体考察不同的指标,将所有调查得到的指标值进行加权平均;采用 AHP 等方法确定不同指标的权重,根据每个指标的平均得分以及指标权重最终确定教育交流与合作平台的绩效得分。根据得分情况,确定不同教育交流与合作平台的优势、劣势,帮助其制订后续发展计划,提升教育交流与合作平台的运行效率;另外,可以根据教育交流与合作平台绩效,给予相应奖惩,引入竞争机制,增强平台创新与发展的动力。

(三)平台评价体系的应用策略

本章设计的教育国际交流与合作平台评价体系,在实际应用时,应采取以下策略,以提高评价的灵活性、适用性和有效性。

1. 指标数据的来源

对于不同指标,其样本数据的来源也不同:第一类指标可以直接从统计数据获得;第二类指标需要调查访谈并经过处理、查阅资料,通过专家打分获得,如平台的互惠性,平台资源的丰富程度、开放程度等;第三类指标在获取相关信息后需要经过计算转换而获得。

2. 指标体系的运用

选择区域教育国际交流与合作平台发展水平评价指标时,各区域应根据实际条件,针对平台发展水平评价的实际需要,同时结合数据的可获得情况,适当调整本章所设计的评价指标体系,以便更好地为制定平台发展策略服务,如删减部分指标、剔除定性指标或用类似指标代替等,以收敛评价指标体系,简化评价过程。

3. 指标数据的调整

当统计指标有所变化或评价视角有所调整时,应对指标体系进行适时的更新与优化,以确保指标数据的可采集性和指标体系的科学性,提高其适应性,使其更具针对性,适应区域平台发展的实际情况与管理决策的需要。

4. 评价基准的选择

在对多个评价对象进行评价和比较分析时,需要采用统一的评价基准,以提高区域平台发展水平评价结果的可比性。可以根据实际需要,选用参评年份最优指标为基准,也可以设计指标标杆值作为评价指标的基准。

5. 辅助定性分析

平台发展水平越高,对区域教育国际交流与合作活动的支撑能力就越强,但是区域平台发展水平评价结果并不能够直接反映出平台所处的发展阶段,因此,还需要通过定性分析和判断,综合考虑各个方面,为区域平台发展路径的选择提供依据。

6. 动态比较分析

通过"发展水平"的测算,可以从三个方面对区域平台进行动态比较分析:一是横向比较,通过对不同区域平台发展水平的评价和比较分析,以确定本区域平台的最佳发展速率;二是纵向比较,从时间维度上考虑既定区域平台在不同时间的网络化发展水平,以确立这一区域平台发展所处的阶段;三是纵横向比较,既考虑不同区域又考虑不同时间段的平台发展水平。

针对教育交流与合作平台的相关主体,设计不同的评价指标,不仅可以有效体现和反映主体对教育交流与合作平台绩效的看法与意见,保障采集评价指标值的科学性、真实性,还有助于客观、全面地评价教育交流与合作平台绩效。确定影响教育交流与合作平台发展的关键因素,科学制定发展规划,可提高平台运行的效率,也可为政府对平台的管理决策、政策出台提供有效的依据。

结　语

马克思在分析印度历史的时候曾经指出,"孤立状态是它过去停滞状态的主要原因"。[①] 中国历史的发展也证明了这一观点,"中国长期处于停滞和落后状态的一个重要原因是闭关自守[②]。当今世界正处于大变革和大调整之中,全球化使"地球村"的经济、文化和教育等水乳交融,物质流、资金流、技术流、信息流等开始全球循环,"现在的世界是开放的世界"。早在 1983 年为北京景山学校题词时邓小平同志就谆谆教导,"教育要面向现代化、面向世界、面向未来"。"不谋全局者不足谋一域",我们必须克服狭隘视野,真正以深邃的目光来注视全球,中国的教育绝不能被边缘化。"海纳百川,有容乃大。"我们必须学习、借鉴、吸收、融会国外教育的一切优秀成果,"他山之石,可以攻玉",在与他国交流与合作中将我国的教育推向国际平台。

新中国成立伊始,于 1950 年接受第一批来自东欧国家的留学生,从此开始了我国的来华留学生教育事业。1978 年,来华留学生仅 1236 人。2007 年,共有 195503 名国际学生在中国 544 所高等学校和其他教学、科研机构学习,来华留学的专业整体上涵盖了全部学科领域。1978 年是我国留学工作发展史上具有里程碑意义的一年,邓小平同志在听取教育部工作汇报时作出了扩大派遣出国留学生的重要指示:"我赞成留学生数量增大,主要搞自然科学,要成千成万地派,不是只派十个八个……要千方百计加快步伐,路子要越走越宽……"小平

---

① 《马克思恩格斯选集》(第 1 卷),人民出版社 1995 年版,第 768—769 页。
② 《邓小平文选》(第 3 卷),人民出版社 1993 年版,第 78 页。

同志的重要指示,翻开了我国出国留学工作的新篇章,具有划时代的重大意义。目前,我国的对外教育合作与交流,已经由三十多年前改革开放之初主要向国外学习和借鉴经验的单向需求逐步转向双向需求,依据"大国是关键,周边是首要,发展中国家是基础,多边国际组织是重要舞台"的原则,形成了一个全方位、多层次、有重点、分步骤的官民并举、双边多边互动的开放格局。

国务院批准并出台的《关于支持云南省加快建设面向西南开放重要桥头堡的意见》为云南各项事业吹响了号角。2011 年召开的云南省教育工作会议提出,云南教育要实施"桥头堡"建设工程,经过 5 至 10 年的努力,把云南建设成为中国面向西南教育对外开放的重要窗口,形成符合"桥头堡"建设需要的发展模式。在《云南省中长期教育改革和发展规划纲要(2010—2020 年)》中,关于教育国际化的规划明确提出,要实施教育"桥头堡"工程。要不断提高教育对内对外开放水平,充分利用建设中国面向西南开放重要"桥头堡"的重大机遇,把云南建设成为中国面向西南教育开放的重要窗口。加强教育人才平台建设,大力引进国内外优质教育资源,鼓励建立长期稳定的国内国际教育合作关系。逐步把云南建设成为面向东南亚、南亚的人才培养基地及周边国家学生留学中国的重要目的地。该纲要指出,要经过 5 至 10 年的努力,建好"一园三平台",即国际教育家园、国际教育基础建设平台、国际教育人才培养平台、国际教育交流合作平台。此外,还提出要扩大高校招收外国留学生的规模,设立云南大湄公河次区域(GMS)教育联盟秘书处,推动海外办学。

教育国际交流与合作要立足本国,面向现代化,面向世界,面向未来,把本国教育置于跨地区、跨国界、跨民族、跨文化的全球化大背景下,与他地区、他国或多国的教育相互对话、彼此交流与互利合作。教育国际交流与合作平台是我国对外教育政策与管理领域中的战略性创新,平台集聚了区域内优秀的对外教育资源,作为支撑教育国际交流与合作活动的核心力量和重要载体,在对外教育发展中发挥着重要作用:(1)教育国际交流与合作平台是地区对外教育创新系统的核心部分。将分散的对外机构整合为对外教育创新大平台,利用专业化服务,挖掘创新各环节的竞争优势,提升教育国际交流与合作能力,与松散型的市场组织相比,平台更能深入发挥专业化分工的作用。(2)教育国际交流与合作平台是教育交流与合作活动的场所,是对外教育产出的催化剂。对地区对外教育主体而言,平台提供了各种正式或非正式交流渠道,使信息流通更为顺畅,有利于个主体合作行为的有效开展。对整个区域而言,教育国际交流与合作平台提供了广阔的交流机会,隐含经验类知识基于各类平台在区域内逐步转化为编码化知识,使区域比较优势得以充分发挥。(3)教育国际交流与合作平台的发展方向是平台网络的形成,各子平台之间通过大量非正式的联系和接触,实现信息的共享,并逐步形成信任关系。

本书从总体上分析了在我国沿边开放的形势下,云南省"桥头堡"工程对国际教育交流与合作平台建设的客观要求,运用传播理论系统论、资源共享论、资源配置论等来分析云南省教育国际交流与合作平台的建设,从教育与社会、经济、文化战略互动的角度来看待"国家安全""战略竞争""文化渗透"等更高层次上极为敏感的问题,从一元的视角转向多元的视角,多角度地透视云南省教育国际交流与合作平台建设的问题,为云南省教育国际交流与合作平台的建设提供坚实的理论基础。同时,立足于调查研究与分析国内外经济、社会、教育发展的宏观背景及云南省与周边三国(越南、缅甸、老挝)教育交流的状况,云南省教育国际化发展的现状与问题,扬弃、融合发达国家国际教育交流平台建设的先进经验,提出云南省建设教育国际交流与合作平台的战略构想、总体设计及保障措施,为云南省教育国际交流与合作平台的建设提供科学依据。

教育国际交流与合作平台的建设是一项复杂的系统工程,是对单纯以数量增长和规模扩展为特征的传统对外教育模式的超越,是对当今对外教育资源与信息的粗放管理的挑战。它以实现数量、规模、结构和效益的相互协调、配合与优化为目标,它的建设和完善将推动对外教育体制的深化改革,进一步确立政府部门职能定位,将分散、沉淀的对外教育资源复苏、集合为发展对外教育的沃土。云南省教育国际交流与合作平台的建设必将对云南省教育、经济、文化等的发展产生巨大、深远的影响。希望本书的出版能对云南省教育国际交流与合作平台的建设有所裨益。需要指出的是,云南省教育国际交流与合作平台建设是一个复杂的系统工程,还有许多问题需要进一步深入探讨。

参考文献

一、汉文类

1. 刘立:《美国高等教育改革的一个动向》,《中国教育报》1987 年 4 月 17 日。

2. 顾明远主编:《教育大辞典·增订合编本》,上海教育出版社 1988 年版。

3. 徐辉:《国际教育初探——比较教育的新进展》,四川教育出版社 2005 年版。

4. 马维娜:《教育的国际化与本地化的合理性追究》,《上海教育科研》2001 年第 4 期。

5. 董秀华:《从国家化走向国际化——21 世纪中国教育发展的一大趋势》,《全球教育展望》2001 年第 6 期。

6. 袁利平:《教育国际化的真实内涵及其现实检视》,《西华师范大学学报》(哲学社会科学版)2009 年第 1 期。

7.《关于教育交流平台及其建设的若干理论思考》,http://www.nstic.gov.cn/showContent.jsp? page = 1192352608515,2011 − 11 − 9。

8. 罗素:《一个自由人的崇拜》,胡品清译,时代文艺出版社 1998 年版。

9. 汉语大词典编辑委员会、汉语大词典编纂处编纂:《汉语大词典》(第 2 卷),汉语大词典出版社 1988 年版。

10. 中国社会科学院语言研究所词典编辑室编:《现代汉语词典》(修订本),商务印书馆 1996 年版。

11. 朱宗顺:《交流与改革:教育交流视野中的中国教育改革(1978—2000)》,浙江教育出版社 2006 年版。

12. 封喜桃:《中美教育交流与合作》,河北大学硕士学位论文,2001 年。

13. 熊永根、王安虎、肖地生:《国际教育交流与合作浅探》,《江苏高教》2003 年第 5 期。

14. [英]丹尼斯·麦奎尔、[瑞典]斯文·温德尔:《大众传播模式论》,祝建华译,上海译文出版社 1987 年版。

15. 沈丹阳:《从"十五"期间中国展览业的基本数据看中国展览业的主要特点》,《2006首届中国会展经济研究会学术年会论文集》,2006 年。

16. 储祥银:《政府主导型展会大有可为》,《市场报》2006 年 11 月 29 日。

17. 郭庆光:《传播学教程》,中国人民大学出版社 1999 年版。

18. 王雨田主编:《控制论、信息论、系统科学与哲学》,中国人民大学出版社 1986 年版。

19. 钱学森:《创建系统学》,山西科学技术出版社 2001 年版。

20. 韩雁飞、江敬灼:《综合集成理论技术发展分析》,《军事运筹与系统工程》2006 年第 1 期。

21. 顾明远:《教育大辞典》,上海教育出版社 1998 年版。

22. 范国睿:《教育资源分布研究》,《教育发展研究》1998 年第 3 期。

23. 范先佐:《教育经济学》,人民教育出版社 1999 年版。

24. 王善迈主编:《教育经济学简明教程》,高等教育出版社 2000 年版。

25. 胡梦鲸:《台湾地区城乡国民小学教育资源分配之比较》,《国立中正大学学报》(社会科学分册)1995 年第 6 期。

26. 李祖超:《我国教育资源短缺简析》,《高等教育研究》1997 年第 6 期。

27. 康宁:《中国经济转型中高等教育资源配置的制度创新》,教育科学出版社 2005 年版。

28. 许丽英:《教育资源配置理论研究》,东北师范大学博士学位论文,2007 年,第 17—18 页。

29. 雷鸣强:《论"教育的价值"与"对教育的价值"》,《江苏高教》1995 年第 3 期。

30. 季海菊:《多元化背景下现代教育价值取向的哲学思考》,《南京社会科学》2007 年第 12 期。

31. 金之亮等:《我国中外合作办学的基本现状与对策研究》,第七届全国教育政策分析高级研讨会论文,2005 年,上海。

32. 莱斯特·B. 皮尔逊等:《开发援助中的伙伴关系——国际开发委员会报告书》,商务印书馆 1975 年版。

33. 陈昌升:《亨廷顿:保守的自由主义者》,《书屋》2002 年第 12 期。

34.《人民日报》,2006 年 9 月 21 日。

35. 李敏:《教育国际交流:挑战与应答》,华东师范大学博士学位论文,2008 年。

36. 联合国教科文组织编:《教育——财富蕴藏其中》,教育科学出版社 2004 年版。

37.《"十二五"规划纲要(全文)》,http://www.china.com.cn/policy/txt/2011-03/16/content_22156007_13.htm,2015-3-1。

38.《国务院关于支持云南省加快建设面向西南开放重要桥头堡的意见》,http://www.

gov. cn/zwgk/2011 – 11/03/content_1985444. htm,2015 – 3 – 1。

39. 赵畅:《浅析中国云南"桥头堡"战略的现实意义》,《对外经贸》2012 年第 4 期。

40.《国际货币基金组织 2014 年 4 月 8 日公布了 2013 年世界各国 GDP 排名》,http://wenku. baidu. com/view/0f1982907c1cfad6185fa752. html,2015 – 1 – 3。

41. 丁建伟、赵波:《近代以来中国西北边疆安全问题研究》,民族出版社 2006 年版。

42. 丁建伟:《地缘政治中的西北边疆安全》,民族出版社 2004 年版。

43. 李正元:《非传统安全定义辨析》,《塔里木大学学报》2009 年第 3 期。

44. 邓小平:《邓小平文选》(第三卷),人民出版社 1993 年版。

45. 中国外交部编写组编:《邓小平外交思想学习纲要》,世界知识出版社 2000 年版。

46. 江泽民:《在中国共产党第十六次全国代表大会上的报告》,《中国共产党第十六次全国代表大会文件汇编》,人民出版社 2002 年版。

47. 夏立平:《和平与发展为主题的时代与建立和谐世界》,《同济大学学报》(社会科学版)2006 年第 2 期。

48. 王崇理:《"桥头堡"建设的战略背景》,http://wenku. baidu. com/view/336810eb0975f46526d3e100. html,2012 – 10 – 30。

49. 李慧勤、李宏茜、王云、孙丽:《云南省与东南亚高等教育交流与合作研究》,《教育研究》2010 年第 2 期。

50. 李培:《在 2012 年云南省高校形势报告会上的讲话》,http://www. ynjy. cn/chn201004051544082/article. jsp? articleId = 28670429,2013 – 11 – 28。

51.《中共云南省委、云南省人民政府关于加快推进高等院校实施"走出去"战略,提高高等教育国际化水平的若干意见》,《云南政报》2006 年 7 月 8 日。

52. 朱华山:《坚持学术立会　促进内涵发展——在"云南省高等教育学会第八届理事会"上的讲话》,http://www. ynjy. cn/chn201004051544082/article. jsp? articleId = 116974354,2014 – 11 – 1。

53.《云南省探索建立具有区域特色的国际教育合作与交流平台改革试点实施方案》,http://www. moe. gov. cn/publicfiles/business/htmlfiles/moe/s4934/201012/112875. html,2013 – 11 – 28。

54. 和福生:《省教育厅落实桥头堡政策措施情况汇报》,http://www. ynjy. cn/chn201004051544082/article. jsp? articleId = 12018734,2013 – 11 – 28。

55. 成文章、唐滢、田静:《云南省高等教育国际化战略研究》,科学出版社 2008 年版。

56. 常锡光、陶天麟、韦晓、王天玉、方贵荣、施涌:《云南边境教育向周边三国辐射的战略研究》,http://www. doc88. com/p – 399517624295. html。

57. 成巧云、施涌:《云南高校教育国际化进程中存在的若干问题》,《云南电大学报》2012

年第 3 期。

58.《云南省 2011 年国民经济和社会发展统计公报》，http://www. yn. xinhuanet. com/gov/2012 −05/02/c_131563531. htm,2012 −11 −28。

59. 王锡宏:《中国边境民族教育》,中央民族学院出版社 1990 年版。

60. 陈刚、程敏、李继云:《中国云南和越南西北边境四省合作发展机制研究》,《经济师》2011 年第 3 期。

61. 李金发:《中越边境边民互市中的族群互动与国家认同——以云南地西北边民互市点为例》,《广西民族研究》2011 年第 4 期。

62. 杨焕英编著:《孔子思想在国外的传播与影响》,教育科学出版社 1987 年版。

63. [越]文新:《中越辞典·序言》,《古代中越关系史资料选编》,中国社会科学出版社 1982 年版。

64.《大越史记全书·本纪》(卷之二),《李记·圣宗皇帝》。

65. 贺圣达:《东南亚文化发展史》,云南人民出版社 1996 年版。

66. 古小松:《中越文化关系略论》,《东南亚研究》2012 年第 6 期。

67. 欧以克:《越南 21 世纪教育发展的新战略、理念、目标及策略》,《外国教育研究》2011 年第 11 期。

68. 郭明主编:《中越关系演变四十年》,广西人民出版社 1992 年版。

69. 广西壮族自治区档案局(馆),全宗号 67,目录号 2,案卷顺序号 117。

70. 广西壮族自治区档案局(馆),全宗号 37,目录号 2,案卷顺序号 2。

71. 宋宏宜:《广西援越学校的历史及其现实作用探析》,广西师范大学硕士学位论文,2008 年。

72. 农立夫:《中国与越南现代教育合作回顾与展望》,《学术论坛》2012 年第 2 期。

73. 李怀宇:《云南边境地区少数民族教育的困惑与反思》,《民族教育研究》2004 年第 6 期。

74.《云南与南亚教育交流日益频繁》,http://www. yn. xinhuanet. com/newscenter/2014 −03/30/c_133224467. htm,2014 −12 −15。

75.《中国—东盟教育培训中心落户云南农业大学》,http://www. gx211. com/news/2012723/n1161109631. html,2014 −12 −15。

76.《中国云南—越南教育交流合作推介会在河内举办》,http://wcm. fmprc. gov. cn/preview/chn/slglgk/t920727. htm,2014 −11 −5。

77. 韦锦海:《越南华人华文教学当前存在的几个问题》,《东南亚纵横》2004 年第 8 期。

78. 徐善福、林明华:《越南华侨史》,广东高等教育出版社 2011 年版。

79. 李白茵:《越南华侨与华人》,广西师范大学出版社 1990 年版。

80. 余以平:《越南华侨华人教育的兴衰及前景》,暨南大学华侨研究所编:《华侨华人研究》(第二辑),暨南大学出版社 1991 年版。

81. 衣远:《越南华文教育发展现状与思考》,《东南亚纵横》2014 年第 7 期。

82.《越南社会主义共和国宪法》,http://baike. baidu. com/view/10740898. htm,2015 – 6 – 28。

83.《麦剑雄华文中心毕业典礼》,《西贡解放日报》(华文)2013 年 6 月 8 日,第 1 版。

84.《胡志明市商业华语培训中心庆祝教师节》,《西贡解放日报》(华文)2012 年 11 月 20 日,第 1 版。

85. 彭运锋:《缅甸基础教育发展简介》,《基础教育研究》2008 年第 1 期。

86.《史记》卷一一六《西南夷列传》、卷一二三《大宛列传》。

87. 季羡林:《中国蚕丝输入印度问题的初步研究》,《历史研究》1955 年第 4 期。

88. 肖泉:《中国和缅甸的历史关系》,《暨南大学学报》1980 年第 2 期。

89. 郭义恭《广志》。

90.《唐会要》卷一〇〇《骠国》。

91.《新唐书·礼乐志》。

92.《旧唐书·骠国传》。

93.《白氏长庆集》卷三、卷四十。

94.《元氏长庆集》卷二十四。

95. 胡直钧:《全唐诗石印本》卷十七。

96.《后汉书》卷八十六《西南夷列传》。

97.《中缅发表关于深化两国全面战略合作的联合声明》,http://news. cnr. cn/gjxw/gnews/201411/t20141115_516781944. shtml,2014 – 11 – 15。

98. 缅甸教育研究署编:《1995—1996 年度教育事业统计》。

99. 刘钦有:《缅甸教育评论》,《比较教育研究》2000 年增刊。

100.《云南边境"绿色通道"方便缅甸学生中国求学》,http://www. yn. xinhuanet. com/newscenter/2008 – 09/17/content_14419926. htm,2015 – 2 – 3。

101.《千余缅籍学生"留学"云南瑞丽》,http://news. xinmin. cn/world/2013/03/31/19495256. html,2015 – 2 – 3。

102. 朱耀顺、丁红卫、朱家位、李兴奎:《云南省与缅甸高等教育合作问题研究》,《中共云南省委党校学报》2012 年第 1 期。

103.《李祖清:缅甸华文教育发展状况介绍》,http://www. mhwmm. com/Ch/NewsView. asp? ID = 2699,2015 – 11 – 15。

104. 范宏伟:《缅甸华文教育的现状与前景》,《东南亚研究》2006 年第 6 期。

105. 中华文化通志编委会编:《中国与东南亚文化交流志》,上海人民出版社 1999 年版。

106. 周一良主编:《中外文化交流史》,河南人民出版社 1987 年版。

107. 陈建锋:《中国传统文化对老挝的影响与老挝的传统伦理》,《东南亚纵横》2007 年第 9 期。

108.《中国与老挝贸易去年大涨三成》,http://news. xinhuanet. com/world/2013 - 02/08/c_114658749. htm,2014 - 12 - 5。

109. 张传鹤、梁大宗:《老挝人民民主共和国的教育文化政策和教育文化事业》,《东南亚》2007 年第 2 期。

110. 袁同凯:《老挝基础教育改革述评》,《云南民族大学学报》(哲学社会科学版)2012 年第 6 期。

111.《云南与老挝方面签订相关条款助推教育等交流合作》,http://scitech. people. com. cn/n/2013/1017/c1057 - 23228561. html,2014 - 12 - 10。

112.《老挝华文教育别具一格》,http://paper. people. com. cn/rmrbhwb/html/2006 - 08/18/content_10175966. htm,2014 - 11 - 15。

113. 蔡昌卓:《东盟华文教育》,广西师范大学出版社 2010 年版。

114. 傅曦、张俞:《老挝华侨华人的过去和现状》,《八桂侨刊》2001 年第 1 期。

115. 唐悠悠:《老挝华文教育发展的社会背景探析》,《东南亚纵横》2014 年第 6 期。

116. 胡显章、杜祖贻、曾国屏主编:《国家创新系统与学术评价——学术的国际化与自主性》,山东教育出版社 2000 年版。

117. 王沥涓、赵洋、路阳:《"桥头堡"战略下云南省高等教育国际化政策支撑体系研究》,《中国管理信息化》2015 年第 2 期。

118.《云南省 2014 年国民经济和社会发展统计公报(1)》,http://yn. yunnan. cn/html/2015 - 05/17/content_3733945. htm,2015 - 3 - 2。

119.《云南与东盟贸易持续升温缅甸成最大贸易伙伴》,http://www. chinanews. com/cj/2011/05 - 19/3053317. shtml,2014 - 12 - 15。

120. 吴式颖主编:《外国古代教育史》,人民教育出版社 2004 年版。

121. 陈学飞主编:《高等教育国际化——跨世纪的大趋势》,福建教育出版社 2002 年版。

122. 陈向明:《欧洲一体化与欧洲高等教育国际化》,福建教育出版社 2002 年版。

123. 夏培源:《高等教育国际化背景下"拉美—欧盟"高等教育区发展研究》,《比较教育研究》2014 年第 7 期。

124. 李霞:《欧盟高等教育政策实施进展一览——以德国、瑞士、瑞典、芬兰、丹麦五国为例》,《中国大学教学》2009 年第 12 期。

125. 耿益群:《全球化背景下的欧盟高等教育国际化政策研究》,《复旦教育论坛》2007

年第 2 期。

126. 曾志东、施式亮:《欧盟政策对我国高等教育国际化的启示》,《求索》2008 年第 6 期。

127. 邓莉编译:《欧盟委员会制定高等教育国际化新战略》,《世界教育信息》2013 年第 16 期。

128. 曾满超等:《美国、英国、澳大利亚的高等教育国际化》,《北京大学教育评论》2009 年第 2 期。

129. 金帷、马万华:《20 世纪美国高等教育国际化历程——以动因—策略为脉络的历史分析》,《教育学术月刊》2012 年第 1 期。

130. 李梅:《高等教育国际市场:中国学生的全球流动》,上海教育出版社 2008 年版。

131. 邵兴江、黄丹凤:《美国国际教育周计划述评》,《世界教育信息》2006 年第 3 期。

132.《美国政府赴华学习项目资助情况调研》,http://www.xzbu.com/9/view-3169480.htm,2015-3-6。

133.《十万强动议:增加到中国留学的美国人数量》,http://chinese.usembassy-china.org.cn/100k-strong.html,2015-7-5。

134. 徐辉、张永富:《美国国际教育交流与合作的基本价值和具体实施——以国际金融危机为视角》,《外国教育研究》2012 年第 6 期。

135. 聂名华、黄云婷:《美国高等教育国际化发展战略分析》,《学术论坛》2011 年第 6 期。

136. 杨红:《试论日本大学的国际化》,《文化学刊》2009 年第 5 期。

137. 周建高:《日本教育国际化发展现状》,《东北亚学刊》2012 年第 3 期。

138. 李莉:《中日两国职业教育国际化政策及现状对比》,《前沿》2012 年第 1 期。

139. 熊博晖:《日本高等教育国际化发展战略及启示》,《大连理工大学学报》(社会科学版)2006 年第 3 期。

140. 王玉霞、刘巍:《西方发达国家高等教育国际化研究》,《当代世界》2010 年第 1 期。

141. 李振全:《世界高等教育国际化的发展趋势探析》,《高教研究》2004 年第 2 期。

142. 汪霞、钱小龙:《美国高等教育国际化的现状、经验及我国的对策》,《全球教育展望》2010 年第 11 期。

143.《汉语国际教育硕士专业学位设置方案》,http://yz.chsi.com.cn/kyzx/zcdh/200706/20070601/917296.html,2015-3-1。

144. 田静:《远程教育中交互影响距离理论的扩展应用与启示》,《中国电化教育》2010 年第 9 期。

145. 朱旭升、田静:《利用云南沿边地理优势 建立对外汉语交流基地的思考》,《农业教育研究》2012 年第 3 期。

146. [日]青木昌彦:《比较制度分析》,周黎安译,上海远东出版社 2004 年版。

147. [美]丹尼尔·W. 布罗姆利:《经济利益与经济制度——公共政策的理论基础》,陈郁等译,上海三联出版社 1996 年版。

148. [美]塞缪尔·P. 亨廷顿:《变化社会中的政治秩序》,王冠华、刘为等译,上海人民出版社 2008 年版。

149. [美]诺斯:《制度、制度变迁与经济绩效》,杭行译,格致出版社 2008 年版。

150. [日]青木昌彦:《比较制度分析》,周黎安译,上海远东出版社 2004 年版。

151. [美]阿格拉诺夫、麦圭尔:《协作性公共管理:地方政府新战略》,李玲玲、郸益奋译,北京大学出版社 2007 年版。

152. 张立荣、曾维和:《当代西方"整体政府"公共服务模式及其借鉴》,《中国行政管理》2008 年第 7 期。

153. [德]哈贝马斯:《交往行动理论》(第 1 卷),洪佩郁、蔺青译,重庆出版社 1994 年版。

154. 谢立中主编:《西方社会名著提要》,江西人民出版社 1998 年版。

155. [德]西美尔:《货币哲学》,陈戎女等译,华夏出版社 2002 年版。

156. 张康之:《论信任、合作以及合作制组织》,《人文杂志》2008 年第 2 期。

157. 张康之:《论社会治理中的协作与合作》,《社会科学研究》2008 年第 1 期。

158. [美]克雷默、泰勒:《组织中的信任》,管兵等译,中国城市出版社 2003 年版。

159. 孔繁斌:《公共性的再生产——多中心治理的合作机制建构》,江苏人民出版社 2008 年版。

160. [英]洛克:《政府论》(下篇),叶启芳、瞿菊农译,商务印书馆 2007 年版。

161. 苏国勋:《理性化及其限制——韦伯思想引论》,上海人民出版社 1988 年版。

二、外文类

1. McGrath, M. E., Product strategy for high – technology companies, Homewood IL: Irwin,1995.

2. Baldwin,C. Y. and Clark,K. B. ,"Managing in an age of modularity",*Harvard Business Review*,75(5),1995.

3. Gary Anderson,"Fifty Years of European Peace",*Vital Speeches of the Day*,Oct. 15,1999,Vol. 66,Issuesl.

4. Hamilton E. ,"International educational exchanges:The best defense",*Black Issues in Higher Education*,V. 20,No. 3,March 27,2003.

5. Hannerz, U. ,"Cosmopolitans and locals in world culture",*Theory, Culture and Society*,

1990,237.

6. Intercultural Learning & Dialogue, International Association of Universities, http://www. docin. com/p - 657984816. html,2015 - 1 - 6.

7. Cohn, E. and Geske, G. , The economics of education 3rd Edition, Thomson Learning Ine,2004.

8. Johnson, H. (1960). The Political Economy of Opulence, Can. Jour. Econ. And Pol. Sci. , Nov. 1960,26.

9. Schultz, T. W. , *The Economic Value of Education*, New York: Columbia University Press,1963.

10. Hirosato, Y. and Y. Kitamura, eds. , "The Political Economy of Educational Reforms and Capacity Development in Southeast Asia", *New York: Springer* ,2009.

11. Government of Lao PDR(GOL) , National Growth and Poverty Eradication Strategy, Vientiane: GOL. 2006b.

12. Douglas. p. Murray, "Chinese Education in South east Asia", *The China Quarterly*, NO. 20, Oct - Dec,1964.

13. Government of Lao PDR (GOL) , National Education for All Action Plan 2003 - 2015, Vientiane: Ministry of Education. 2004.

14. Ministry of Education (MOE) , *Education for All: Mid - Decade Assessment*, Vientiane: MOE. 2008.

15. Asian Development Bank(ADB) , *Report and Recommendation of the President*, *Basic Education Sector Development Program*, Metro Manila: ADB. 2006b.

16. Aaron S. Horn, Darwin D. Hendel and Gerald W. Fry, "Ranking the International Dimension of Top Research Universities in the United States", *Journal of Studies in International Education*,2007(1).

17. Vikash Naidoo, "International Education: A Tertiary - level Industry Update", *Journal of Research in International Education*. 2006(5).

18. Benjamin A. Gilman International Scholarship (2010), Program Overview, http://www. iie. org/en/Programs/Gilman - Scholarship - Program/About - the - Program.

19. Commission on the Abraham Lincoln Study Abroad Fellowship Program, Global Competence & National Needs,2005.

20. NASFA, International Education: The Neglected D - imension of Public Diplomacy, http:// www. nafsa. org/public_policy. sec/public_diplomacy_internationalizing/ ,2014 - 1 - 7.

21. J. William Fulbright, "The Creative Power of Exchange", Exchange 11 (Summer 1975):

4. On the Fulbright – Hays Act, see A Quarter Century: The American Adventure in Academic Exchange (Washington, D. C. : Board of foreign Scholarships, 1971) and Walter Johnson and Francis J. Colligan, *The Fulbright Program: A History*, Chicago, Ill. : University of Chicago Press, 1965.

22. CIES. Fulbright Program, http://www. cies. org/about_fulb. htm. funding, 2014 – 3 – 7.

23. 100000 Strong in the Americas, http://www. state. gov/p/wha/rt/100k/index. htm, 2015 – 7 – 1.

24. ECA, "Expanding U. S. Study Abroad To Indonesia: U. S. Perspectives and Strategies for Expansion", ECA, 2011. 1.

25. IIE, "U. S. Study Abroad in Thailand: Host Country Perspectives and Guidelines for Partners", IIE, 2010.

26. Clarence B. Lindquist, NDEA Fellowships for College Teaching, 1958 – 68; Title IV, NDEA of 1958, U. S Department of HEW, OE, 1971; Barbra B. Clowse, *Brainpower for the Cold War: The Sputnik Crisis and National Defense Education Act of* 1958, westport, Conn. : Greenwood Press, 1981.

27. Hans DE WIT, Changing Rationales for The Internationalization of higher Education, In Paper on Higher Education, Internationalization of Higher Education: An Institutional Perspective, ed by Bucharest, UNESCO, CEPES, 2000.

28. David L. Boren and Claiborne Pell, "Give students the World", St. *Louis Post Dispatch*, 31 August 1990.

29. Theodoer M. Vestal, "International Education: it's History and Promise for Today", *Published by Praeger*, 1994.

30. U. S. "Department of S tate, Campus connections", *ejournal USA*, 2009, 14(8).

31. About Fulbright, http://us. fulbrightonline. org/about. html.

32. National Security Language Initiative, http:// en. wikipedia. org/ wiki/ National_S ecurity _Language_Initiat ive, 2011 – 07 – 2.

33. U. S. Higher Educat ion: The Financial Side, http:/ /www . america. gov/ st / peopleplace --english/ 2005/ September/20080530124651xjsnommis 0. 7369806. html, 2011 – 07 – 2.

34. 鶴蒔靖夫：《大学が変わらなければ日本は変わらない》,IN 通信社 1998 年。

35. Secretary Condoleezza Rice. Remarks at the Summer of US University Presidents on International Education, http://www. whitehouse. gov/news/releases/2006/01/20060105 – 1html, 2010 – 12 – 28.

36. Australian government, connecting Government: Whole of Government Responses to Australia's Priority Cal1 enges, 2004(4).

37. Robert Agranoff, Michael Mcguire, "ExPanding Intergovernment Mangement's Hidden Di-

mensions"，*American Review of Public Administration*，1999，29（4）．

38. Peter Bogason，"Changes in the Scandinavian Model. From Bureaucratic Command To Interorganizational Negoation"，*Public Administration*，1998（76）．

39. Nicholson，N. eds. ，*Encyclopedic Dictionary of organizational Behavior*，Malden：Blackwell Publishers Inc. 1998.

40. Putnam，R. D. ，*Making Democracy work*，Princeton：Princeton university press，1993.

41. zuker，L. G. ，"Production of Trust：Institutional Sources of Economies Structure，1840 – 1920"，*Research in Organizational Behavio*，1986（8）．